외식산업의 이해

Understanding Foodservice Industry

민계홍 저

기문사
www.kimoonsa.co.kr

머리말

우리나라의 외식산업은 소득수준 향상과 주 5일 근무제 실시, 여가의 증가로 경제 및 사회, 문화적으로 지대한 영향을 미치게 하였다. 또한 식생활 패턴과 라이프 스타일 변화로 괄목할 만한 성장을 거듭하고 있는 외식시장 경쟁 속에서 다양한 업종이 나타나게 되었으며 유명 외식 브랜드의 등장으로 국내 외식시장 규모는 괄목할 만한 성장을 이루었다.

그러나 2020년 1월 20일 우리나라에 코로나19 바이러스 확진자 유입으로 인하여 외식산업 분야에 큰 변화가 오게 되었다. 특히 외식 문화의 변화로 인하여 외식의 정의가 달라진 현실이 되어 버렸다. 외식의 정의가 나가서 먹는 게 아니라, 밖에서 만든 음식을 집에서 먹는다는 게 더 적합하지 않을까 싶다. 코로나19가 가져온 변화와 발생 후 2년, 이제는 함께 이겨온 경험을 바탕으로 위기를 넘어 세계를 연결하는 하나의 시장으로 재성장하여 외식산업의 미래를 향해 나가야 할 것이다.

본서의 내용을 요약하면 외식산업에 대한 개요와 분류, 외식업체의 운영과 조직, 외식 서비스, 외식 메뉴관리, 레스토랑 평가, 외식 마케팅, 주방과 식재료 관리, 음식의 맛과 멋 등을 이해하기 쉽게 다루었다.

이외에도, 학습에 좀 더 도움이 될 수 있도록 자율학습을 추가하는 등이 스스로 학습을 할 수 있도록 다양한 방법을 제시하였다.

우리 주위에는 외식산업론과 관련된 도서들이 많이 있다. 그러나 일부 도서들은 내용이 너무 방대하고 어렵게 접근하여 이론적인 내용을 쉽게 이해하기 어렵다는 지적도 있는 것이 사실이다. 외식 · 조리분야를 실용학문이라고 흔히 말한다. 우리 주위에서 실용학문 분야에서는 기술 습득이 우선이라고 말하기도 하지만 기술을 습득하기 위해서는 이론적인 부분이 더 중요하다는 평소의 지론을 실무현장과 교육현장에서 몸소 느껴왔다.

필자는 이러한 부분을 생각하여 외식산업 전반의 이론적 내용을 쉽게 접근하여 학문적으로 정립하려고 노력하였다. 외식과 관련된 대학이나 실무 현장의 외식인, 일반인 등 모든 분들한테 도움이 될 수 있는 도서가 되었으면 하는 바람이다.

본서는 필자의 마지막 집필이 될 가능성이 높다. 어느덧 대학에서 생활한지도 이십 년이 지나가는데, 마지막 집필이라고 생각하니 진한 아쉬움도 남지만 이제 새로운 인생 3막을 준비하려고 한다.

마지막으로 부족한 도서이지만 책이 나오기까지 많은 도움과 격려를 해주신 존경하는 이호인 전주대 명예 총장님, 사랑하는 가족인 아내와 선화, 승아, 동성이 그리고 기문사 관계자 분들께 진심으로 감사의 말씀을 드리고 싶다.

2022년 8월

저자 민 계 홍

차 례

제2장 외식산업의 분류

제3장 외식업체의 운영과 조직

제1장

외식산업의 개요

외식산업의 이해

제1장
01

외식산업의 개요

1. 외식산업의 개념

1) 외식산업 용어의 유래

우리나라에서 외식산업이란 용어를 처음으로 사용하기 시작한 것은 언제부터인지 정확하게 알 수는 없으나, 외국의 경우를 예로 들어 보면 다음과 같다.

미국에서는 1960년대 경제발전과 더불어 공업화 단계에 진입하면서 Foodservice Industry 또는 Dining out Industry라는 용어를 사용하였다. 일본에서는 1970년을 기점으로 미국 외식산업이 일본에 상륙하면서부터 1970년 이후 마스코미 잡지에서 외식산업이란 용어를 처음 사용하기 시작했으며, 1978년 일본 정부의 공식 문서인 경제백서에 외식산업이란 용어를 공식적으로 사용하면서 정착되었다.

우리나라는 1979년 10월에 최초의 외국 브랜드 체인 음식점인 롯데리아가 일본 롯데리아의 기술지원을 통해 국내에 처음으로 개점하면서 방송과 각종 언론매체에서 외식산업이란 용어를 사용하기 시작하였다. 이후 1980년대 초반에 버거킹, KFC 등 미국의 유명브랜드 도입이 활발하게 진행되면서, 외식산업이란 단어로 자연스럽게 통일되어 전 사회적으로 보편화되어 사용되었다.

과거에는 기존의 요식업, 식당업, 음식업의 명칭이 음식업으로 통칭하여 용어를 사용을 하였는데, 이러한 시점을 기준으로 하여 외식산업이란 용어를 사용한 것으로 추정된다.

결론적으로 외식산업이라는 용어의 유래는 미국에서 일본으로 그리고 일본에서 한국으로 유입되었다고 추론해 볼 수 있다. 그러나 구체적으로 보면 외식산업이라는 용어는 원래의 뜻과는 무관하게 일반화되어 부른 것으로 해석할 수 있다.

외식산업이라는 용어는 미국 ⇒ 일본 ⇒ 한국 유입

2) 외식산업의 정의

일반적으로 산업(産業)이란 '동일한 또는 유사한 종류의 생산적인 경제활동에 주로 종사하는 모든 생산 단위의 집합'으로 정의한다. 여기에서 생산적인 경제활동(산업활동)이란 '사회적인 분업화에 따라 각 경제주체가 계속적으로 재화 또는 서비스를 생산 또는 제공하는 주된 경제활동'이라고 말한다. 이때 생산적인 경제활동에는 영리적인 사업 활동뿐만 아니라 공공행정, 국방, 교육, 종교와 기타 비영리 단체의 활동을 포함하지만 가정 내의 가사활동은 제외된다.

산업에 반해 업(業)이라는 것은 산업보다는 좁은 의미로 개개의 업이 포괄적 의미의 산업을 구성한다고 할 수가 있다. 다시 말하면 모든 분야의 생산적인 활동을 지칭하는 산업을 구성하는 각 부분을 업(業)이라고 할 수가 있다. 종래의 요식업, 식품접객업, 음식업 등 하나의 업으로 불리던 음식점 영업이 오늘날 외식업으로 발전하게 된 것은 전체적인 규모가 확대되고, 경영의 체계적인 운영을 하였기 때문이다. 또한 외식산업은 인간의 기본적인 욕구를 충족시켜 주는 대표적인 서비스산업으로 경제발전과 더불어 국민경제에 차지하는 비중이 높은 성장산업이다.

여러 학자들이 외식산업에 대한 정의를 내렸으나 좁은 의미에서는 약간의 차이는 있으나, 넓은 의미에서 외식산업에 대한 정의는 동일하다고 할 수가 있다. 외식산업에 대한 정의는 음식을 단순히 만들어 제공한다는 개념에서 음식과 서비스의 제공, 분위기의 연출 및 이와 관련된 편의제공 등을 상품으로 제공하는 외식 서비스산업을 말한다. 최근에는 더욱 발전된 개념으로 제조업과 서비스업을 함께 추구하는 복합 산업이라고 할 수 있다.

광의적으로 정의하면, 소비자의 외식 행동에 일정한 시설과 식음료 상품을 갖추고 고객의 욕구를 충족시키면서 경제적 이익을 추구하는 영업 행위이다. 또는 식사를 조리해서 제공하는 식품제조업, 소비자에게 직접 소매하는 소매업, 서비스가 중추인 서비스산업이다.

협의적으로 정의하면, 일정한 객석을 갖추고 고객에게 음식을 제공하는 일종의 서비스산업이다. 식품 또는 그 원부자재를 중앙 공급식에 의하여 공급받아 신속하고 저렴한 가격으로 음식을 제공하고, 셀프서비스 방식의 도입으로 운영의 간소화를 기하며, 메뉴의 통일과 대규모의 체인 전개 등을 특징으로 하는 서비스산업이다. 또는 운영의 매뉴얼화, 접객서비스의 균일화, 점포의 체인화 등으로 경영조직이 대형화되고 시설이 현대화된 음식업이다.

외식산업을 위와 같이 정의하거나 설명한다면 [표 1-1]은 외식산업과 요식업과의 차이점을 설명한 표이다. 외식산업과 요식업의 차이를 설명하기 위하여 식재, 조리, 경영방침, 점포, 교육, 상권 등의 변수를 이용하였다. 그러나 6개의 변수는 외식산업을 구성하는 업의 특성을 설명하는 수많은 변수 중의 일부에 불과할 뿐이지, 외식산업과 요식업의 차이를 설명하기 위한 기준이 되는 변수들은 아니다.

우리나라의 외식산업에 대한 정의는 일정한 경영시스템을 가지고 있는 기업형 외식업체에 한정된 정의로 해석하는데, 생계형 식당이 높은 비율을 차지하고 있는 우리나라의 현실에는 적합하지 않는 경우도 있다.

[표 1-1] **외식산업과 요식업의 차이점**

구분	외식산업(Foodservice)	요식업(Restaurants)
식재	재료(1차 가공군의 사용)	원재료의 사용
조리	기술과 기계(균일한 품질)	육감적인 룩(Look)의 기능
경영방침	3S 주의(Speed, Service, Standard)	개성화, 아이디어의 중시
점포	효율 중시	분위기 중시
교육	매뉴얼(Manual) 중시	경험 중시
상권	대상권주의	소상권주의

미국의 외식산업에 대한 정의를 살펴보면 다음의 두 가지가 있다.

첫째, The food and beverage service industry consists of every establishment that sells and beverage to people outside their own homes : 집을 떠난 사람들에게 식료와 음료를 제공하는 업소이다.

둘째, The foodservice industry as encompassing all meal and snacks prepared outside the home. This definition therefour includes all take-out meal and beverage : 가정 밖에서 준비해 판매하는 모든 식사와 스낵을 포함하고 가지고 가는 식사와 음료까지 포함한다. 집 밖에서 이루어지는 인간의 식생활을 모두 포괄하는 것이 외식산업이라고 할 수 있다.

3) 외식산업 발전사

우리나라의 외식산업 발전사와 관련된 구분 방법은 기존에는 주로 식생활의 발전사를 중심으로 나누어졌다. 식생활의 발전사를 농경사회(B.C 3000), 산업사회(18세기), 정보사회(20세기), 창조사회(21세기) 등으로 나누어 살펴보기도 하고, 1900년대에서부터 1990년대, 그리고 2000년대까지의 성장과정을 연대별로 살펴보기도 하였다. 또한 일제강점기인 1910년대부터 1950년대까지, 1960년대부터 1990년대, 2000년대에 이르기까지 시대별로 나누어서 살펴보기도 하였다.

본서에서는 우리나라의 외식산업 발전과정을 삼국시대에서 고려시대까지는 범위를 제한하여 시대별로 구분하였다. 우선 조선시대에서부터 일제강점기(1910~1945년)까지는 식생활과 관련하여 우리가 알아야 할 성장과정 및 주요 이슈 등을 위주로 살펴보았다.

1950년대에서 2000년대까지는 외식산업 전반의 성장 과정과 주요 이슈 등을 중심으로 태동기(1950~1976년), 도입기(1977~1982년), 성장기(1983~1988년), 1차 고도성장기(1989~1996년), IMF 침체기(1997~2001년), 2차 고도성장기(2002~2007년), 저성장기(2008~2013), 성숙기(2014~2019년), 코로나19 침체기(2020~2022년) 등으로 접근하여 살펴보고자 한다.

(1) 조선시대~일제강점기

오늘날 식당의 기원은 고려시대를 거쳐 조선시대까지 그 명맥이 이어져서 발전되었던 숙식제공을 위한 '주막(酒幕)'이 시초였다. 주막이 생긴 이유는 상인들을 위한 숙식장소와 배고픔을 해결하기 위한 장소가 필요했기 때문이다. 그리고, 화폐제도가 발달하면서 사람들의 경제 활동범위도 활발해 지면서 나그네가 하룻밤을 쉬어가는 숙식해결 장소로 우후죽순 생겼다. 이후 1103년 지방의 각 고을에 술과 음식을 팔고 숙박을 할 수 있는 상설식당이 개설되었는데, 물상객주, 보행객주라고 하였다.

▶ 식당(食堂)이란 말을 본격적으로 언급된 것은 조선시대(1389년) 성균관에서 유학을 가르치던 곳인 명륜당 앞에 "진사식당(進士食堂)"이 있었다. 진사식당은 성균관 유생들의 전용 식당을 말하는데, 총 33칸 규모의 건물로서 수 백 명이 동시에 식사를 할 수 있도록 만든 독특한 구조이다.

▶ 문헌에 정확한 연도의 기록은 없으나 1906년경 우리나라에서 궁중음식을 최초로 판매한 당대 최고의 고급 요리집으로 식당의 시초인 '명월관'이다. 명월관은 일반 서민들은 근접할 수 없는 왕의 음식인 궁중 요리를 하던 안순환이 현재의 서울 종로구 세종로에 개점한 20세기 최초의 음식점이다.

▶ 일제강점기 시대의 식생활은 일제의 수탈로 식량부족과 빈곤으로 인하여 식문화의 침체기라고 할 수 있는데, 일제강점기에 소개된 음식으로는 단팥빵, 붕어빵, 국화빵, 팥빙수, 우동, 어묵, 스시, 다쿠앙(단무지) 등이 있다.

▶ 유명 음식점 이문설렁탕(1904), 용금옥(1932), 곰보추탕(1933;폐업), 한일관(1939), 청진옥(1937), 조선옥(1937), 우래옥(1946), 안동장(1948)

▶ 주요 이슈

- 1902년 최초의 다방 정동구락부(손탁호텔 1층)
- 1945년 설탕, 밀가루, 조미료 등의 식재료 도입
- 1948년 분식장려운동 실시, 명월관 폐업

우리나라에서 오래된 유명 음식점의 역사와 스토리 등을 알아보면 '누구나 한번쯤 도전해볼 만한 매력적인 외식 업종이다'라고 생각된다.

그렇지만 '도전, 열정, 희망을 가지고 그 업에 임할 수 있는 자세가 필요하며 노력한 만큼 꿈은 이루어진다', '준비된 사람만이 성공한다'라는 진리를 필자는 조언을 해 주고 싶다.

(2) 태동기(1950~1976년)

한국전쟁은 그 당시 경제가 매우 어려운 상황임에도 불구하고 난국을 조금이라도 안정시키지 못하고 어려움을 극대화시켰다. 이러한 상황에서 경제는 매우 빈곤하여 미국의 무상 원조가 우리나라 경제를 지탱시켜 주었다. 그러나 원조는 주로 밀가루, 설탕, 면화, 연탄 등 소비재 중심이었다. 특히 연탄의 등장은 식생활의 혁명이라고 할 정도로 식생활 변화에 많은 영향을 미쳤으며, 전쟁 중에는 꿀꿀이 죽, 부대찌개가 등장하였다.

1953년 휴전협정이 체결되면서 유엔군의 영향으로 인하여 서구식 식문화가 유입되면서 주막, 목로주점 등의 소규모 형태의 음식점이 증가하였다.

우리나라에서 외식시장이 하나의 산업으로 발전한 시기는 1970년대로 이 시기를 외식산업의 태동기라 할 수 있다. 이 시기에는 주로 기호식품의 개념인 육가공, 식용유가 등장하면서 음식의 맛을 냄에 따라 외식업이 각 지방의 중소도시를 중심으로 해서 급격히 늘어나기 시작한다. 이때 눈여겨 볼만한 것이 프랜차이즈 형태의 외식업체가 최초로 등장하게 되는데 이것이 바로 1975년에 개업한 '림스치킨'이 단일점이 아닌 다점포 형태의 외식업이 등장하였다.

▶ **신규 브랜드** 문화옥(1952), 부민옥(1956), 신포우리만두(1971년), 림스치킨(1975), 가나안 제과(1975년)

▶ **주요 인기메뉴** 해장국, 국밥, 냉면, 곰탕, 만두, 빵, 닭갈비, 부대찌개

▶ **주요 이슈**

- 1963년 가공식품 "라면" 등장, 삼양라면 최초 판매
- 1966년 코카콜라 국내상륙
- 1968년 쌀소비를 줄이고자 "혼분식 장려운동" 실시
- 1968년 전기밥솥이 최초 출시
- 1970년 경부고속도로 개통, 서울 강남개발계획 발표
- 1972년 새마을 운동

(3) 도입기(1977년~1982년)

1979년에는 '난다랑'이 오늘날 스타벅스 개념의 고급 커피 전문점이 프랜차이즈를 시도하였다. 이어 일본 롯데리아의 지원에 힘입어 '롯데리아'가 현대적 의미의 본격적인 프랜차이즈 시스템을 도입하여 보다 고급화를 추구하면서 패스트푸드가 우리 식생활 문화의 한 부분으로 자리 잡는데 기여하였다. 롯데리아가 국내에 들어오면서 매스컴에서 "외식산업"이라고 부르게 된 것이 시초가 되었던 것이다.

▶ 육류 소비량이 급증하고 고추와 마늘을 선호하는 소비자들이 증가하여 국밥류인 설렁탕, 해장국, 삼겹살, 갈비와 같은 고기류의 직화구이가 인기가 많았으며 전기구이통닭, 닭갈비, 부대찌개 등 한식업종 메뉴의 식문화가 일반화 되었다.

▶ 경제개발과 더불어 식생활 향상으로 인하여 입맛의 서구화 시작되기 시작하였으며, 경양식 레스토랑이 오늘날 이탈리아 레스토랑과 같은 인기가 많았나.

▶ **주요 인기메뉴** 햄버거, 양념치킨, 통닭, 닭갈비, 양식, 부대찌개, 떡볶기, 원두커피, 요구르트, 낙지볶음

▶ 전자레인지, 마요네즈, 케첩 소개

▶ **신규 브랜드** 롯데리아(1979), 난다랑(1979), 신라당(1980), 삼원가든 · 미스터도넛(1981), 독일빵집, 원첼도넛(1982), 처치스 치킨(1982)

(4) 성장기(1983년~1988)

1980년대는 외식산업의 성장기로 86 아시안게임과 88 서울올림픽을 거치면서 한국을 찾는 외국인 관광객이 급격하게 증가하면서 본격적으로 외식산업이 성장하는 계기가 되었다. 80년대는 외국의 유명 외식브랜드가 국내기업과 손잡고 국내에 체인점을 개설한 이후 단순한 브랜드의 도입 또는 기술제휴 등의 합작투자 형태로 속속 국내시장에 진출하기 시작하였다.

특히 웬디스(1984), 케이에프씨(1984), 피자헛(1985), 버거킹(1980), 맥도날드(1986)

등 패스트푸드 업체의 진출이 활발하였다. 1988년에는 미도파가 국내 최초의 해외브랜드 패밀리레스토랑인 '코코스'를 도입하면서 외식산업이 다른 여타 산업과 함께 본격적으로 하나의 산업으로 주목받으며 성장하는 계기가 되었다.

▶ **신규브랜드** 장터국수(1983), 데어리퀸 · 버거킹 · KFC · 웬디스 · 신라명과 · 하이델베르크 · 딕시랜드 · 투모로우타이거(1984), 해태델리 · 짱구짱구 · 피자헛 · 피자인 · 투모로우 타이거 · 버거잭 · 베스킨라빈스(1985), 만리장성 · 뛔벤픽 델리카트슨 · 빅웨어 · 맥가이버 · 쉐이키스피자(1986)

▶ **주요 인기메뉴** 햄버거, 피자, 치킨

▶ **주요 이슈**

- 1983년 주문 식단제 최초실시
- 1984년 버거킹, KFC, 웬디스 등 페스트푸드 국내상륙
- 1985년 피자헛, 피자인 상륙
- 1986년 서울 아시안게임, 맥도날드 국내 상륙

(5) 1차 고도성장기(1989~1996)

88올림픽을 기점으로 급성장하고 있는 외식산업은 1990년대 들어서서 외식산업의 위상이 한 단계 오른 고도성장기에 해당한다. 테마형 외식업체의 등장, 퓨전음식점, 감성지향형의 외식업체 등장, 체인사업의 본격화 등 외식업체 전반에 대해 획기적인 변화가 일어나는 시기라고 할 수 있다.

TGIF, 스카이락, 베니건스, 씨즐러, 토니로마스, 마르쉐 등 고품격 서비스를 무기로 한 외국계 패밀리레스토랑 브랜드들이 잇따라 국내에 상륙하면서 외식업은 대형화와 고급화가 주류를 이루었다. 또한 대기업들이 본격적으로 단체급식시장에 진입를 하여 외식산업의 한 축을 형성하면서 고성장을 하였다. 특히 90년대 외식산업이 자영업 형태의 소규모 외식업소로 명맥을 유지하고 있던 기존의 국내 외식산업시장에 기업형 외식산업의 전기를 마련하였다.

▶ **신규 브랜드** TGI(1992), 베니건스(1995)

(6) IMF 침체기(1997~2001)

1990년대 이후 외국계 체인점에 의해 급격히 늘어나기 시작한 패밀리레스토랑의 경우 차별화된 가격과 분위기로 고성장을 하면서 많은 대기업들이 경쟁적으로 참여하였다. 그러나 1997년 IMF로 인한 경기 침체의 여파로 매출이 감소하기 시작했고, 외식시장에서도 구조조정으로 인한 대형 외식업체의 인수 및 합병이 진행되어 외식산업은 위기를 맞아 침체기라는 어려운 시기를 보냈다.

▶ **신규 브랜드** 아웃백(1997), 빕스(1998), 스타벅스(1999), 메드포갈릭(2001)

(7) 2차 고도성장기(2002~2007)

2000년대는 여성의 경제활동 참여 증가, 가계소비 중 외식비중의 증가 등으로 외식시장 경기가 회복되면서 기업형 외식산업의 성숙기에 진입하였다. 2000년대에 들어서면서 외식신업의 고도 성장기를 거치면서 품질과 서비스 양쪽 면이 모두 양극화 현상이 뚜렷하게 나타났는데, 특히 외국 브랜드인 스타벅스 등 외국 유명의 프랜차이즈 전문점이 한국에 속속 입성하기 시작했다.

아마도 이 당시의 외식업체의 상당수는 외국의 유명브랜드를 앞세워 토종 한국의 외식상품과 서로 견주는 경쟁의 시대가 본격적으로 들어섰다. 그리고 외식의 품질과 가격, 프랜차이즈 모든 면이 한층 더 도약하는 시대였다.

▶ **신규 브랜드** 무스쿠스(2004)

(8) 세계 금융위기 침체기(2008~2009년)

지속되는 경기불황과 함께 세계 금융위기와 광우병 파동, 조류인플루엔자(A1) 발생 등 외식산업 환경의 악화현상으로 인해 매출감소와 함께 큰 어려움을 겼은 시기이다.

2008년 미국의 금융 시장에서 시작되어 전 세계로 파급 된 대규모의 금융 위기를 말하는데, 우리나라에도 큰 영향을 미치게 하여 경기 전반에 경제적 혼란을 초래했다. 또한 2008년 4월, 광우병 파동이라는 이슈가 온 나라를 시끄럽게 하였다. 정부의 미국산 소고기 수입을 반대하는 큰 시위가 벌어졌는데, 광우병에 걸린 소의 고기를 먹으면 사람도 걸릴 수 있다고 하여 국내에 공포가 확산되었다. 결국 정부는 광우병 우려가 있는 소고기는 수입하지 않겠다고 발표했다. 그 후 세계적으로 동물성 사료의 공급이 금지되었고, 그 결과 광우병은 지구상에서 사라졌다.

닭, 오리 등 가금류와 야생조류 등에 감염되는 조류인플루엔자(A1), 소나 돼지 등의 동물의 입이나 발굽에 생기는 전염성이 강한 바이러스 병인 구제역이 발생하여 식품안전에 대한 불신이 증폭되어 외식산업 전반에 큰 피해를 끼쳤다.

조류인플루엔자는 감염된 조류의 분면, 분변에 접촉된 물건에 감염이 되는데, 열에 약한 바이라스이기 때문에 75℃이상의 온도에서 5분 이상 조리하면 시멸되어 감염이 될 수는 없다.

(9) 저성장기(2010~2013)

2010년을 한식의 세계화의 원년으로 삼고, 한식을 세계 5대 음식으로 육성시킨다는 비전으로 한식의 세계화, 한류, 한브랜드 정책을 통하여 국가의 이미지를 고양시키려 했다.

전 국민의 사랑을 가장 많이 받은 웰빙을 추구하면서 합리적인 가격으로 선보인 대표 메뉴로는 오븐에 구운 닭, 쌀 막걸리, 에스프레소커피, 수제버거와 라멘, 돈부리, 오므라이스 등 일본 대중식의 국내 진출이다.

이러한 일본 대중식이 국내 외식시장에서 빠르게 트렌드를 형성하고 있는 것은 소비자에게는 정갈하고 깔끔한 1인식 기준으로 1만원 미만의 가격대로 현지에서 즐겼던 일식메뉴를 즐길 수 있으며, 패스트푸드처럼 신속한 메뉴 제공과 간편한 조리로 인해 소규모 매장 운영이 가능하다.

▶ 주요 이슈

- 2011년 외식산업진흥법 시행령 제정(2011. 9. 10)
- 2016년 부정청탁 및 금품 등 수수의 금지에 관한 법(김영란법)

(10) 성숙기(2014~2019)

여름철 메뉴로 큰 인기를 끌었던 빙수가 눈꽃빙수로 사계절 메뉴로 대중화로 자리매김하였는데, 그 이유는 얼음을 눈꽃처럼 갈아주는 빙삭기 개발로 기존 빙수와 달리 얼음 대신 우유로 빙수를 만들고, 팥 대신 콩가루를 올리는 방식으로 판매한 것이 주요했다. 2013년 부산 남포동에서 시작한 '설빙'은 기존의 팥빙수 시장의 공식인 얼음+팥의 공식을 깨고, 우유얼음+인절미와 콩고물, 얼음+과일 등 토핑을 다양하게 올려서 선풍적인 인기로 유명 브랜드가 되었다.

▶ 육류 수입시장이 개방되면서 대표적으로 고기 전문점들이 무한리필, 고기 뷔페, 정육식당 등의 형태로 실질적인 소비를 추구하는 고객들에게 큰 인기를 끌었다. 그렇지만 가격시장의 파괴로 인하여 서비스 품질 면에서 이를 만족시키지 못하면서 오랜 시간 정착하지 못하고 트렌드의 반대인 패드가 되었다.

▶ 2014년 제과업계에서 시작된 허니버터칩의 열풍을 시작으로 2015년에는 치킨, 커피, 패스트푸트 업계로 이어지면서 허니 열풍이 불어오면서 모든 외식업계에서는 메뉴 또는 상품명을 '허니버터'를 사용하여 허니버터 치킨, 허니커리 바사삭 치킨 등 기이한 현상이 나타났다.

▶ 1인 가구의 증가와 혼밥으로 인하여 도시락 형태인 1인 상차림의 인기가 많았다. 1인 상차림은 1회용 사각 도시락으로 국과 밥, 볶음, 반찬으로 구성되어 가격대비 거성비가 좋아 부담 없이 주문해 먹을 수 있는 것이 장점이다.

▶ 2016년에는 소자본 청년 창업과 일자리 창출 일환으로 푸드트럭이 급성장하였다. 푸드트럭은 2014년에 합법화 되었는데, 2015년 3월에는 전국에 3대, 2016년 4월에는 184대가 등록되었으나 지방자치단체에 허가를 받아 지정된 장소에서만 영업을 해야 하는 법적근거로 인하여 식품의약안전처는 2016년 5월 식품위생법 시행규칙을 개정, 푸드트럭 영업자가 단기 지역축제 등 영업장소를 추가로 확대할 때 영업서류를 간소화하기로 결정했다. 그리고, 부산에서 시작한 명랑시대 쌀핫

도그 열풍이 전국으로 확산되면서 아리랑 수제 핫도그, 또봉이 핫도그 등 핫도그 프랜차이즈 시장이 증가하였다.

▶ 2000년대 들어 꾸준히 인기를 끌어왔던 베트남 음식과 태국음식의 인기가 폭발하면서 제2의 전성기를 맞이했다. 동남아시아로 여행을 다녀온 사람들이 늘어나고, 현지에서 먹었던 독특한 풍미와 맛을 잊지 못하는 사람들이 늘면서 쌀국수 이외에 다양한 메뉴를 선보이는 레스토랑이 증가하였다.

▶ '불황에는 매운맛이 유행한다'는 속설처럼 2017년부터 마라열풍이 지속되었다. '마라'는 중국 사천 지방의 향신료로 혀가 마비될 정도로 얼얼하면서도 매운 맛을 의미하는데, 마라 전문점이 성황을 이룬 것은 트렌드에 민감한 2030 밀집 지역인 홍대입구, 연남동, 강남역, 이태원 등에서 마라의 인기가 유행하여현재 마라의 매운 맛은 전 세계적인 트렌드로 자리가 잡혔다.

(11) 코로나19 침체기(2020~현재)

2019년 12월 1일 코로나19 바이러스 확진자가 중국에서 처음 발생하여, 2020년 1월 20일 우리나라에 유입되었다. 이러한 코로나19 유입으로 인하여 외식산업 분야에 큰 변화가 오게 되었는데, 외식의 정의가 달라질 정도로 외식 문화가 많이 바뀌었다. 외식의 정의가 나가서 먹는 게 아니라, 밖에서 만든 음식을 집에서 먹는다는 게 더 적합하지 않을까 싶다.

코로나19가 가져온 변화와 발생 후 2년, 그리고 최근 외식 먹거리 물가 상황을 보면 물가 상승세는 앞으로 더 우려가 될 전망이다. 그렇지만 힘든 시기를 함께 이겨온 경험을 바탕으로 위기를 넘어 세계를 연결하는 하나의 시장으로 재성장하여 외식산업의 미래를 향해 함께 나가야 할 것이다.

2. 외식의 개념

외식에 대한 이해를 쉽게 하기 위해서는 먼저 식사의 정의가 무엇인지 알아 볼 필요가 있다. 일반적으로 외식산업은 가정 이외의 장소에서 음식을 제공하고 그 대가를 받는 영업을 지칭한다. 외식산업에서의 외식사업 또는 음식점은 식사라는 행위를 판매하는 것으로서 사람들이 식사를 하러 매장을 방문하는 것이다.

식사라는 것은 아무 때나 먹는 것이 아니고, 특정한 시간에 특정한 음식을 먹는 것, 사람이 음식을 먹고 음료를 마시는 행위를 말한다. 식사를 하기 위한 구성 요소로는 식사를 할 수 있는 공간, 음식, 식사를 하는 행위자가 필요하다. 그러므로 식사는 가정에서 이루어지기도 하며, 가정 외에서 이루어지는 경우도 있다.

1) 외식의 정의

외식이라는 용어는 일상생활에서 흔히 사용하고 있는 일상화된 용어이며 널리 퍼져 있다. 식사의 하위 개념인 내식, 외식, 중식이라는 용어를 구분하기 위한 기준은 조리의 주체(누가 조리를 하는가?), 조리장소(조리를 하는 장소가 어디냐?), 식사장소(조리를 한 음식을 어디에서 먹느냐?)가 있다.

국어사전에 의하면 외식(外食)의 정의를 "집에서 직접 해 먹지 아니하고 밖에서 음식을 사먹음. 또는 그런 식사"로 설명하고 있다. 이러한 의미는 집에서 만든 음식이 아니고 바깥에서 자신이 좋아하는 음식에 대해서 돈을 지급하고 사서 먹는 것을 말한다. 그러므로 외식(外食)에 대한 정의는 "가정을 중심으로 밖에서 하는 식사행위의 총칭"이라고 할 수가 있다.

일본의 외식전문가인 도이토시오(1990)는 외식(外食)이란 가정 외에서 식사를 하는 행위의 의미뿐 아니라 가정 외에서 가져 온 채소와 같은 식물은 물론, 가정 내에서 만든 음식을 가지고 다니는 초밥이나 도시락도 외식으로 보아야 한다고 정의를 하였다. 이처럼 외식(外食)이란 가정 이외의 장소에서 행하는 식사행위의 총칭으로 볼 수 있다.

최근 코로나19로 인하여 급속하게 변화된 외식환경 속에서 외식의 정의를 좀 더 구체적으로 재분류하여 보고자 한다. 지금까지 위에서 언급했던 외식의 개념 내용을 토대로 사회적 ·문화적인 가치 측면에서 생각해 보면 외식은 여가와 문화의 수단으로써의 단순히 집 밖에 나가서 식사하는 것을 의미하진 않을 것이다.

예를 들어 가족과 함께 식당에 가서 식사를 하는 것은 명확하게 외식이라고 볼 수 있지만, 직장에서 간편식 도시락이나 배달음식을 먹는 것은 외식이라고 보기 어렵다.

그러나 외식을 위해서 일반 음식점이나 레스토랑을 선택하는 선택속성은 상대적으로 구내식당이나 급식 등과 같은 식사형태에 대하여 의문이 들 수가 있다. 왜냐하면 외식의 분류 중에서 외식개념의 범위인 '외식적 외식'의 식사형태는 분명히 일치하지만, 소비자들이 문화적인 가치를 경험하는 외식으로 분류하기에는 애매한 부분이 있기 때문이다.

따라서 '외식적 외식'을 비일상적 외식적 외식과 일상적 외식적 외식으로 구분하여 재분류하여, 외식을 위해서 일반 음식점이나 레스토랑에서 만족을 위한 식사 형태를 비일상적 외식적 외식, 구내식당이나 급식 등과 같은 식사 형태를 일상적 외식적 외식으로 정의하였다.

다시 말하자면 소비자들이 외식 선택권을 가지고 음식과 메뉴, 서비스 등을 제공받을 수 있는 일반 음식점이나 레스토랑 형태와 같은 장소에서의 식사하는 것을 비일상적 외식적 외식으로 볼 수 있다.

(1) 내식

내식(内食)은 가정 내에서 식사하는 것을 말하는데, 내식과 외식을 분류하는 경계인 내식에는 내식적 내식과 외식적 내식이 있다. 그리고 내식이란 조리 주체가 가정 내 사람으로 조리 장소와 식사 장소가 가정 내에서 하는 식사 형태이다.

❶ **내식적 내식** 가정 내에서 이루어지는 일상적인 식사 형태를 말한다. 또는 가정 내에서 조리하여 가정 내에서 식사하는 형태를 말한다.

- 주부가 집에서 조리한 음식을 가족들이 가정 내에서 먹는 식사
- 세대내 사람(가족)이 이웃, 친척을 초대하여 가정 내에서 먹는 식사
- 이웃, 친척이 조리하여 제공하는 음식을 얻어서 집에서 먹는 식사

❷ **외식적 내식** 완제품이나 반제품을 구입하여 가정 내에서 식사하는 형태를 말한다. 또는 외부에서 조리된 것을 구매하여 가정 내에서 식사하는 것을 말한다.

- 택배음식, 출장요리, 포장요리 등
- 출장조리사가 가정 내에서 조리한 음식을 야외에서 하는 식사
- 출장조리사가 야외에서 조리한 음식을 가정에서 하는 식사

[그림 1-1] **내식과 외식의 분류**

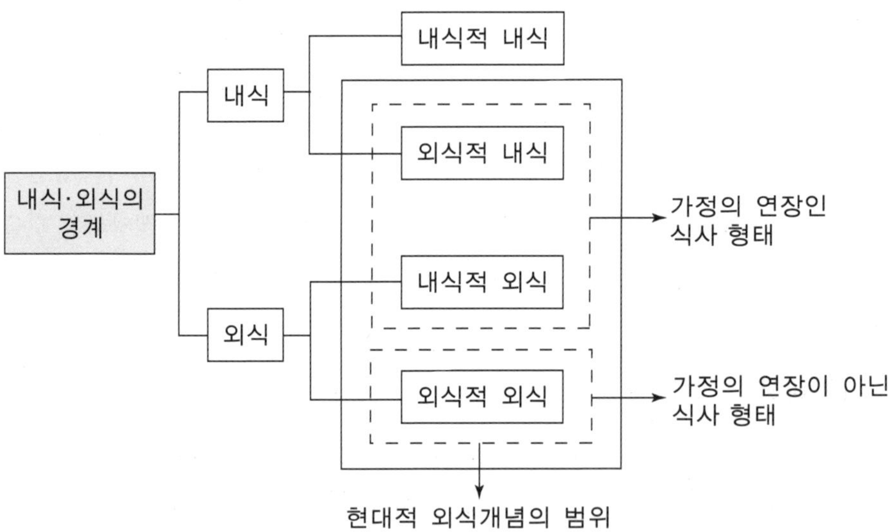

(2) 외식

외식에는 내식적 외식과 외식적 외식이 있는데, 현대적 의미에서 외식개념의 범위는 식생활 부분이 가정의 연장인지 아닌지에 따라서 내식과 외식을 구분할 수가 있다. 그리고 외식이란 조리주체가 가정 외 사람으로 조리 장소와 식사 장소는 가정 외에서 하는 식사 형태이다.

❶ **내식적 외식** 가정의 연장인 집에서 준비해서 밖에서 식사하는 경우를 말한다.

- 주부가 집에서 조리한 음식을 야외에서 먹는 식사
- 이웃, 친척을 초대하여 가정에서 음식을 만들어 야외에서 먹는 식사
- 주부가 집에서 조리한 도시락을 가족이 회사, 학교 등에서 먹는 식사

❷ **외식적 외식** 가정이 연장이 아닌 밖에서 준비해서 밖에서 식사하는 경우를 말한다.

- 일상적 외식적 외식 : 일반 음식점이나 레스토랑에서 만족을 위한 식사 형태
- 비일상적 외식적 외식 : 구내식당이나 급식 등과 같은 식사 형태
- 고급음식점, 일반음식점, 레스토랑
- 외식업소에서 제공하는 음식을 포장, 배달하여 야외에서 먹는 식사
- 외식업소에서 제공하는 음식을 외식업소 내에서 먹는 식사
- 백화점, 대형할인점 등에서 판매하는 음식을 야외에서 먹는 식사

(3) 중식

현대인들의 식생활 변화로 인해 내식과 외식의 중간에 있는 식사 형태로 가정간편식(HMR : Home Meal Replacement)을 말한다. 그리고 조리 주체가 세대 외의 사람으로 조리 장소는 가정 외에 있으며, 취식 장소가 가정 내인 식사 형태이다. HMR 가정간편식은 별도의 조리과정 없이 간단히 조리하여 바로 섭취할 수 있는 완제품 음식이다.

HMR의 예로는 도시락, 샌드위치, 김밥, 주먹밥, 초밥, 샐러드, 가공밥, 수프, 순대, 간편과일 등이 있다. 최근에는 춘천식 닭갈비, 만두, 바비큐쪽갈비, 돼지불백, 돈가스, 라볶기 등 다양한 제품들이 출시되고 있다.

- 집밖에서 조리가 된 음식을 구입 또는 생산한 장소와 다른 장소에서 섭취하는 식품
- 외식업체(일반 음식점)에서 구매한 후 다른 장소에서 섭취하는 주식개념의 간편식품
- 식품을 취급하는 곳에서 주식의 개념으로 판매하는 일반적인 식품

[표 1-2] 내식 · 외식 · 중식의 구분

구분	조리 주체	조리 장소	식사 장소
내식(內式)	가정 내 사람	가정 내	가정 내
외식(外食)	가정 외 사람	가정 외	가정 외
중식(中食)	가정 외 사람	가정 외내	가정 내

1. "외식"이란 가정에서 취사(炊事)를 통하여 음식을 마련하지 아니하고 음식점 등에서 음식을 사서 이루어지는 식사형태를 말한다.
2. "외식상품"이란 외식을 위하여 판매가 가능하도록 생산한 제품 및 외식과 관련된 서비스, 교육훈련, 운영체계, 상표 · 서비스표 등을 말한다.
3. "외식산업"이란 외식상품의 기획 · 개발 · 생산 · 유통 · 소비 · 수출 · 수입 · 가맹사업 및 이에 관련된 서비스를 행하는 산업과 그 밖에 대통령령으로 정하는 산업을 말한다.
4. "외식사업"이란 외식산업과 관련된 경제활동을 말한다.
5. "외식사업자"란 외식사업을 영위하는 자를 말한다.

3. 외식산업의 발전요인

2005년 7월 1일부터 시행된 주 5일 근무제 즉, 주 40시간 근무제의 실시는 경제, 사회, 문화에 지대한 영향을 끼쳤다. 많은 전문가들은 불황을 극복하여 수익을 창출할 수 있는 분야로 서비스산업에서의 외식산업과 관광산업을 꼽고 있는데, 그 중에서 특히 외식산업에 기대가 크며 관심이 많다.

지금까지 우리나라의 외식산업은 양적인 팽창을 거듭해왔는데, 특히 외식산업이 기업화되면서 과학적이고 체계적이며 기술첨단화 현상이 두드러지게 나타나고 있는 실정이다.

우리나라 외식산업의 분야별 발전요인은 다음과 같다.

첫째, 경제적 요인으로 경제성장으로 인한 국민소득 증가로 외식의 기회를 증대시켰다. 국민소득의 증가는 국내 외식산업이 급속도로 성장할 수 있었던 가장 큰 원동력이 되었으며, 경제수준의 향상은 가처분소득의 증가, 주 5일 근무제 실시로 근로시간의 감소, 수입자유화와 글로벌화, 소비시장의 세분화 및 다양화 등 전반적인 외식산업 시장에 활성화를 갖게 되었다.

둘째, 사회적 요인으로 여성의 사회진출 및 맞벌이 부부의 증가, 핵가족화 및 독신 세대의 증가, 주 5일 근무제, 건강, 레저, 여가의 증가는 외식산업 발전에 기여하는 절대적 요인이 되었다. 특히 여성의 사회진출 확대는 외식행위의 결정요인인 수입증대를 가져와 외식산업 발전에 큰 기여를 하게 되었으며, 맞벌이 부부의 지속적인 증가와 독신가정 증가 등 가정 개념의 변화로 인하여 외식에 대한 소비성향이 높아졌다.

특히 MZ세대의 건강, 레저, 여가에 관심이 많아지면서 이러한 다양한 외식형태의 변화는 외식 기회의 증가를 가져오게 하는 요인이 되었다. 그러나 이로 인하여 향락, 과소비지향이라는 부정적인 측면도 발생하게 되었다.

셋째, 문화적 요인으로 고객의 욕구변화와 문화생활 의식 향상, 식생활의 서구화와 국제화, 라이프스타일 변화로 인한 식생활 패턴의 변화, 신속하고 단순화 선호, 전통을 중시하는 경향으로 인한 민족음식 등이 대거 유행되었다.

넷째, 기술적 요인으로 주방기기의 현대화와 과학화, 식자재의 저장과 포장 기술의 발달로 외식상품의 질 향상, 포장기술의 발달, 신기술, 신기법 도입에 따른 기술혁신으로 체인화가 발전을 거듭해왔다. 그리고 컴퓨터 기술의 도입으로 모든 시스템이 전산화가 가능하게 되었다. 예를 들어 메뉴의 주문 및 생산을 효율적으로 운영하고, 과학적인 경영이 가능하게 되었다.

신선식품이나 냉장, 냉동 상품을 낮은 온도로 일정하게 유지시켜 신선도를 높여주는 시스템인 Cold Chain System의 보급, Central Kitchen System 도입으로 중앙주방(Central Kitchen)에서 음식이 만들어져서 외부에 있는 위성 주방 또는 고객에게 직접 음식이 제공되는 중앙공급조리시스템을 말한다.

우수한 시설과 장비 사용이 가능하고, 기계화를 통한 노동력 감소, 구매력과 자재관리 효율성의 향상 등을 통해 궁극적으로 저렴하고 우수한 식품 생산이 가능하다. 대표적으로 프랜차이즈 업체와 기내식, 도시락, 배달식 생산업체의 생산시스템을 들 수 있다.

[그림 1-2] **외식산업의 발전요인**

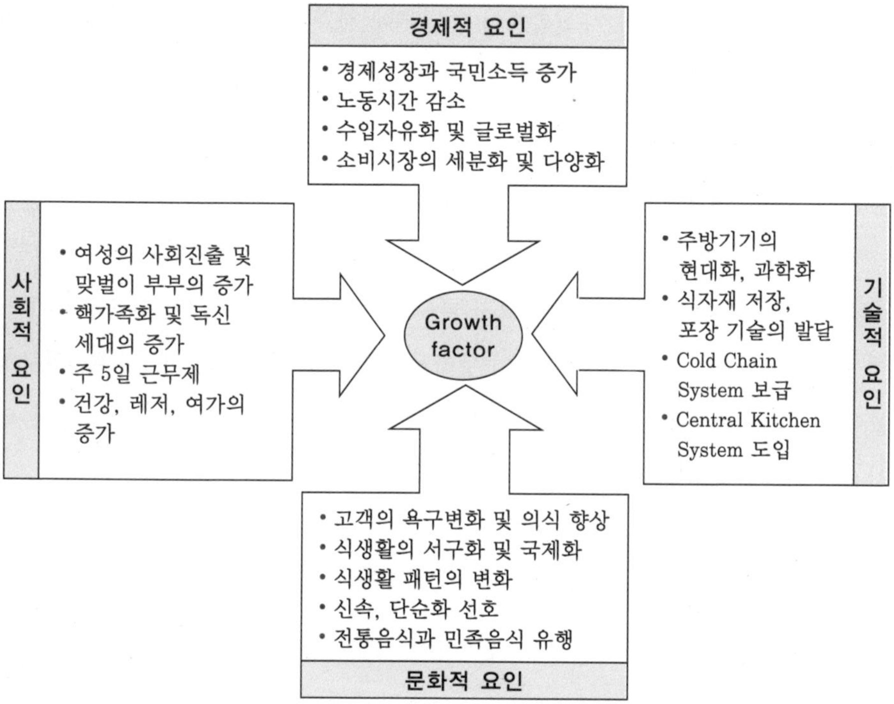

1) 외식산업의 사회지표

사회지표는 한 사회의 발전 정도와 사회 환경을 밝혀주는 일종의 통계수치로 그 사회의 현주소를 의미한다. 즉, 우리가 어디에 서 있으며 어디로 가고 있는가를 평가할 수 있는 통계의 모든 증거이다.

사회지표는 국가의 목표가 무엇이냐에 따라 지향하는 지표의 향방도 달라질 수밖에 없다. 경제성장이 국가의 최대목표일 경우 경제지표가 사회지표의 대변자의 역할을 하지만, 경제성장 이후 복지국가를 지향하는 단계에 이르면 사회복지 분야의 지표가 더 큰 국민의 관심 대상이 된다.

한국은 지금까지 경제성장이 국가경영의 최대 목표였기 때문에 사회복지지표보다는 경제지표가 더 큰 관심의 대상이 되었다. 그러나 국민소득(National Income) 이 높아진 지금 삶의 질이 경제성장보다 더 큰 관심의 대상이 될 수밖에 없다. 삶의 질을 결정하는 핵심 분야가 사회복지이기 때문에 사회복지 지표가 더욱 부각될 가능성이 높다.

(1) 인구지표

외식산업의 성장요인을 설명하는데 기초 자료로 사용할 수 있는 인구지표는 다음과 같이 설명할 수 있다. 인구규모가 클수록, 총부양비의 부담이 적을수록, 15~64세까지의 생산활동 가능 인구의 층이 두터울수록, 평균연령이 높아질수록, 인구성장률이 낮아질수록, 평균수명이 높아질수록 그리고 출산율과 사망률이 낮을수록 외식시장은 성장한다는 결론을 도출할 수 있다.

(2) 가족과 가구

가족은 사회의 가장 기본적인 단위이며 사회현상을 설명하는 핵심적인 요소이다. 가족구조의 특성 중 가장 큰 변화는 핵가족화와 병행하는 인구의 도시집중화 현상, 여성들의 교육수준이 높아지면서 사회 진출로 인한 직장 여성과 독신자의 증가라고 할 수 있다.

이러한 현상은 가족단위의 외식 기회가 많아지는 요인으로 작용한다. 즉, 평균 가구원 수가 적을수록, 가구 수가 많을수록, 1세대 가구와 1인 가구의 비율이 높을수록, 도시화와 산업화가 진행될수록, 초혼연령이 높을수록, 자녀 수가 감소할수록, 이혼율이 증가할수록, 노령화가 증가할수록, 핵가족화가 진행될 수록 외식 기회를 증대시키는 요인으로 작용한다고 할 수 있다.

(3) 노동

주 5일 근무제로 인하여 근로일수와 근로시간이 줄어들면서 여가와 레저활동이 증가하고, 가족단위의 외식이 일반화되었다.

(4) 교육

교육은 살아가는 데 필요한 지식이나 기술 등을 가르치고 배우는 활동이며, 개인이나 집단이 가진 지식, 기술, 기능, 가치관 등을 대상자에게 바람직한 방향으로 가르치고 배우는 활동이다. 인간은 교육을 통해 다음 세대에게 지식과 문화를 전수하고 발전시켜 왔다.

일반적으로 국민의 학력수준이 높을수록, 교육연수가 많을수록, 여성의 학력수준이 높을수록 외식비의 지출은 많아진다는 견해라면 외식비 지출과 교육수준 간에는 긍정적인 상관관계가 있다고 할 수 있다.

(5) 주거와 교통

주택은 인간관계를 이어나가는 장소인 동시에 개인과 한 주거단위 집단체의 사회적 · 경제적 환경 안에서의 상대적 입지이며, 가족의 신체적 · 정신적 욕구를 2차적으로 채울 수 있는 준비공간이다. 또한 교통이란 사람, 화물, 화폐, 정보 등의 수송 및 전달과 관련된 직접 · 간접적인 모든 행위와 조직 체계를 의미한다.

일반적으로 주택 보급률이 높을수록, 아파트 거주자가 많을수록, 자가용 차량의 수가 증가할수록 외식비 지출은 증가한다고 할 수가 있다.

2) 식생활과 라이프스타일의 변화

급속한 경제 성장과 더불어 식생활의 서구화와 국민소득 증가로 인한 소비생활 양식의 변화는 식생활 전반에 지대한 영향을 미치면서 소비자의 음식 소비 형태나 양상을 크게 변화시키고 있다. 또한 라이프스타일 변화에서 중요한 일부를 차지하는 것이 소비자의 식사태도, 식행동, 외식행동 등 식스타일(Eating Style)과 관련된 색생활 라이프스타일의 변화이다.

식생활은 인간의 음식물 섭취와 관련된 모든 행위로 식생활 행동은 개인 또는 집단의 다양한 취향과 기호가 반영되므로 단순히 인간의 생존하고만 연관된 것이 아니라 인간의 문화적 측면과 관련되어 하나의 생활양식으로 나타나는 문화현상이라 할 수 있다.

라이프스타일(Life Style)이란 간단하게 사람이 살아가는 방식(How One Live)이라고 정의할 수 있으며, 일반적으로 돈과 시간을 소비하는 전반적인 생활양식을 의미한다. 다시 말해서 라이프스타일이란 개인이나 가족의 가치관 때문에 나타나는 다양한 생활양식, 행동양식, 사고양식 등 생활의 모든 측면의 문화적 · 심리적 차이를 전체적인 형태로 표현하는 용어이다.

최근 외식 형태의 패턴은 소득증대 현상에 따른 여가생활의 확대, 서양음식의 일상화 현상, 다양한 외식소비 패턴의 추이에 따라 변화되어가고 있다. 이렇듯 우리나라 외식산업의 환경은 외식사업의 발전배경이 되는 경제, 사회, 문화, 기술적인 요인을 배경으로 소비자의 라이프스타일 변화, 여성인구의 사회진출 활발, 신세대의 소비세대 진입, 편리싱을 추구하는 식습관 등으로 외식산업은 극심한 경쟁구조 속에서 꾸준한 시장을 확대해 가고 있다.

첫째, 식생활의 국제화 측면으로 식생활 영역이 확대되면서 전통 고유음식에서 서구음식으로 대체하는 식생활로, 곡류 중심에서 육류, 빵, 면으로 대체하는 식생활로, 간장, 된장, 고추장에서 케첩, 마요네즈로 대체하는 식생활로, 농촌의 도시형 생활확대에 따른 전통 고유음식과 서구음식이 어우러지는 퓨전음식의 식생활로 변해 가고 있다.

둘째, 식품산업 발전의 후면에 따른 가공식품의 발전을 들 수 있는데, 인스턴트 식품, 냉동식품, 편의식품, 레토르트 식품의 출현 등 가공식품의 다양화 현상이 두드러지고 있다.

셋째, 레저화 추구에 따른 여가의 증대로 정기휴가제 정착, 복리후생제도의 정착화, 여가문화의 활성화, 이에 주 5일 근무제까지 겹쳐져 생활영역 확대에 따른 레저화로 급부상하고 있다.

넷째, 식사의 외식화 현상에 따른 다양한 업종 및 업태가 출현하고 소비자행동의 다변화가 요구되고, 욕구충동의 다양화 형태, 레저화 기회의 확대 등으로 과소비 풍토를 지향하는 현상이 나타난다.

다섯째, 서양식 음식의 침투에 따른 해외 유명브랜드가 확산되면서 합작이나 제휴형태로의 기술도입, 선진경영 노하우(Know-How)의 침투, 식생활 서구화 추세에 따른 외식의 확대, 신세대 사고 및 유행성 변화에 따른 서양음식의 침투는 계속 발전되고 있다.

3) 외식산업과 타 산업과의 연관성

외식산업과 관련된 타 산업과의 관계를 살펴보면 다음과 같다. 외식산업은 포괄적 의미에서 서비스산업(Service Industry)을 시작으로 환대산업(Hospitality Industry), 관광산업(Tourism Industry), 식품산업 그리고 유통산업에 이르기까지 다양한 산업들과 깊은 관련성이 있다. 그리고 이러한 산업들의 기본적인 특수성과 부수적인 특성들이 서로 관련성이 많아 외식산업의 위치를 파악하기 위해서는 관련 산업에 대한 이해가 있어야 한다.

외식산업은 서비스산업, 환대산업, 관광산업, 식품산업, 유통산업 등을 구성하는 한 부분이라는 논리가 성립한다. 관광산업은 환대산업을 구성하는 한 부분이며, 환대산업은 서비스산업을 구성하는 한 부분임을 감안할 때 외식산업은 관광산업을 구성하는 한 부분임에 틀림없다. 광의의 식품산업은 유통산업과 외식산업을 포함하고 있기 때문에 외식산업은 식품산업과 유통산업을 구성하는 한 부분이라는 논리가 성립한다.

그러나 오늘날 외식산업은 사회, 문화적인 변화로 소비자의 다양한 욕구를 충족시킬 수 있는 세분화된 외식산업으로 변모하여야 한다.

[그림 1-3] 외식산업과 타 산업과의 관계

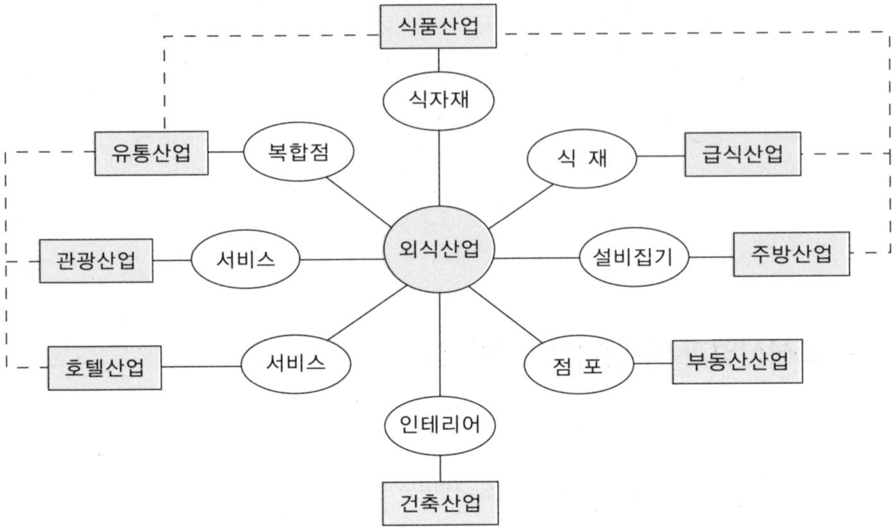

4. 외식산업의 특성

외식산업은 서비스 복합산업으로 타 산업과는 다른 생산활동 및 운영체계를 지니고 있다. 소비자의 기호에 따라 크게 영향을 받는 사업이기 때문에 다른 사업과는 달리 독점적인 업소 간의 심화된 경쟁은 불가피한 보편적 현상이 되고 있다. 외식산업은 생산과 판매가 동시에 이루어지는 것이 가장 큰 특징인데, 크게 산업적 특성과 구조적 특성으로 구분하여 살펴보면 다음과 같다.

1) 산업적 특성

(1) 입지산업이다

외식산업에서 입지는 업소운영의 관건이 된다. 아무리 좋은 메뉴를 갖고 있고 영업방침이 뛰어나다 해도 점포의 위치가 매출액에 끼치는 영향은 매우 크다. 따라서 업종을 선택한 후 일차적으로 점포의 입지문제를 해결해야 한다. 점포의 위치 여하에 따라 레스토랑이나 분식점, 한식점 등 업종을 결정할 수도 있다.

입지는 점포라는 물리적인 시설이 자리 잡게 될 일정한 공간적 단위로 점포가 자리 잡게 되는 지역을 말한다. 외식은 상품의 주문, 생산, 판매가 동시에 이루어지기에 고객이 쉽게 접근할 수 있는 위치는 고객을 유인하고 타 업소와 경쟁할 수 있는 가장 근본적인 수단이 되기 때문에 외식산업을 입지산업이라고 부른다.

외식산업에서는 업소가 위치한 장소의 특성에서 유발되는 고객유인력이 사업성패를 좌우하는 중요한 요인으로 작용하기 때문에 대규모 외식체인기업에서는 좋은 입지를 구하기 위하여 전문 입지담당자를 두고 있다. 그러나 입지조건은 교통사정. 도로계획, 인구이동, 경쟁상대의 변화 등 그 조건이 계속 변화하기 때문에 항상 점포 주변의 변화를 수용할 수 있는 자세가 필요하다.

(2) 인적 서비스산업이다

서비스산업 중에서 외식산업은 대표적인 인적 서비스산업이다. 고객에 대한 서비스의 척도에 따라 성패가 좌우되는 경우가 많기 때문에 인적 서비스의 의존도가 무엇보다도 높다. 또한 1인당 매출액이 타 산업에 비하여 낮은 편으로 대상 또한 사람을 상대로 하는 산업이고, 사람의 손에 의존하는 부분이 많아서 인적 구성요소의 비중이 큰 편이다. 외식산업에서 인적 서비스는 상품의 가격을 결정짓는 중요한 요소이기 인간관계를 중심으로 고감도 연출을 요구하는 인적 서비스가 강조된다.

(3) 체인화가 용이한 산업이다

외식산업은 타 산업에 비하여 자본과 기술적 노하우 없이 누구나 쉽게 운영을 할 수 있어 체인화가 용이한 산업이다. 프랜차이즈인 체인시스템은 본부에서 식품구매, 경영 노하우, 음식의 생산방법, 서비스 등을 표준화하여 운영방침을 개발한 후 가맹점을 모집하여 제품의 판매권을 부여하고 표준시설을 설비해 주는 시스템을 말한다.

외식산업은 규모가 커질수록 한 자리에서 전국을 상대로 영업할 수 없기에 전국을 체인화하여 영업망을 구축하는 영업 시스템을 만들기가 용이하다. 그러나 경영미숙으로 안정성이 낮고 운영 실패율도 높다.

(4) 독점기업이 지배하지 않는 산업이다

외식산업은 일반제조업과는 달리 독점적 시장지배가 불가능한 산업이다. 업소규모의 대형화에 한계가 있으며, 소비자들의 다양한 욕구를 어느 한 기업의 특정메뉴로 충족시키기가 어렵기 때문이다.

(5) 소비자의 기호가 강한 영향을 미치는 산업이다

외식산업은 소비산업이며, 소비자의 존재를 전제로 하는 산업이다. 이식산업의 발전과정이나 시장동향을 분석해 볼 때 업계 측면에서 마케팅전략이나 계획적 경영스타일이 리드해 왔다기보다는 소비자의 의식구조, 식생활패턴의 변화, 국민소득의 증가에 따른 가처분소득의 증대, 소비자의 생활방식과 기호에 영향을 받아 발전해 왔다. 즉, 소비자의 라이프스타일의 변화에 맞게 외식산업의 경영스타일이 변천되어 왔음을 알 수 있다.

2) 구조적 특성

(1) 노동집약적 산업이다

제조산업은 기술 및 자본집약적인데 비하여 외식산업은 생산부문과 자동화의 한계와 서비스 부분의 인적 의존성이 높은 관계로 노동집약적이다. 따라서 1인당 매출액이 다른 제조업에 비하여 낮은 편이며, 사람의 손에 의존하는 부분이 많아 인건비가 차지하는 비율이 높다.

(2) 유통 경로가 없는 산업이다

제조산업은 일정한 유통경로에 의하여 상품을 고객에게 판매하는데 비하여 외식산업은 유통경로 없이 상품구매를 위해서는 고객이 직접 방문하여 소비해야 한다는 문제점이 있다.

(3) 다품목 소량의 판매 산업이다

한두 가지의 메뉴만 취급하는 전문점도 있지만 대부분 여러 종류의 음식을 주문받아 생산하고 판매하므로 생산구성 측면에서 다품목의 소량판매 및 제품구색을 위해 많은 메뉴의 구성이 필요하다. 이는 갑자기 많은 음식의 주문이 들어왔을 때 생산능력에 한계가 있으나 완성품의 재고가 없다는 점에서 장점이라고 할 수가 있다.

(4) 시간적 제약과 수요 예측이 불확실한 산업이다

사람들의 식사 시간은 정해져 있기 때문에 매출이 주로 아침, 점식, 저녁시간에 집중적으로 발생하며, 사회 정치적인 변동뿐만 아니라 각종 행사, 계절, 날씨 등에 따라 매출이 변동하여 정확하게 고객 수를 예측하거나 식자재의 적정구입량을 결정하기 어렵다. 이로 인하여 시간과 공간의 제약을 크게 받는다.

(5) 낮은 식자재 원가와 식자재의 부패 가능성이 높은 산업이다

외식산업의 식자재 원가는 타 산업의 자재 원가에 비해 비교적 낮은 편으로 통상 식자재 원가 비율은 평균적으로 매출액의 30~35%가 적당하다. 그러나 이는 원자재의 경우에만 해당되며 인건비 등을 포함하면 전체 원가의 차이는 거의 없다고 할 수 있다. 또한 식자재의 보존기간이 짧아 이를 소홀하게 관리하면 부패의 가능성이 매우 높아 폐기에 따른 비용지출이 따르며, 부패한 식자재를 사용할 경우 식품위생 문제가 발생하여 사회적 지탄의 대상이 되는 예민한 산업이다.

(6) 종원원의 이직률이 높아 인적관리가 어려운 산업이다

외식산업이 3D(Dangerous, Difficult, Dirty)업종으로 불리면서 근무하기 힘든 업종의 하나였으나 최근에는 전문 직종으로 인식이 바뀌어 선호하는 추세이다.

3) 외식산업의 구성요소

(1) 식음료

가장 중요한 요소로 조리방법, 메뉴개발, 원부자재 사용방법, 건강식, 미용식 등의 원료분류 등이 필요하다.

(2) 인적 서비스

점포 자체가 보유한 독립적 서비스와 음식제공에 부수되어 제공되는 부대서비스로 구분한다. 접객서비스(업체가 제공하는 서비스가 고객 개인에게 직접적으로 만족감을 느끼게 하는 것)와 여흥서비스(단체에게 쇼나 음악 등을 제공해서 집단 만족을 돕는 것을 의미)로 나눈다.

(3) 물적 서비스

시설과 공간에 의한 서비스로 구분하며, 공간의 테마, 기능성, 동선, 규모 등이 복합적으로 조화를 이루어야 하며, 시설 요소는 업장의 홀, 주방, 인테리어 등으로 고객만족을 도출해 내야 한다.

(4) 편리성

고객이 원하는 시점에 기준하여 입지, 영업시간, 요금 정산방법 등이 중요 요소이다. 접근성의 경우 외식업의 중요 요인으로 상품자체보다 더 큰 영향을 미친다. 영업시간이나 휴일에 대한 정보제공 등은 필수사항이다. 결제방법의 다양화는 고객을 더욱 편리하게 한다.

(5) 가격

상품구매의 대가로 외식업의 경우 상품가격의 구성요소가 매우 다양하여 주력 상품가격에 부가적 상품구매에 따른 가격이 추가되는 양상을 띠게 되어 가격결정이 다소 어렵다. 가격전략은 업장의 이용률에 의한 가격결정, 연간 목표이익에 의한 가격결정, 소비자의 구매력에 의한 가격 결정, 경쟁업체의 가격에 의한 결정, 비용가산에 의한 가격결정 등 다양한 방법을 통해 책정할 수 있다.

5. 외식산업의 문제점

우리나라의 외식산업은 양에서 질적으로 변화하면서 음식점 운영과 고객이 느끼는 욕구와 가치가 더욱 중요해졌다. 그에 따른 국내 외식산업의 당면한 문제점을 제시해 보면 다음과 같다.

1) 외식업에 대한 정부의 인식과 지원정책 부족

우리나라의 사회 · 경제에 크게 기여하고 있는 외식산업은 생활수준의 향상과 여가 시간의 증가 등으로 외식 인구가 급속하게 증가하면서, 외식 공간의 개념이 과거 식사를 위한 단순한 공간 개념에서 대화하고 즐기는 장으로 개념이 크게 바뀌어 왔다.

그러나 최근 코로나19와 우크라이나 사태로 인하여 경기 침체와 물가 상승 등 많은 어려움이 있는 상황에서 외식업에 대한 정부의 인식과 합리적인 지원정책이 부족하다.

2) 운영 노하우(Know-how)의 부족

오랫동안 국내 외식산업을 이끌어온 기본 경영 철학은 Q · C · S 3가지를 원칙으로 해왔다. 그러나 이제는 그 동안 외식산업의 성공 비결이라고 말하던 Q(Quality) · C(Cleanness) · S(Service)는 기본이기 때문에 고객들에게 이를 만족시킬 수 없다면 결코 성공할 수 없다는 것이다.

외식산업의 특성에서 언급하였듯이 외식산업은 표준화, 단순화, 전문화를 통한 "시스템 매뉴얼 산업"이다. 자체적으로 축적된 경영 노하우를 바탕으로 하여 자사에 적합한 매뉴얼을 만들고, 매뉴얼에 의해 모든 운영이 시스템화 되어야 만이 효과적인 경영이 가능하며 대내외적인 경쟁력이 성장한다. 결국 노하우가 있는 기업은 경쟁에서 우위를 확보할 수 있으나 그렇지 못한 기업은 스스로 도태될 수밖에 없는 상황이 이미 전개되고 있다.

3) 운영자와 종사원의 직업인식 부족

외식사입을 운영하고 있는 경영자는 항상 고객에 대한 친절한 서비스가 기본이 되어야 하며, 외식업소에 대한 분위기 환경 개선, 메뉴의 합리적인 가격 결정, 위생관리 등에 대해서 게을리 해서는 안 된다. 서비스산업인 외식산업은 3D업종으로 인식되어 종사원의 이직률이 다른 산업보다 높은 편이므로 직업에 대한 인식 전환이 필요하다.

4) 외식산업 관련업종의 동반적 성장 미흡

국내 외식산업은 2000년대 들어 그 성장의 폭이 급속하게 증가하였다. 각 업체별 매출은 둔화현상을 가져왔지만 업계 전체의 규모나 질적인 성장 측면에서는 선진국 이상의 고도상장을 가져온 것만은 사실이다. 외식산업은 각종 관련 산업이 상호보완적 측면에서 유기적으로 연계된 종합예술의 첨단산업이다. 이제 외식산업이 성장하는데 가장 부족한 부분이 유통산업과 산업용 조리기구 산업이다.

우리나라의 유통산업은 구조적으로 취약점을 가지고 있어 기간산업의 부실로 인한 물류비용의 증가는 결국 원가 상승을 유발시키는 원인이 된다. 또한 식자재 가격의 불균형 현상이나 식자재 질적 수준의 미달현상은 외식산업 발전에 커다란 장애요인이 되고 있다.

이와 함께 대부분 산업용 조리기구 업체들의 기술적인 부분이 우선되어야 함에도 발등의 불부터 꺼야 하는 식의 경영방식으로 수입용 주방기기가 먼저 들어오게 되는 현실은 국가 경제에도 바람직하지 못하다. 외식산업이 안정되고 균형적인 발전을 이룩하기 위해서는 관련 업종이 함께 성장하여야 하며, 특히 유통사업과 산업용 조리기구 산업의 질적 수준 향상이 선결되어야 조리기구의 기능향상으로 인한 생산의 효율을 꾀할 수 있을 것이다.

5) 영세성 및 운영자금의 부족

외식업체의 사업규모는 직원 수가 5인 이하의 가족단위의 경영이 다반사이며, 영세한 형태로 외식업소를 운영하고 있는 것이 현실이다. 또한 외식업소의 대부분이 운영이나 예산에 대한 사전 계획이 없거나 자금력에 한계를 드러내 체계적이고 과학적인 경영이 힘든 상황이다.

외식산업의 발전을 위해 직원에 대한 서비스 교육, 메뉴 개발, 위생 교육 등에 투자할 여력이 없어서 가맹점이나 해외 브랜드와의 경쟁에서 뒤처지고 있다.

6) 외식산업의 우수한 전문 인력 부족

외식산업의 발전으로 대학에 외식관련 학과가 증가하고, 국내 외식업체에 새로운 브랜드가 많아지면서 외식업에 종사하는 종사원의 수는 증가하고 있다. 이러한 현상은 외식산업에 대한 사회적 인식이 변하는 계기가 되었으며, 지속적인 변화를 위해서는 외식문화를 선도하고 주도할 수 있는 전문 인력이 필요하다.

선진국의 직업 재교육과 평생교육의 역할을 담당하고 있는 직능단체들과는 달리 우리나라 외식교육기관들은 실무에서 필요로 하는 인재육성역할과 기능을 제대로 수행하지 못하고 있어 외식전문인력 양성에 기여하지 못하고 있다. 따라서 실무현장에서 필요로 하는 체계적이고 경쟁력 있는 전문교육과 함께 실무형 감각을 갖춘 유능한 외식인으로 거듭날 수 있도록 공급자인 교육기관이 되어야 한다.

7) 원가관리 의식의 결여

우리나라의 원재료 가격은 국제 원재료 가격에 비해 높은 편이다. 특히 외식업체에서 사용하고 있는 원자재인 쇠고기, 돼지고기 등의 가격은 다른 나라에 비해 월등히 높은 수준으로 수입 의존도가 높게 나타나고 있다. 흔히 말하기를 우리 주변에서 "저 식당은 처음에는 음식의 맛이 좋았었는데 돈을 벌었는지 지금은 음식 맛이 형편없어졌다"라고 불만을 표시하는 고객들이 있다. 이러한 이유 중에는 여러 가지 원인이 있겠지만 그 중에서 음식의 질에 대한 문제가 발생되어 원가만 낮추려고 질 낮은 식재료를 구입하여 사용하려는 경우가 많다.

이것은 외식업체를 운영하고 있는 경영자나 조리 실무자가 기본적으로 원가의식의 결여에서 오는 결과라고 할 수가 있다. 외식업체를 운영할 때 원재료비, 인건비, 감가삼각비 등 원가의 손익계산에 의한 원가를 산정할 수 있는 능력이 수립되어야 한다.

8) 창업 이후의 지원보다는 창업을 준비하는 과정의 정부 지원 교육 프로그램 필요

우리나라의 외식산업은 양적으로 선진국 수준에 진입해 있다. 정부에서는 자영업자를 지원한다고 하지만 실질적으로 소리만 요란할 뿐 이에 대한 정부 차원의 지원은 미약한 실정으로 행정상의 법적 근거에 어려움이 많았다. 다행히 2011년에 외식산업진흥법이 제정되어 외식업계의 어려움을 해결해 줄 수 있는 적극적인 정책 마련이 필요하다.

6. 외식산업의 현재와 전망

그 동안 외식산업은 사회 · 문화 · 경제 등 여러 요인에 의해서 성장하고 발전하여 왔다. 이러한 추세는 무한 경쟁의 시대에서 업종과 업태에서 외식소비자들의 욕구를 충족시키기 위해 기존 관념의 틀을 벗어나 다양하게 분화되는 양상을 나타내고 있다.

최근 코로나19로 인하여 외식산업 전반에 많은 어려움이 있는 것은 사실이다. 이러한 상황을 토대로 외식산업 현재의 변화라고 할 수 있는 경제환경의 변화, 인구구조의 변화, 유통 환경의 변화 등 현재 상황을 살펴보고자 한다.

1) 외식산업의 현재

(1) 경제환경의 변화

현재 우리나라의 경제환경을 냉철하게 진단해 보면 소득 증가율이 둔화되고 있는 상황으로 소득의 불평등이 확산되면서, 주 40시간 근무제 확대 이후 2021년에 시간당 9,160원으로 최저임금이 증가되었다.

이러한 부분이 외식소비하고 관련되어서 중요한데, 식품소비라고 하는 것은 사치재가 아니고, 필수재라고 합니다. 그래서 소득의 불평등 확산이 되면 일정소득 이상 계층은 식품 소비를 더 늘리지 않는 특징이 있다. 소득의 불평등 확산 시 전체 식품 소비량의 감소로 연결이 되기 때문이다.

장기적인 불황으로 인하여 상품력과 가격전략이 중요하며 음식 가격이 오르는데, 예를 들어 국민음식이리고 할 수 있는 평양냉면, 칼국수, 삼겹살, 치킨 등 모든 음식 가격이 상승하고 있기 때문에 무너져 내리는 외식업계에 비상구가 있어야 하겠다.

지속되고 있는 외식업계 불황 원인은 내수경기 침체로 인한 소비심리가 위축되고, 창업으로 음식점수 증가로 인한 과다경쟁이 이루어고 있는데, 음식점이 폐업도 많이 하지만, 창업도 많이 한다는 것이다. 이러한 결과는 양질의 일자리가 없다는 것을 의미하고 있다.

(2) 인구 구조의 변화

인구 사회적인 환경의 변화 중에서 가장 중요한 것은 고령화와 1인 가구화이다. 고령자들이 많아진다는 것은 결국 고령자들이 보통 섭취하는 것이 적다는 것인데, 보통 일반인들보다는 많이 드시지를 못하기 때문이다.

식욕도 없어지고 소화능력도 떨어지기 때문에 고령화 사회의 경우 전반적으로 외식 소비량이 40대 50대보다 감소히기 마련이다.

또한 1인 가구화인데, 이는 고령화와 맞물려 있는 부분이 있다. 1인 가구의 대부분이 독신이나 독거노인, 식사를 거르는 분 등이 있는 상황이 기 때문에 인구 사회적인 환경의 변화에 대응을 해야 합니다.

(3) 유통환경의 변화

인구 사회적인 환경의 변화에서는 스마트폰 이용, 그리고 이를 이용해서 온라인 식품 소비의 빠른 확산이 진행되고 있다.

2) 외식산업의 전망

최근 우리나라의 경제 전망은 전체적으로 어두운 편이다. 특히, 우리나라 국가 예산인 나라살림도 500조 원 시대로 들어갔는데, 2000년도에는 469조 원, 2021년 513조, 2022년 607조 예산이 확정 되었다. 이 상태로 가면 매년 600조원 이상 넘어갈 전망이다. 더욱이 염려되고 있는 것은 가계부채로서 가계부채는 좀 부담스러운 상황이다.

코르나19 사태 이후 외식산업에 대한 전망을 살펴보고자 한다.

(1) 양극화의 심화

외식업계의 흐름은 동종업계에서 경쟁업계로 변화했으며 소득 격차도 심해져 빈익빈(貧益貧) 부익부(富益富) 현상이 심화되고 있다. 중 하위층 고객들의 절약 분위기가 확산되면서 거품이 걷힌 실속 있는 식당이 주목받고 있다. 대부분의 고객들은 가격에 대비하여 실속을 찾게 되고 맛있는 식당을 선호한다.

따라서 단순히 가격을 내리는 전략만으로는 소비자들의 기대에 부응하지 못한다. 다시 말해서 서비스와 점포의 분위기보다는 실속있는 메뉴를 선택할 것이며, 이로 인하여 양극화 현상은 지속될 전망이다.

(2) 편의와 간편성 추구

시간에 쫓기는 현대인들은 더욱 간편하고 편리하면서도 안전하고 위생적인 고품질의 식품을 선호한다. 즉, 조리가 복잡하고 시간이 걸리는 식품보다는 편리한 방법으로 식사를 해결하려는 경향이 높아질 것이다.

(3) 중식시장의 증가

중식이란 외식과 내식의 속성들을 일부 내포하고 있는 중간 의미의 식사 형태로 외식시장에서 새로운 영역으로 등장하고 있다. 중식시장은 바쁜 일상생활을 보내는 경제인구가 계속 늘어감에 따라 이 시장의 규모가 급속히 확대되고 있다. 경제성과 편리성을 갖춘 반가공 또는 반조리된 가정식 대용품(HMR : Home Meal Replacement)의 선호가 높아지고 패스트푸드를 중심으로 한 택배, 테이크아웃 및 출장연회가 계속적으로 발전함에 따라 중식시장의 규모가 더욱 확대될 것이다.

또한 핵가족과 여성들의 사회진출 기회가 늘어나면서 일반 가정에서도 도시락 차원을 넘어 집에서 먹는 음식과 동일한 식단으로 구성된 음식을 만드는 식당도 예견된다. 물론 가정에서 조리에 드는 시간과 비용을 대폭 줄일 수 있어 인기를 끌 것으로 보이며 도시락 전문점보다는 고급화된 테이크아웃 전문점으로 신세대 가정이 늘어나면서 인기를 끌 전망이다.

(4) 그레이징화

그레이징(Grazing)화란 시간에 쫓기는 도시인들이 전통적인 하루 세끼의 식사패턴을 무시하고 언제든지 원할 때 소량의 음식을 일하면서도, 걸어가면서도 먹는 현상을 말한다. 또한, 이것저것 새로운 것을 조금씩 맛보는 것을 의미하기도 한다. 레스토랑의 업종과 업태, 규모와 수준에 관계없이 요구되는 현상이다. 예를 들어, 피자 1조각, 스시 몇 개, 꼬치구이 등을 코스별로 제공받기를 원한다.

(5) 복고주의

먹고 마시는 것, 입고 지니는 것 그리고 실내 장식 등에서도 인공으로 가공하지 않는 상태의 야성적인 분위기와 자연미를 추구하는 행동 양식이 새로운 흐름으로 나타나고 있다. 이러한 세기말 혹은 밀레니엄 현상의 영향으로 복고주의가 한층 주목받고 있다.

(6) 건강식에 대한 선호도

종래의 열량만을 중시하던 식습관에서 탈피하여 맛, 영양 등을 고려한 건강에 좋은 음식을 선호하고 있다. 건강에 대한 관심이 높아지면서 음식을 선택할 때 단맛을 지향하고, 저칼로리로 구성된 다이어트 음식, 무공해, 무농약, 유기농 재배 등 최근 인기 메뉴로 떠오르고 있는 건강 음식의 메뉴를 찾는 고객들과 함께 채식주의자들도 늘어날 것으로 보인다.

(7) 식생활의 글로벌화

신세대를 겨냥한 다국적 외식기업의 국내 진출로 더욱 빠르게 서구식 생활의 패턴으로 변해감과 동시에 동 · 서양 음식을 융합한 퓨전 푸드 등도 다양한 형태로 발전하고 있다. 또한 국제화에 따라 이탈리아, 베트남, 태국, 일본요리 등 각국의 다양한 민족음식(Ethnic Food)이 한국 시장에서 유행하고 있다.

3) 외식 트랜드의 이해

우리나라에서는 매년 하반기에 관련 정부기관, 기업 연구소, 학계, 전문가 등 외식 트렌드 변화에 대한 예측을 발표하고 있다. 최근 외식 트랜드 변화는 어떻게 변화되었는지 살펴보고자 한다.

(1) 2017년 외식 트랜드

❶ 나홀로 열풍

1인 가구 증가로 인한 1인 외식인 혼자 밥을 먹는 사람들이 증가하여 보편화되었다. 혼자 먹는 밥인 '혼밥'을 넘어 혼자 술을 마시고, 혼자 커피를 마시는 등 나홀로 여유 있게 즐기는 외식 문화가 확산되었다. 이로 인하여 외식업체에서는 이들을 겨냥한 1인용 메뉴와 1인 세트 등 새로운 상품과 음식이 증가하게 되었다.

나홀로 열풍은 나홀로족, 혼밥족, 솔로 이코노미라는 신조어가 등장하게 되었으며, 테이크아웃 전문 레스토랑이 확산하고, 1인용 메뉴의 다양화, 집밥 전문 음식점의 증가, 가정 간편식 시장이 성장하는 계기가 되었다.

❷ 반(半)외식의 다양화

바쁜 일상을 보내는 현대인들은 간편하면서도 자신의 가치를 중시하는 소비를 하는 경향을 보인다. 고급스러운 반외식을 이용하며 나만의 레스토랑을 즐기는 기분을 느끼는 소비자들이 늘어나고 있다.

내식인 가정식과 외식의 중간에 위치한 반외식이 다양한 업종에서 고급화 되었으며, 외식의 경계가 사라지는 가운데 가정간편식(HMR) 시장이 성장하고, 음식의 맛과 질은 물론 포장까지도 고급화되었다.

❸ 패스트 프리미엄(Fast Premium)

한 끼의 식사를 간편하고 빠르게 하면서도 건강하고 알차게 즐기고 싶은 소비자의 니즈가 증가하고 있다. 유해 환경과 스트레스가 늘어나는 만큼 건강과 바른 먹거리에 대한 관심도 높아져서 소비자들이 중시하는 가성비는 단순히 가격이 저렴한 것만을 의미하지 않는다.

가격이 조금 비싸더라도 메뉴 구성이 알찬 구성으로 이에 대한 수요도 늘어나고 있다. 이에 따라 도시락, 분식 등의 외식 분야도 품질을 고급화하고, 식재료의 안전성을 강화하는 방향으로 발전할 전망이다.

④ 모던 한식의 리부팅(Rebooting)

각 나라의 민족음식을 뜻하는 에스닉 푸드(Ethnic Food)는 음식에 대한 정체성이 필수요소이다. 이러한 음식의 정체성에 기반을 두고 새로운 음식 트렌드인 모던 한식은 한식과 서양음식과의 융합으로 한식의 대중화에 기여를 하게 되었다. 이로 인하여 전통한식에서 새롭게 해석되는 모던한식이 확산되어 한식을 응용하는 스타 셰프라는 명칭도 사용하게 되었다.

(2) 2018년 외식 트랜드

❶ 가심비

가심비란 가격보다는 소비자 만족을 추구하는 소비 행태를 말한다. 즉 음식의 가격이 비싸더라도 주문했을 때 만족도가 높은지가 더 중요하다.

이러한 소비 성향은 외식 소비자입장에서 가심비를 높일 수 있는 방법으로 식자재 원가 비율을 잘 고려하여 음식의 맛과 비주얼, 포장이나 플레이팅 기법, 내부의 인테리어 등이 있다.

❷ 빅블러

블러(Blur)는 흐릿해진다는 뜻으로 빅블러는 빠른 변화로 인해 기존에 존재하던 것들의 경계가 모호하게 되는 현상을 말한다. 특히 인공지능(AI), 사물인터넷, 드론 등의 발달로 업종 간 경계가 허물어지는 현상이다. 외식업계에서도 무인화, 자동화의 확산으로 업종간 경계가 모호해지고 있는데, 예를 들어 키오스크나 배달 앱 등

결제 수단의 발달로 온 · 오프라인의 경계를 허물어지고 있으며, 간편한 소비행태와 니즈를 추구하는 사람들이 증가하면서 외식 서비스는 더욱 빠르게 변화될 것이다.

❸ 반(半)외식의 확산

반외식이란 혼밥과 간편식이 발달하면서 외식 메뉴를 집에서 즐기는 것을 말한다. 특히 가정간편식(HMR) 시장규모가 증가하면서 1인용 세트메뉴, 반찬 등 음식 메뉴상품을 고급화하여 포장 · 배달을 하고 있다.

❹ 한식단품의 진화

한식 단품의 진화는 반찬 수를 줄이고, 한 가지 메뉴를 전문적으로 하는 단품형태의 전문 음식점을 말한다. 최근 전주비빔밥, 콩나물국밥, 평양냉면, 해장국 등 지방에서 인기를 끌고 있던 음식들이 수도권 지역에 진출하면서 많은 관심을 받고 있습니다.

(3) 2019년 외식 트랜드

❶ 뉴트로 감성

새로운 것을 뜻하는 New와 아날로그 감성의 복구 Retro가 합쳐진 신조어로 복고 콘셉트의 인기를 말한다. 라이프스타일 변화로 인하여 뉴트로 콘셉트의 제품이나 공간 등에 대한 수요가 높아지고 있다. 즉 익숙하지 않은 옛것(아날로그 감성)들이 젊은 세대에게 신선하고 새로운 것으로 느껴져 인기를 끌고 있는 현상이다.

뉴트로 감성의 경우에는 단순하게 음식에 제한되지 않고 간판, 디자인, 건축, 노래 등 다양한 분야에서 나타나면서 '옛것'의 문화가 주는 감성과 재미가 2030세대에게 큰 만족을 얻었다는 것을 알 수 있다.

❷ 비대면 서비스

비대면이란 무인단말기, 키오스크를 통해 주문, 결제 등을 사람을 대신해서 이뤄지는 서비스를 말한다. 주 5일 근무제로 인한 최저임금 인상과 기술발전에 의해 비대면 서비스가 증가하고 있다. 그러나 장애인, 노인 등 디지털 소외 현상이 심각해질 것이 우려도 대두되고 있다.

음식점에서 예전부터 지금까지 고객을 직접 대면하면서 서비스 응대를 하는 중요한 역할을 하고 있는데, 최근에는 패스트푸드, 소규모 음식점에서 무인화 주문 및 결제시스템 자동화의 변화에 따른 배달앱, 키오스크, 전자결제 등 외식 서비스가 발달하고 확산되고 있습니다.

❸ 편도족의 확산

편도족이란 편의점 도시락으로 식사를 해결하는 사람을 일컫는 말이다. 편도족의 확산은 2030세대의 1인 가구의 확산으로 간편식 제품을 사먹는 것도 외식으로 인식하는 현상이 확산됨으로서 편도족이 많이 생겨났다. 이러한 편도족의 확산은 편의점에서 도시락을 구매하는 사람이 늘어나고 있는 현상뿐만 아니라 도시락의 고급화, 다양화, 서비스까지도 일반 음식점의 음식과 경쟁의 대상이 되고 있다.

(4) 2020년 외식 트랜드

❶ 그린오션

그린오션은 친환경의 연장선이라고 볼 수 있는데, 예전에 레드오션(경쟁시장), 블루오션(미개척시장)이라는 용어를 많이 사용한 바와 같이 친환경의 지속가능성에 대한 중요한 키를 잡고 있다고 할 수 있다. 그러므로 그린오션은 경쟁이 치열한 레드오션을 떠나 새로운 시장을 개척하는 블루오션을 넘어, 친환경 가치를 경쟁요소로 새로운 부가가치를 창출하고자 하는 시장을 의미한다.

일회용 플라스틱 근절, 비닐사용의 최소화와 같은 친환경 운동부터 건강식을 지향하는 비건 레스토랑, 식물성 고기 등 친환경 외식시장이 각광을 받고 있으며, 고령화 시대와 맞물려 친환경적인 식재료를 사용한 부드러운 음식(Care Food), 맞춤형

(Customized)건강식 등이 부상하고 있다. 그리고 동물복지와 2019년 제로 웨이스트(Zero Waist)운동이 식물성 대체육을 촉진하는 계기가 되었다.

❷ 바이미포미(Buy me For me)

개인의 감성을 중시하고 주관적 만족에 초점을 맞추는데, 즉 나를 만족시키는 소비를 뜻한다. 개인이 추구하는 가치나 개성이 다양화, 세분화되면서 자신의 취향이나 감정적인 욕구를 충족시켜줄 수 있는 상품이나 서비스를 소비하는 성향을 말한다.

이러한 성향의 소비자들은 자신이 가치를 두는 제품이 다소 비싸더라도 과감히 투자하는 소비형태를 보이고 있으며, Buy me For me 경향은 주관적 만족과 취향을 중요시하는 밀레니엄 세대와 Z세대를 중심으로 지속적으로 확산될 것으로 예상되고 있다.

❸ 멀티스트리밍 소비

예전에는 사람들이 뭘 먹고 있는 것을 쳐다보면, 기분이 안 좋거나 뭐라고 했는데, 지금은 먹고 있는 사진을 찍어서 올리거나 내가 먹고 있는 모습을 남들이 보면 개의치 않고 있는 현상이 많다.

각종 인터넷과 유튜브, 카카오, 페이스북, 인스타그램 등 각종 앱을 비롯한 사회관계망 서비스(SNS)를 통해서 외식소비 감성을 자극하는 시장이다. 그래서 이 시장은 4차 산업과 맞물려서 지속적으로 성장하고 변화될 것으로 예상된다.

❹ 편리미엄 외식

편리미엄은 편리함과 프리미엄(Premium)을 합친 말로 편리함이 곧 프리미엄이라는 뜻이다. 즉 편리미엄 외식은 간편식의 고급화와 프리미엄 음식 배달 서비스 등을 말한다.

현대인들이 외식을 하면서 빨리 먹는 음식들은 질이 떨어지고, 배달음식은 질이 떨어질 것으로 생각하고 있는데, 이러한 고장관념은 사라지고 간편하고 빠르게 서비스가 제공되는 시대가 왔다는 것이다.

(5) 2021년 외식 트랜드

❶ 홀로만찬

1인 가구 증가 및 코로나19의 영향으로 혼밥 문화가 활성화되었고, 다양한 1인용 배달음식 출시 등으로 혼자서 원하는 장소에서 원하는 식사를 선호하는 외식 경향을 말한다. 이러한 현상으로 더 많은 편리함을 추구하는 소비자들은 배달과 HMR(가정간편식)문화를 만들었다.

그리고 경제력이 부족한 소비자들은 가성비를 고려하게 되고, 혹은 많은 돈을 지불하여 심리적으로 만족을 느끼고 싶어하는 가심비가 생기게 되었다.

❷ 진화하는 그린슈머

자연을 상징하는 말인 그린(Green)과 소비자라는 뜻의 컨슈머(Consumer)의 합성어로 친환경적인 제품을 구매하는 소비자를 말한다.

시간이 지날수록 환경보호에 관심을 갖는 기업과 소비자들이 증가하고 있는데, 기업은 친환경 포장지를 이용하고 대체육을 개발하여 소비자에게 제공하고, 소비자들은 친환경 포장재 사용, 대체육 소비, 채식주의 등을 실현해야 한다.

❸ 취향소비

자신의 개성을 뚜렷하게 반영하는 층들의 외식문화 소비형태로 80년부터 04년생 소비자 중심으로 취향에 따른 체험소비와 구독서비스 이용, 복고풍의 재유행을 선호하는 경향을 뜻한다.

❹ 안심 푸드테크

편리한 외식소비와 위생 · 안전에 대한 소비자의 관심이 증가하면서 정보통신 기술을 이용한 비대면 예약 · 주문 · 배달 · 결제 등의 서비스 이용이 증가하는 현상을 말한다.

❺ 동네 상권의 재발견

코로나19 등으로 인해 거주지 인근의 배달 음식점 등 음식점 이용이 증가하면서 동네 맛집, 동네 상권 등에 대한 관심과 소비가 증가하는 현상을 말한다.

(6) 2022년 외식 트랜드

❶ 퍼플오션 다이닝(Purple Ocean Dining)

퍼플오션이라는 말은 레드오션(경쟁시장)과 블루오션(새로운시장)을 혼합한 의미로 치열한 경쟁시장인 레드오션에서 새로운 경쟁이 적은 블루오션 시장을 찾아 공략하는 것을 의미한다. 즉, 퍼플오션시장에서 간편식이 고급화되는 현상을 말한다.

1인 가구의 증가와 혼밥이 늘어 나면서 간편식(HMR), 홈스토랑(RMR), 안전한 외식 중심으로 레드오션과 위드 코로나 시대를 맞아 기존 시장의 파생, 즉 블루오션의 혼재로 보랏빛 외식산업(Purple Ocean)이 될 것이라 전망하고 있다.

❷ 취향을 공유하다

최근의 소비 행태는 나만의 가치를 느낄 수 있는 취향을 소비하는 것이다. 예전에는 조직에서의 소속감을 중요시했는데, 요즘에는 소속감 보다는 나만의 가치를 중요하게 하는 성향이 강하다. 특히 젊은 층일수록 나의 취향을 중시하고 온라인을 통해 나의 취향과 타인의 취향을 공유하는 모습을 보이고 있다.

유행을 따르기 보다 나만의 취향을 토대로 소비하고 그 경험을 주변과 공유하는 '취향 공유' 트렌드는 앞으로도 점점 강화될 전망이다.

❸ 속자생존 24시

속자생존 24시는 아무 때나 더 빠른 서비스를 원하는 현상을 말하는데, 포스트 코로나 시대에 배달시장의 성장에 관련이 있으며 지속적으로 확산될 것으로 전망하고 있다. 예를 들어서 푸드테크의 진화도 빠르게 진행되고 있으며, 식재재의 배달서비스가 점점 편리해 지고 있으며, 배달앱에도 구독서비스를 실시하는가 하면, 배달이 쉽지 않던 솥밥같은 메뉴도 배달이 가능해 졌다.

1일3식 문화도 무너지고 있는데, All day meal 문화가 젊은 층에서 부터 확산되고 있는데, 아침, 점심, 4번째 끼니인 야식, 간식을 즐기며 아무때나 먹고 싶을 때 먹는 식습관이 늘어나고 있다.

7. 라이프스타일의 변화

라이프스타일은 개인마다 가지고 있는 독특한 삶의 방식으로 살아가면서 자신이 가진 자원을 소비하는 양식을 나타낸다. 이는 고정된 것이 아니라 개인의 가치체계와 관심, 신념 등이 통합된 것으로 내적, 외적 환경으로 인해 변화할 수 있다.

첫째, 소득수준의 향상과 여가의 증가로 인하여 소비자의 선택이 양에서 질로, 상품중심에서 서비스중심으로, 보편화에서 개성화로 소비자의 가치관이 다양화되고 있다.

둘째, 소비자는 물질적인 욕구보다 심리적인 욕구의 충족에 더 많은 비중을 두고 있다.

셋째, 인공품보다는 자연품, 옥내보다는 옥외, 도시보다는 지방을 지향하는 자연귀속(自然歸屬) 현상과 건강과 스포츠에 대한 관심이 높아지고 있다.

넷째, 핵가족화, 여가의 증대, 평균수명의 증대(노령화사회로의 진행), 여성의 사회진출 증대, 소득과 교육수준의 향상 등에 따라 자아실현의 관심이 높아지고 이에 비례하여 소비패턴도 양극화되고 있다.

다섯째, 여성의 사회진출 증대로 시간과 여가를 절약할 수 있는 편의성 · 저렴성 · 실용성 상품과 서비스 수요가 증대하며, 외식문화가 급속도로 창출되고 있다.

여섯째, 편의성을 추구하는 구매 욕구로 구매정보 · 통신판매 · 텔레마케팅이 급속도로 추진되고 있으며, 일괄쇼핑(one-stop shopping)과 신용카드 활용이 보편화되고 있다.

일곱째, 교통과 통신기술의 발전으로 도시권이 광역화되고, 자동차 보급이 확산되면서 소비자의 이동성이 용이해 생활반경이 차츰 넓어지고 있다.

여덟째, 레저의 성격이 소비지향형에서 창조 및 문화지향형으로 변하면서 DIY(do it yourself) 사용이나 각종 교육 · 문화 프로그램에 대한 수요가 증대하고 있다.

아홉째, 정보화가 진전되면서 각종 정보기기나 소비자를 정보지향형으로 변모시키고 있으며, 새로운 판매기술이나 서비스제도에 관심이 고조되고 있다.

열째, 집단이기주의가 강해져 인간관계를 유지하기 위한 방편으로 각종 스포츠 클럽, 취미 클럽, 동호인 클럽의 가입이나 친지들과의 여행 및 쇼핑을 수행하는 경우가 많아지고 있다.

이와 같은 소비자 라이프스타일의 방향 변화는 외식소비패턴과 소비 형태에도 다음과 같은 유형으로 나타나고 있다.

첫째, 차별화와 다양화 추구

1인 10색인 소비자는 계속적으로 다양하고 독특하고 이색적인 음식과 분위기를 추구한 결과 다양한 업태의 외식업체가 등장하고 있다.

둘째, 이국 취향

이제 국내에서 외국 문물을 접하는 것은 낯선 일이 아니다. 입는 것, 지니는 것, 먹고 마시는 것, 실내장식과 서비스 스타일, 행동양식 등이 특정 나라의 특정 분위기를 그대로 닮아 가고 있다.

셋째, 건강, 안전성, 질의 추구

종래의 열량만을 중시하던 식습관에서 탈피하여 맛 · 영양 등 고급식품에 대한 선호도가 증가하였다. 또한 건강과 위생에 대한 관심이 고조되어 식품선택에서 식품의 성분, 보관상태와 기간, 그리고 유해물질의 잔류에 대한 것 등을 중시하고 있다.

넷째, 건강지향 식품의 선호

건강지향 식품에도 다양한 형태가 있다. 다이어트지향 식품(단맛 지향, 저칼로리 등), 건강증진 식품(칼슘첨가, 식품섬유첨가, 비타민 배합 등), 자연(무공해) 식품(무농약, 유기재배, 바이오 식품 등), 건강관리 식품(저염, 미네랄 발란스 식품 등)으로 분류할 수 있다.

다섯째, 감각적인 멋과 맛 추구

오늘날과 같이 생산력이 향상되어 다품종 소량생산이 가능하게 되면서부터 소비자의 다양한 개성에 따라 상품이 취사선택되는 새로운 소비 형태가 나타나게 되었다. 소비자는 물건 자체가 아닌, 디자인과 브랜드에서 풍기는 어떤 이미지, 특히 상품이 사용되는 신(scene)을 구성하는 시간, 장소, 그리고 상황(TPO : Time, Place, Occasion)을 선택하고 있다. 즉, 각자의 기호에 맞고, 각자의 개성을 표출할 수 있는 분위기를 요구하고 있다. 또한 음식이 가지고 있는 실질적인 의미보다는 상징적인 의미를 최대한 만끽할 수 있는 레스토랑을 선호하고 있다.

여섯째, 환경친화 레스토랑 지향

90년대 중반 이후부터 한국에서 불기 시작한 그린 마케팅(Green Marketing)에 대한 관심이 높아지면서 소비자들의 환경보호에 대한 의식이 높아지고 있다. 환경친화에 대한 소비자 의식의 증대는 생산자에게 기존의 생산제품을 환경친화적으로 변화시켜야 하는 필연성을 부각시켰다. 즉, 생산자들은 소비자들의 환경보호 의식에 대비하여 재활용 제품이나 포장단계의 축소 등을 통하여 환경보호에 해가 되지 않는 제품을 생산하여야 하는 부담감을 안고 있다.

코쿠닝(Cocooning) 현상

코쿤(Cocoon)의 뜻은 누에고치 안의 애벌레가 그 안에서 안정감과 만족감을 느끼듯 개인들도 자신만의 공간과 생활을 더 선호한다는 의미로 집에 머물고자 하는 칩거증후군이라고도 한다. 가정을 중시하는 최근의 경향을 독일의 사회심리학자 팝콘(S. Popcon)이 붙인 명칭이다. 이러한 사회 현상은 산업화 사회에서 경쟁과 이기주의에 지친 개인들이 자신만의 사생활 지상주의로 이동하면서 탈사회화하는 현상으로 설명할 수 있다.

코쿠닝은 경제적인 측면에서 패밀리 레스토랑, 가족여행, 가족 패션 등 새로운 소비문화로 나타나고 있어 산업계에도 많은 영향을 미친다. 특히 최근에는 인터넷의 급속한 발달로 인하여 이러한 현상이 가속화되고 있다. 예를 들어 미혼 남녀의 결혼 연령이 점차 늦어지고, 개인 세대가 증가하며 혼자 사는 젊은 층을 겨냥한 주택, 가전제품 및 각종 편의용품, 홈쇼핑, 음식배달 등의 배달(Delivery) 서비스를 선호하고 있다.

미국에서는 복잡하고 불확실한 현실에서 벗어나 자기만의 세계로 들어가려는 코쿠닝(Cocooning) 현상이 강해지면서 '가정용 장식용품 전문점'이 주목을 받고 있다. 주요 취급 상품은 양초, 방향제, 허브제품, 아로마테라피 제품 등 주로 가정을 편안하고 분위기 있는 공간으로 꾸미는데 도움이 되는 다양한 장식용품들이다.

외식산업 진흥법(2019년 3. 19 시행, 법률 제17322호)

	용 어	정 의
1	외식	가정에서 취사(炊事)를 통하여 음식을 마련하지 아니하고 음식점 등에서 음식을 사서 이루어지는 식사형태
2	외식상품	외식을 위하여 판매가 가능하도록 생산한 제품 및 외식과 관련된 서비스, 교육훈련, 운영체계, 상표 · 서비스표 등
3	외식산업	외식상품의 기획 · 개발 · 생산 · 유통 · 소비 · 수출 · 수입 · 가맹사업 및 이에 관련된 서비스를 행하는 산업
4	외식사업	외식산업과 관련된 경제활동
5	외식사업자	외식사업을 영위하는 자

자율학습

1. 외식산업이라는 용어는 (　　) → (　　) → (　　) 유입.
2. HMR과 Meal Kit의 차이는 무엇일까?
3. 외식산업의 특성을 산업적 측면과 구조적 측면에서 설명하시오.
4. 세대 변화에 따른 외식업 운영 전략에 대하여 논하시오.
   - M세대 : 1980년대 초반에서 2000년대 초반 출생한 세대로 밀레니엄(Millennium)세대라고 말함.
   - Z세대 : 1997년~2010년대 초반에 출생한 세대로 태어날 때부터 인터넷을 경험한 세대를 말함
   - MZ세대 : 1980년대 초~2000년대 초에 출생한 세대로 밀레니엄 세대와 Z세대가 합쳐진 세대를 말함
5. 그레이징(Grazing)화에 대하여 설명하시오.
6. 베블렌 효과(Veblen Effect)란 무엇인가?

제2장

외식산업의 분류

외식산업의 이해

제2장
02

외식산업의 분류

1. 산업의 분류

한국통계청은 한국표준산업분류에서 산업(産業)이란 '유사한 성질을 갖는 산업 활동에 주로 종사하는 생산단위의 집합'이라 정의하였으며, 산업 활동이란 '각 생산단위가 노동, 자본, 원료 등 자원을 투입하여, 재화 또는 서비스를 생산 또는 제공하는 일련의 활동과정'이라 정의된다. 산업 활동의 범위에는 "영리적, 비영리적 활동이 모두 포함되나, 가정 내의 가사 활동은 제외된다."라고 정의하고 있다.

영국의 경제학자 클라크(Clark, C. G)는 경제발전의 발전단계에 따라 산업을 분류하였는데, 자연으로부터 원료를 채취하거나 생산하는가, 그 원료를 가공하는가, 가공된 원료를 유통하는가에 따라 1차, 2차, 3차 산업으로 분류하였다.

1차 산업은 토지나 바다 등의 자연환경을 이용하여 필요한 물품을 얻거나 직접 생산하는 산업이며, 주로 농업, 임업, 어업, 목축업, 수산업을 말한다. 2차 산업은 1차 산업에서 얻은 생산물이나 자연물을 가공하고 변형하여 생활에 필요한 제품이나 에너지 등을 생산하는 산업으로서 광업, 제조업, 건설업 등을 말한다. 3차 산업은 1차 산업과 2차 산업에서 생산된 물품을 소비자에게 판매하거나 각종 서비스를 제공하는 산업을 말한다. 운송업, 관광업, 상업, 서비스업(운송, 통신, 금융, 보험, 유통) 등이 속한다.

산업의 구조는 경제발전과 국민소득의 증가에 따라 변화하기 마련이다. 즉, 경제가 발전하고 국민소득이 높아질수록 1차 산업보다 2차 산업에 대한 수요가 더 많아지고, 2차 산업보다 3차 산업에 대한 수요가 더 많아진다. 이로 인하여 산업의 비중이 방대해지고, 세분화 되면서 4차 산업, 5차 산업, 6차 산업으로 분류가 되었다.

4차 산업은 지식이 집약된 형태의 산업 또는 지식 산업이라고 말하는데, 정보, 의료, 교육 서비스 등이 이에 해당된다. 요즘은 산업 구조가 예전과 같이 단순하지 않고 다양한 산업분야가 생기고 있는 만큼 정보나 의료, 교육과 서비스 분야에서 지식 집약적인 산업으로 분류하고 있다.

5차 산업은 인간의 심적으로 작용하는 산업들을 말하는데, 마음 산업, 여가 산업이라고도 불리며, 오락, 패션, 취미, 레저, 스포츠, 휴양 등이 있다.

6차 산업은 우리나라에서 사용되는 명칭으로 농촌융복합산업이라고 하는데, 농촌 자원을 바탕으로 이를 제조 가공, 유통, 판매, 문화관광 등으로 연계하여 새로운 부가가치를 창출하는 산업을 말한다.

그러나 이러한 산업의 분류는 분류의 기준이 명확하고 간단하여 전체 산업을 구분하기에 편리하나 전체 산업을 구분하고 이해하는데 어려움이 있다.

[표 2-1] **산업의 분류**

산업의 종류	내용	특징
제1차 산업	농업, 임업, 목축업, 어업, 수산업	자연환경에서 필요한 재화를 생산하는 방식
제2차 산업	광업, 제조업, 건설업	물질적인 재화를 생산하는 산업 생산관리체제 발달, 대량생산 가능
제3차 산업	운송업, 관광업, 서비스업	무형적인 서비스를 생산하는 산업
제4차 산업	정보, 의료, 교육서비스 산업	정보 및 통신에 대한 산업
5차 산업	오락, 패션, 취미, 레저, 스포츠, 휴양	인간의 심적으로 작용하는 산업
6차 산업	가공, 유통, 판매, 문화관광	농촌융복합 산업

1) 업종과 업태

외식산업 분야의 외식업체에서 업종과 업태의 분류는 일반적으로 레스토랑의 주된 상품과 영업형태인 음식 서비스형태에 따라서 구분이 된다.

업종(Type of Business)이란 영업의 종류로서 메뉴의 1차적 구분으로 한식, 양식, 중식, 일식 등과 같이 음식점에서 취급하는 주된 메뉴상품을 말하는데, 주된 메뉴가 한식이면 한식업종, 양식이면 양식업종 등으로 구분한다. 그런데 소비자 입장에서는 무엇을 먹을 것인가? 판매자입장에서는 무엇을 팔 것인가? 부터 접근을 해야 한다. 왜냐하면 업종 간의 메뉴가 구분되어 있지 않아 업종을 구분할 수 없는 경우가 있다.

업태(Type of Service)란 영업의 방식이나 판매형태, 판매방법을 말하며, 서비스형태 등 판매를 어떻게 하고 있다는 것을 의미한다. 업태의 구성요소에는 5W · 2H라고 하는데, 언제(When) : 영업시간, 어디서(Where) : 입지, 무엇을(What) : 대표 메뉴, 어떻게(How) : 서비스 수준, 누구에게(Who) : 주요고객, 왜(Why) : 이용동기, 얼마(How Much) : 가격을 말한다.

그리고 업태는 서비스방식, 제공시간, 가격 및 객단가, 메뉴구성, 식사형태, 이용시간대, 대상타켓(Target), 점표규모, 투자규모, 운영시스템 등의 차이로 구분하기도 한다. 예를 들어 카페(Coffee Shop), 패스트푸드(Fast Food), 패밀리 레스토랑(Family Restaurant), 전문점(Special Restaurant) 등이 있다.

[표 2-2] 업종과 업태의 분류

	패스트 푸드	패밀리 레스토랑	캐주얼 다이닝	다이닝
서비스	셀프 서비스	테이블 서비스	테이블 서비스	테이블 서비스
메뉴	한정	다양	다양	한정
객단가	1만 원 정도	2만 원 내외	3만 원 내외	5만 원 이상
제공시간	10분 이내	20분 이내	20분 이내	30분 이내
주메뉴	커피, 치킨, 햄버거	샐러드, 파스타, 피자	일품요리	고급 정식
이용시간	아침, 점심, 저녁	점심, 저녁	점심, 저녁	점심, 저녁
대표 브랜드	롯데리아, KFC, 맥도날드, 버거킹 등	빕스	TGIF, 아웃백스테이크하우스, 베니건스, 일반 음식점	전문 음식점

2. 외식산업의 분류

최근에는 산업 구조가 다양하고 변화함에 따라 새로운 산업이 생겨나고 오래된 산업이 사라지는 현상이 일어나고 있다. 그 중에서 외식산업은 다양한 업종과 업태로 구성되기 때문에 외식산업을 구성하고 있는 업종과 업태들을 정확하게 분류하기에는 현실적으로 어려움이 많다.

외식산업의 분류는 바라보는 관점과 목적에 따라 분류하는 기준이 다르고, 학자에 따라서 각각 외식산업을 분류하는 기준이 다를 수 있기 때문에 우리나라의 외식산업을 분류한 기관은 많다.

우리나라의 산업을 분류한 한국표준산업분류, 보건복지부의 식품위생법, 국세청의 표준소득률표, 문화관광부의 관광진흥법, 한국통계협회에도 외식산업이란 존재하지 않는다. 외식산업으로 분류한 기관은 없다. 기관이나 협회마다 분류의 목적이 다르기 때문에 외식산업을 보는 시각이 다를 수밖에 없으며, 우리나라 경제에서 차지하고 있는 외식산업의 위치를 쉽게 생각하고 있기 때문이다. 선진국의 경우에는 모든 산업 활동을 체계적으로 유형화하기 위하여 표준산업분류표에 따라 기준을 정하여 외식산업을 분류하고 있다. 이에 우리나라의 외식산업을 분류하려면 새로운 분류 기준에 따라서 분류할 수 있는 접근이 필요하겠다.

1) 한국표준산업분류표에 의한 분류

우리나라의 외식산업 분류는 일본의 외식산업 분류표를 기준으로 인용하고 있는데, 2000년에 개정된 통계청의 한국표준산업분류에 의하면 외식산업과 관련된 외식업은 대분류, 중분류, 소분류, 세분류, 세세분류로 나누어졌다. 대분류(I)에는 숙박 및 음식점업, 중분류(56)에는 음식점 및 주점업, 소분류에는 음식점업(561)과 주점 및 비알코올음료점업(562), 세분류에는 일반음식점업(5611), 기관구내식당업(5612), 출장 및 이동음식업(5613), 기타 음식점업(5619) 등으로 구분한다.

여기서 음식점업(561)이란 접객시설 유 · 무와 상관없이 직접 조리하여 즉시 소비할 수 있는 상태로 제공하는 산업 활동과 계약급식 구내식당 운영과 식당차를 운영하는 경우, 철도운수사업에서 통합 운영하는 경우, 조리사만 공급하는 경우, 별도 장소에서 다량 집단급식용 식사를 조리하여 운송 · 공급하는 산업 활동은 제외한다.

일반음식점(5611)에는 한식 음식점업(56111), 중식 음식점업(56112), 일식 음식점업(56113), 서양식 음식점업(56114), 기타 외국식 음식점업(56119)으로 세세분류된다. 기관구내식당업(5612)은 기관구내식당업(56120)으로 세세분류되며, 출장 및 이동음식업(5613)은 출장음식서비스업(56131)과 이동음식업(56132)로 세세분류된다. 기타 음식점업(5619)은 제과점업(56191), 피자, 햄버거, 샌드위치 및 유사 음식점업(56192), 치킨 전문업(56193), 분식 및 김밥 전문업(56194), 그 외 기타 음식점업(56199)으로 세세분류된다. 주점업(5621)은 일반유흥주점업(56211), 무도유흥주점업(56212), 기타 주점업(56219)으로 세세분류되며, 비알코올 음료점업(5622)은 비알코올 음료점업(56220)으로 세세분류된다.

[표 2-3] 한국표준산업분류에 의한 음식점의 분류

대분류	중분류	소분류	세분류	세세분류	항목별
숙박 및 음식점업 I	숙박 및 음식점업 56	음식점업 561	일반 음식점업 5611	56111	한식 음식점업
				56112	중식 음식점업
				56113	일식 음식점업
				56114	서양식 음식점업
				56119	기타 외국식 음식점업
			기관구내 식당업 5612	56120	기관구내식당업
			출장 및 이동음식업 5613	56131	출장음식서비스업
				56132	이동음식업

대분류	중분류	소분류	세분류	세세분류	항목별
숙박 및 음식점업 I	숙박 및 음식점업 56	음식점업 561	기타 음식점업 5619	56191	제과점업
				56192	피자, 햄버거, 샌드위치 및 유사 음식점업
				56193	치킨 전문점
				56194	분식 및 김밥 전문점
				56199	그 외 기타 음식점업
		주점 및 비알코올 음료점업 562	주점업 5621	56211	일반유흥주점업
				56212	무도유흥주점업
				56219	기타 주점업
			비알코올 음료점업 5622	56220	비알코올 음료점업

(1) 음식점업

❶ 일반 음식점업

가) 한식 음식점업　한국 음식을 일품요리, 정식요리의 형태로 판매하는 한국식 음식점을 말하며, 한정식, 갈비, 불고기, 삼겹살, 보쌈 및 족발, 찌개류, 냉면, 칼국수 등 우리의 한국음식을 취급하고 있는 일반대중음식점을 의미한다. 특히 한정식의 경우 독립된 객실을 갖추고 음식을 제공하는 경우가 많다.

나) 중식 음식점업　중국 음식을 일품요리 또는 정식요리의 형태로 판매하는 중국식 음식점을 말하며, 대중중화요리전문점, 고급중화요리전문점, 호텔의 중식당 등이 있다.

다) 일식 음식점업　일본 음식으로 간이일식과 일반일식으로 구분하고 초밥, 일본식 우동, 회 등을 취급하는 음식점이다. 간이일식이란 독립된 객실 또는 칸막이가 없이 일식우동 등을 판매하는 소규모 업소와 생선회 센터를

포함하며, 일반일식은 독립된 객실 또는 객실성격의 칸막이가 설치되어 있는 음식점으로 주로 고급의 일본음식점이 이에 해당한다.

라) 서양식 음식점업 서양 음식으로 미국이나 유럽 중심의 음식을 일품요리 또는 정식요리의 형태로 판매하는 음식점을 말하는데, 파스타 전문점, 패밀리 레스토랑, 이탈리아 레스토랑, 프랑스 레스토랑 등이 있다.

마) 기타 외국식 음식점업 중식과 일식, 미국이나 유럽 중심의 서양식 음식을 제외한 태국, 베트남, 인도 등 외국요리를 판매하는 음식점을 말한다.

❷ 기관구내 식당업

가) 기관구내 식당업 회사, 학교, 공공기관 등의 기관과 계약에 의해 구내식당을 설치하고 음식을 조리하여 제공하는 식당을 말한다. 단 별도장소에서 다량으로 집단급식용 식사를 조리하여 운송 공급하는 식당은 제외한다.

❸ 출장 및 이동음식점

가) 출장음식서비스업 파티, 오찬, 연회 등의 행사시에 고객이 지정한 장소에서 출장하여 주문한 음식물을 조리하여 제공하는 산업활동을 말한다. 예) 출장 음식서비스, 출장뷔페서비스.

나) 이동음식점 특정 장소에 고정된 식당을 개설하지 않은 이동식 음식점을 운영하는 산업활동을 말한다.

❹ 기타 음식점업

가) 제과점업 접객시설과 생산시설을 갖추고 빵류나 과자류를 만들어 판매하는 업소를 말한다.

나) 피자, 햄버거, 샌드위치 및 유사 음식점업 피자, 햄버거, 샌드위치 및 유사 음식을 전문적으로 제공하는 사업활동을 말한다.

다) 치킨 전문점 치킨을 전문적으로 제공하는 사업활동을 말한다.

라) 분식 및 김밥 전문점　김밥, 국수, 만두, 찐빵 등을 제공하는 간이식당을 말한다.

마) 그 외 기타 음식점업

(2) 주점 및 비알코올 음료점업

❶ 주점업

가) 일반유흥주점업　주류를 주상품으로 판매하며, 주류 이외에 여흥을 돋우기 위한 시설과 접객요원을 두고 영업을 하는 업소를 말한다.

나) 무도유흥주점업　춤을 출 수 있는 무도시설을 갖추고 주로 주류를 판매하는 카바레, 나이트클럽 등의 업소를 말한다. 그러나 무도장 및 댄스 교습소 운영은 제외한다.

다) 기타 주점업　주점업 세세분류군 이외의 분류되지 않은 주점업을 말한다. 접객시설을 갖추고 대중에게 주류를 판매하는 소주방, 호프집, 실내포장마차, 간이주점, 막걸리집, 선술집 등의 업소를 말한다.

❷ 비알코올 음료점업

가) 비알코올 음료점업　음료, 커피, 차와 같은 비알코올을 판매하는 업소를 말한다.

2) 관광진흥법에 의한 분류

관광진흥법에는 구체적으로 외식산업을 분류하고 있지는 않지만, 외식업에 속하는 음식점 또는 식당이라는 용어로 표현하여 사용하고 있다. 관광은 일상적인 거주지를 벗어나 다른 장소를 방문하여 그 지역의 자연환경과 풍습을 경험하며 즐기는 행위이다. 이러한 것이 충분히 충족되기 위해서는 먹을 것에 대한 욕구가 충분히 뒷받침이 되어야 한다.

보고 듣는 것에 대한 즐거움뿐 아니라 먹고 마시는 것에 대한 즐거움 또한 관광과 연계된 또 다른 즐거움이라 할 수 있다. 매슬로우(Maslow)의 욕구 5단계에서도 볼 수 있듯이 인간의 가장 기본적인 욕구는 먹는 것이다.

학문분야에 의한 방법으로 접근을 하더라도 외식은 관광학에서 기초가 되었기 때문에 넓은 의미에서 외식분야는 관광학의 일부분이라고 할 수가 있다. 그러므로 외식산업과 관광은 여러 가지 측면에서 불가분의 관계로 밀접한 연관성을 가지고 있다.

우리나라의 관광진흥법에서는 여행업, 관광숙박업, 관광객이용시설업, 국제회의요역업, 카지노업 등을 관광과 관련한 관광사업으로 지정하고 있다. 특히 외식업소와 관련이 있는 관광음식점업과 외국인전용 유흥음식점업을 지정하고 있다.

관광진흥법에서 외식산업 용어는 관광음식점업, 외국인전용 유흥음식점업, 관광극장 식당업, 전문관광 식당업, 일반관광 식당업 등에 사용하고 있다.

관광음식점업은 식품위생법에 의한 유흥주점 영업허가를 받은 자로서 관광객의 이용에 적합한 시설을 갖추고 이를 이용하는 자에게 음식을 제공하고, 가무음곡을 감상하게 하거나 무도를 하게 하는 업소로 관광진흥법에서 한국음식점업과 관광극장식당업에 대한 등록기준을 명시하고 있다.

외국인전용 유흥음식점업은 식품위생법에 의한 유흥주점 영업허가를 받은 자로서 주한 외국군인 또는 외국선원의 이용에 적합한 시설을 갖추고 이를 이용하는 자에게 주류 기타 음식을 제공하고, 무도를 하게 하는 업으로 관광진흥법에서 등록기준을 명시하고 있다.

또한 외식업소와 관련이 있는 전문관광 식당업과 일반관광 식당업은 문화체육관광부장관으로부터 권한을 위임받아 시 · 도 관광협회가 지정한다.

전문관광 식당업은 식품위생법에 의한 일반음식점 영업허가를 받은 자로서 관광객의 이용에 적합한 음식제공 시설을 갖추고 이들에게 특정국가의 음식을 제공하거나 한국전통음식을 제공하는 업을 말한다.

일반관광 식당업은 식품위생법에 의한 일반음식점 영업허가를 받은 자로서 관광객의 이용에 적합한 음식제공 시설을 갖추고 이들에게 음식을 제공하는 업을 말한다.

3) 식품위생법에 의한 분류

우리나라의 식품위생법상에서는 외식업을 식품접객업으로 분류하고 있으며, 식품접객업의 종류에는 음식점영업과 주점업으로 구분하고 있다. 이를 다시 휴게음식점업, 일반음식점업, 단란주점업, 유흥주점업, 위탁급식업, 제과점업으로 구분하고 있다. 자세한 내용은 다음과 같다.

(1) 식품접객업

가) 휴게음식점업 휴게음식점업은 음식류를 조리 · 판매하는 영업으로 음주행위가 허용되지 아니하는 업을 말하는데, 주로 다류를 조리 · 판매하는 다방, 빵, 떡, 과자와 아이스크림류를 제조 · 판매하는 과자점 형태의 영업을 포함한다. 단, 편의점 · 슈퍼마켓 · 휴게소, 기타 음식류를 판매하는 장소에서 컵라면, 1회용 다류, 기타 음식류에 뜨거운 물을 부어주는 경우는 제외한다. 예)다방, 제과점의 형태

나) 일반음식점업 일반음식점업은 음식류를 조리 · 판매하는 영업으로 손님이 노래를 부르는 행위가 허용되는 영업을 말한다. 예) 대중음식점

(2) 주점업

가) 단란주점업 단란주점업은 주류와 안주를 조리 · 판매하는 영업으로 손님이 노래를 부르는 행위가 허용되는 영업을 말한다.

나) 유흥주점업 유흥주점업은 주류와 안주를 조리 · 판매하는 영업으로 유흥종사자를 두거나 유흥시설을 설치할 수 있고 손님이 노래를 부르거나 춤을 추는 행위가 허용되는 영업을 말한다. 예) 디스코, 카바레, 룸살롱

[표 2-4] 식품위생법상 외식업의 분류

식품접객업	내 용	
휴게음식점업	음식류를 조리 · 판매하는 영업으로 음주행위가 허용되지 아니하는 영업(주로 다류를 조리 · 판매하는 다방, 빵, 떡, 과자와 아이스크림류를 제조 · 판매하는 과자점 형태의 영업을 포함한다). 단, 편의점 · 슈퍼마켓 · 휴게소, 기타 음식류를 판매하는 장소에서 컵라면, 1회용 다류, 기타 음식류에 뜨거운 물을 부어주는 경우는 제외한다.	
일반음식점업	음식류를 조리 · 판매하는 영업으로 손님이 노래를 부르는 행위가 허용되는 영업을 말한다.	
주점업	단란주점업	주류와 안주를 조리 · 판매하는 영업으로 손님이 노래를 부르는 행위가 허용되는 영업을 말한다.
	유흥주점업	주류와 안주를 조리 · 판매하는 영업으로 유흥종사자를 두거나 유흥시설을 설치할 수 있고 손님이 노래를 부르거나 춤을 추는 행위가 허용되는 영업을 말한다.

[표 2-5] 한국통계협회의 분류

대분류	소분류
식당업	한식점업, 중국음식점업, 일본음식점업, 서양음식점업, 음식출장조달업, 자급음식점업, 간이체인점업, 달리 분류되지 않은 식당업
주점업	일반유흥 주점업, 무도유흥 주점업, 한국식 유흥주점업, 극장식 주점업, 외국인전용 유흥주점업, 달리 분류되지 않은 주점업
다과점업	제과점업, 다방업, 달리 분류되지 않은 다과점업

3. 일본의 외식산업 분류

일본에서 본격적인 외식산업은 1970년대 식생활의 다양한 변화가 시작되면서 발전하게 되었다. 외식산업의 발전 배경으로는 경제성장과 소득증대를 기반으로 여가의 증대, 여성 및 주부의 사회진출 기회의 증가, 핵가족화의 확대, 자동차의 증가, 회사원들이 도시락을 지참하는 습관 감소 등에 기인한다.

일본의 외식산업 분류는 통상산업성(通商産業省)에서 분류한 표준산업분류와 민간의 외식산업총합조사연구센터에서 분류한 외식산업 분류가 있다.

표준산업분류에서는 조사대상이 사업소인가 아닌가를 판정하고 있기 때문에 우선 업종분류를 위해서 제공 · 판매하는 상품이 주로 알코올을 포함한 음료인가의 여부에 따라 일반음식점과 유흥음식점으로 구분하고 있다.

일반음식점은 즉시 그 장소에서 주로 요리 또는 기타의 식료품을 먹고 마시게 하는 사업소 및 알코올을 포함하지 않는 음료를 먹고 마시게 하는 사업소로 정의하고 있는데, 식당 · 레스토랑, 소바 · 우동점, 스시(초밥)점, 찻집, 기타 일반음식점으로 분류하고 있다. 유흥음식점은 요정, 바 · 카바레 · 나이트클럽, 주점, 비어홀 등으로 구분한다. 음식료소매업은 각종 절인 요리, 반찬 등을 판매하는 사업소이며, 점포 내에서 음식을 판매하는 일반음식점을 제외한 반찬, 도시락 등의 요리를 판매하는 사업소를 말한다.

[그림 2-1] 일본 표준산업분류표에 의한 외식산업 분류

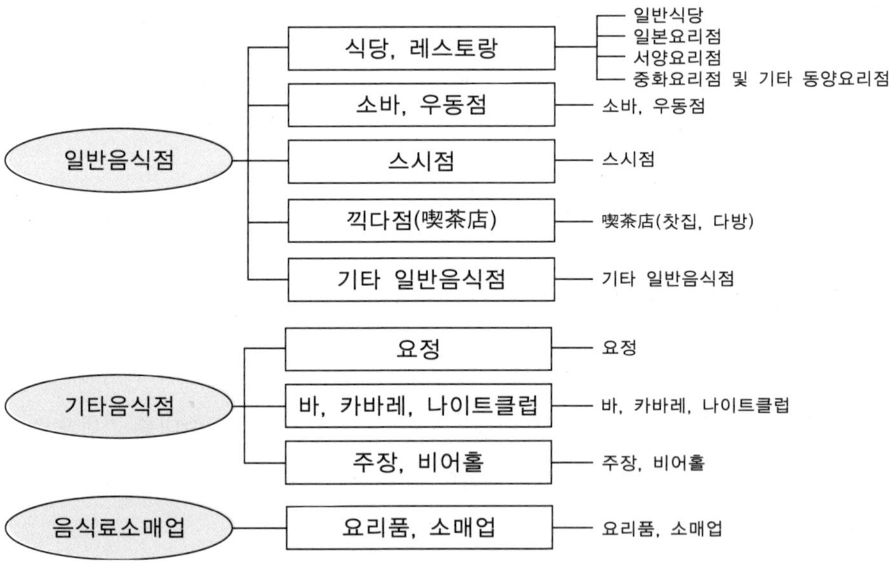

[그림 2-2] 일본 외식산업총합조사연구센터에 의한 외식산업 분류

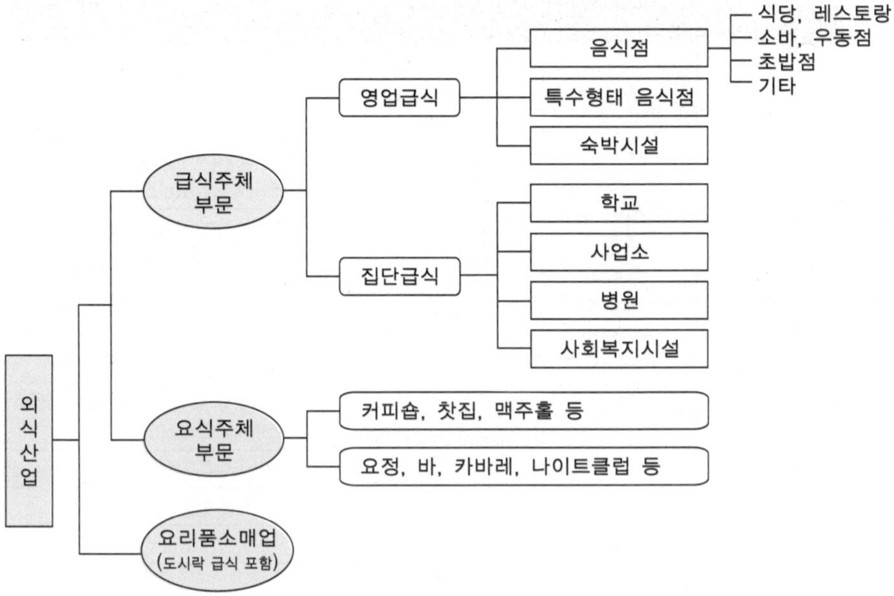

4. 미국의 외식산업 분류

미국의 대표적인 외식산업 분류는 표준산업분류(NAICS)와 NRA분류, 학계분류로 나눌 수 있다. 미국에서는 1997년 서비스산업 분류를 명확하게 하기 위해서 표준산업분류(Standards Industrial Classification : SIC)를 미국, 캐나다, 멕시코의 나라들이 함께 개발한 북미산업분류체계(North American Industrial Classification System : NAICS)로 개편하였다. 북미산업분류체계(NAICS)에서는 외식산업을 서비스 유형과 수준을 근거로 분류하였고, 각각의 정의와 사례가 구체적으로 명시되어 있다.

2002년 북미산업분류체계(NAICS)에 의하면 외식산업을 숙박과 외식 내에 음식과 음료를 제공하는 형태로 분류하여 서비스 종류와 수준에 따라 다르게 분류하고 있다. 외식업은 풀 서비스 레스토랑, 제한적 서비스 외식업, 스페셜 외식업으로 구분된다. 미국의 북미산업분류체계(NAICS)에 따른 외식산업 분류는 〈표 2-6〉과 같다.

[표 2-6] 북미산업분류체계에 따른 외식산업 분류

대분류	중분류	소분류	세분류
숙박 및 외식업 (Accommo-sation and Food Service) 72	외식업 및 주점 (Food Service and Drinking Places) 722	풀 서비스 레스토랑 (Full Service estaurants) 7221	풀 서비스 레스토랑(Full Service Restaurants)
		제한적 서비스 외식업소 (Limited Service Eating Place) 7222	제한적 서비스 외식업소(Limited Service Eating Place)
			카페테리아(Cafeterias)
			스낵과 음료를 판매하는 바(Snack and Nonalcoholic Beverage Bar)
		스페셜 외식업소 (Special Food Service) 7223	알코올 음료 판매점(Alcoholic Beverage Drinking Places)
			알코올 음료를 판매하는 바(Bar, Alcoholic Beverage)
			칵테일라운지(Cocktail Lounges)
			나이트클럽(Night Cluds)
			간이주점(Taverns)

미국의 레스토랑협회(National Restaurant Association : NRA)에서는 외식산업을 크게 3가지로 분류하고 있다. 영리를 목적으로 한 상업적 외식사업(Commercial Restaurant Service)과 공공의 목적을 갖고 특정지역과 단체를 위한 비상업적 외식사업(Noncommercial Restaurant Service), 군대급식사업(Military Restaurant Service)으로 분류하고 있다. 특히 비상업적 외식사업의 경우는 특성상 단체급식사업(Institutional Restaurant Service)으로 설명하기도 하며, 서비스 수준과 메뉴의 종류, 계약 등의 구분에 의해 분류하고 있다.

미국의 외식산업 분류는 미국 레스토랑협회에서 제공하는 기준이 중심이 된다. NRA의 분류에 따르면 〈표 2-7〉에서 보는 바와 같이 크게 상업적 식당서비스 그룹(Commercial Restaurant Service Group), 비상업적 식당서비스 그룹(Noncommercial Restaurant Service Group), 군 식당서비스 그룹(Military Restaurant Service Group)으로 구분된다.

[표 2-7] 미국의 외식산업 분류

분 류	내 용
상업적 외식사업 (Commercial Restaurant Service) Group I	일반적 외식사업(Eating Places), 위탁 외식사업(Food Contractors) • 풀 서비스 레스토랑(Full Service Restaurant) • 한정적 서비스 레스토랑(Limited Service(Quick Service) Restaurant • 카페테리아(Cafeterias) • 사회적 음식조달업-출장요리 서비스(Social Caterer) • 아이스크림, 냉동 커스터드 전문점, 요쿠르트 전문점(Ice Cream · Frozen Custard and Yogurt Stand) • 바, 선술집(Bar and Tavern) 숙박 외식사업(Lodging Places) • 호텔 레스토랑(Hotel Restaurants) • 모터 호텔 레스토랑(Motor–Hotel Restaurants) • 모텔 레스토랑(Motel Restaurants)
단체급식사업 (Institutional Restaurant Service) Group II	• 직원 레스토랑(Employee Restaurant Services) • 공립 초 · 중 · 고등학교 급식(Public & Parochial Elementary, Secondary Schools) • 대학 · 대학교(Colleges & University) • 교통(Transportation) • 병원(Hospitals) • 양로원, 고아원, 정신 · 신체장애자(Nursing Homes, Homes for Aged, Blind, Orphans, Mentally & Physically Disabled) • 클럽, 스포츠 · 레크레이션 캠프(Clubs, Sporting & Recreational Camps) • 지역공동체센터(Community Centers)
군대급식사업 (Military Restaurant Service) Group III	• 장교 · 하사관 클럽(Officers & Non Commiasioned Officers Clubs) • 일반 군인급식(Food Service Military Exchanges)

자료 : Restaurants USA, National Restaurant Association F7, Dec. 1997.

자율학습

1. 성공하는 음식점은 왜 성공을 하는지 비결에 대하여 생각해 보시오.

2. 코카콜라(Coca-Cola)

1886년에 조지아주 애틀란타에서 약국을 운영하던 약사인 존 펨버턴(John Pemberton) 박사가 코카나무의 잎, 콜라나무의 열매, 카페인 등을 주원료로 하여 개발하여 탄생한 미국의 대표 청량음료 브랜드이다. 코카콜라는 본사에서 원액만을 제조하여 국내 및 해외의 특정 회사에게만 공급하는데, 공급받은 원액에 물, 탄산, 설탕 등의 첨가물을 배합하여 전 세계 200여 개의 나라에서 판매되고 있다.

제3장

외식업체의 운영과 조직

외식산업의 이해

제3장
03

외식업체의 운영과 조직

1. 외식업체의 운영과 창업

1) 외식업체의 운영 형태

(1) 독립경영

독립경영이란 투자에서 운영까지 모든 권한과 책임을 경영자에게 부여하는 형태로, 자신의 노하우로 외식업소를 직접 단독으로 경영하는 운영형태이다. 우리나라 대부분의 외식업체가 체인경영이나 경영대리계약 방식을 택하지 않고 독립경영 형태로 운영하고 있다.

(2) 체인경영

적어도 2개 이상의 외식업소가 동일한 개념과 경영방침 아래 형성되어 운영하고 있다. 체인경영에서 직영체인과 프랜차이즈 형태는 겉으로는 매우 비슷해 보이지만 운영 면에서 많은 차이가 있다.

(3) 경영대리계약

소유주는 식당경영에 필요한 모든 것을 제공하고 운영자는 모든 권한을 위임받아 경영하는 형태를 말한다.

2) 독립점과 프랜차이즈

독립점은 직영점이라고도 하는데 일반적으로 가맹비, 로열티 등 오픈에 들어가는 초기비용을 줄일 수 있고 모든 일을 독자적으로 수행할 수 있다는 점이 장점이다. 수익률에 대한 결정권도 독자적으로 정할 수 있고, 트렌드나 시장 환경의 변화에 신속하고 능동적으로 대처할 수 있으며, 맛과 서비스 등을 경영자가 직접 개발해 사용할 수 있다.

프랜차이즈는 상권분석, 인테리어, 상품공급, 영업, 광고 등 모든 일을 처리해주기 때문에 초보자라도 쉽게 창업이 가능하다. 운영에 서투른 창업자에게는 프랜차이즈 본사에서 인력을 파견해 창업 초기 시행착오 과정을 최소한으로 줄일 수 있도록 지원하기도 한다. 또 전국적으로 동일한 브랜드와 인테리어를 사용하기 때문에 소비자의 신뢰를 쉽게 확보할 수 있다는 장점이 있다.

외식업에서 창업하고자 할 때에는 창업 형태가 독립점인지 프랜차이즈인지에 따라 준비단계에서부터 많은 차이가 나타날 수 있다. 특히 창업자의 자본 상태와 영업능력에 따라서 많은 차이가 나므로 막상 어떤 형태가 바람직하고 말할 수는 없다.

그러나 초보창업자가 처음에 외양적으로 볼 때는 체인점이 좋아 보여도 주변에 자세히 살펴보면 독자적인 브랜드를 가지고 수십년을 성공적으로 영업하는 독립점이 의외로 많다는 것도 유의해서 볼 필요가 있다.

현재 외식업체를 창업할 때는 최소한 향후 5년은 영업하겠다는 마음을 먹고 창업을 준비하라는 말이 있다. 이 말은 외식산업도 장기적인 기업가적인 경영마인드를 가지고 임하라는 뜻이다. 이런 관점에서 볼 때 초보창업자가 창업하기에는 독립점이 불편하고 위험성도 높지만 창업자의 능력과 의지만 있다면 독립점도 괜찮다고 볼 수 있다.

창업자 나름대로의 상권 분석과 사업의 타당성 조사를 거쳐서 점포의 아이덴디티(정체성)와 브랜드 마케팅을 타 업소와 차별적인 영업을 실시한다면 오히려 주변에서 독립점포가 체인점의 시범 점포로 착각을 일으킬 정도로 좋은 반응을 얻을 수 있다는 것도 유념할 필요가 있다.

현재 국내 체인사업 점포의 경우 철저하게 식자재를 관리하고 제때에 상품을 공급하는 체인 본사가 있는가 하면 그렇지 못한 곳도 많다. 이러한 점에 유의하여 가맹점에 가입하고자 할 경우에는 체인 본사와 가맹점을 방문해 원활한 식자재 공급 체제를 갖췄는지를 파악하는 것이 필수이다.

프랜차이즈(Franchise)란

프랜차이저(Franchisor)는 본사를 말하며, 프랜차이지(Franchisee)는 가맹점을 말하는데, 두 사업자 간에 본사가 가맹점으로부터 입회비, 보증금, 로열티 등의 일정한 대가를 받고, 일정한 상품, 상호, 상표 등의 영업표시, 영업방법(노하우), 기타 서비스를 판매하는 계약관계를 말한다. 계약내용으로는 상품가격, 광고, 매장위치, 신상품개발, 종업원훈련, 교육지도 등 경영전반의 노하우를 포함한다.

3) 외식창업

(1) 사업 아이템 선정

외식업을 창업하려는 사람은 사업에 대한 아이템을 선정하여 과연 어느 업종에 경쟁력이 있는지 생각을 하게 된다. 예를 들어 IT 분야가 전망이 있다고 하여 다른 분야를 전공한 사람이 IT 분야를 창업하는 것은 곧 실패로 가는 길이다. 이처럼 사업 아이템 선정에 현재의 유행과 추세도 중요하지만 자기의 능력과 실력, 적성에 맞는 분야를 선택해야 한다. 성공의 지름길은 자기 자신이 객관적으로 봐서 경쟁력이 있는 업종의 아이템을 선택하는 일이다.

사업 아이템 선정의 기본원칙

① 성장 가능성이 있는가?
② 경험이나 특징을 잘 활용할 수 있는가?
③ 실패의 위험이 적은가?
④ 고장을 설립해야 하는지 아니면 아웃소싱이 가능한가?
⑤ 대기업이 참여하기 곤란한가?
⑥ 자기자본 규모에 적당한가?
⑦ 수요와 시장성이 충분한지 또는 1~2년 내에 수요가 형성될 수 있는가?
⑧ 투입비용에 대비하여 수익성이 높은가?
⑨ 일시적인 유행에 그치는 분야인가?

위에서 예시한 것처럼 사업 아이템을 선정할 때 기본적으로 검토를 거쳐 선정하되 창업자 스스로 판단하면 실패의 위험성이 높다. 따라서 주변의 종사자가 있으면 필히 면담을 하거나 인터넷, 전문잡지, 신문 등을 통하여 정보를 수집하여야 하며, 제3자의 입장에서 객관적인 사업 타당성 분석을 실시하여 최적의 사업 아이템을 선정한다.

(2) 사업 타당성 분석

대부분 창업자가 사업 타당성 조사를 소홀히 하거나 주관적으로 유리하게 생각하고 사업을 하는 경우가 많은데 이는 대부분 실패하는 사례이다.

창업자가 사업 타당성 조사를 하는 것이 쉽지 않는 것은 사실이다. 그러나 이 조사를 소홀히 한다면 창업자는 이 사업에서 100% 실패할 수 있다. 객관적인 조사를 실시하고 판단하되, 다시 한번 재검토의 과정을 필히 거쳐야 실패율을 줄일 수 있다.

❶ 면담

구상하고 있는 사업 아이디어의 수익성에 관한 정보를 얻는 데는 여러 가지 방법이 있겠지만 중요한 시발점은 많은 사람을 만나서 의도하는 사업에 대한 그들의 견해를 듣는 것이다. 구체적인 정보를 얻을 수 있도록 미리 준비하고 면담결과를 기록한다. 비판적인 견해와 낙관적인 견해 모두가 유용한 것들이 될 수 있다.

면담대상은 가족, 친구, 학교시절의 은사, 관공서, 관련 업종 협회 및 단체, 컨설팅회사와 같은 업종의 사업을 하고 있는 사업가, 미래의 고객, 여신기관에 종사하는 사람 등을 들 수 있다. 특히, 관공서, 관련 단체 및 협회에 전화를 하거나 방문을 해 알아보는 것도 도움이 된다.

❷ 경험

면담조사를 통하여 어느 정도의 지식이 갖추어지면 동종 업종의 현장에서 직접 경험 또는 견학을 통하여 자료를 수집하고 면담을 통하여 수집한 자료를 보완하여야 한다. 현재 종사하고 있는 분야와 다른 사업을 하려는 경우에는 주말이나 여가를 이용하여 현장경험을 쌓으며 사업의 노하우(Know-How), 자신의 적응력 등을 검토한다.

❸ 간행물 및 인터넷

정부의 보고서, 협회의 간행물, 창업유관기관의 간행물, 관계 전문잡지, 사업성 분석의 전문서적 등을 참고하되, 최근 인터넷에 각종 정보가 수록되어 서비스되고 있으므로 인터넷 검색으로 서비스되고 있는 자료를 수집하고 사업타당성을 조사하는 것도 중요하다.

(3) 상권 및 입지분석

창업을 준비하는 사람들이 가장 어려워하는 부분이 바로 상권 및 입지선정과 분석에 관한 부분일 것이다. 점포의 입지가 창업성공의 중요한 부분을 차지하는 것은 알고 있지만, 실제로 어떻게 상권분석을 하는지, 상권분석의 구체적인 요인은 무엇인지, 요인별 실행방법은 무엇인지 정확히 모르고 있다.

오랫동안 장사의 경험을 가지고 있는 사람들도 자신의 경험을 기초로 입지를 판단하는 것이 보통이고, 가맹점을 모집하면서 철저한 상권분석을 자랑하는 체인회사들도 사실은 점포개발 직원들의 경험에 의존하는 경우가 많은 것이 사실이다.

상권의 정의를 내려보면, 상권이란 점포가 장사를 계속해 나가는데 없어서는 안 될 고객들이 살고 있는 지역으로 거리나 시간 면에서 고객들에게 쇼핑을 충족시켜 줄 수 있는 적절한 대상지역이라고 말할 수 있다.

상권분석은 사실 업종의 특성에 따라 여러 가지 변수들이 있기 마련이다. 상권 및 입지분석은 해당 부분에 많은 지식을 가지고 있는 것보다는 오히려 많은 현장조사와 직접 발로 뛰고 조사하는 방법이 바람직하다고 생각한다. 따라서 기본적인 원칙을 이해하고 실천해 나갈 수 있다면 초보자라도 충분히 직접 실행할 수 있을 것이라고 본다.

상권 및 입지분석에 관한 기본 원칙들을 알아보면 다음과 같다.

상권을 해석하는 방법에는 거리로 정하려는 생각, 시간으로 정하려는 생각, 인구 혹은 세대수로 상권을 정하려는 생각이 있는데, 거리로 정하려는 생각은 점포를 중심으로 하여 상권의 범위를 거리로 표현하는 것이며, 시간으로 정하려는 생각은 고객이 점포까지 오는데 걸리는 시간으로 상권으로 표현한다. 인구 혹은 세대수로 상권을 정하려는 생각은 점포가 수용할 수 있는 인구 혹은 세대수에 의해서 상권의 범위를 표현하는 방법이다,

거리 및 시간으로 파악하는 것은 지도로 표현이 되며, 사람 수로 파악되는 실질적인 상권은 숫자로 나타낼 수 있다. 상권을 파악할 때에 어느 한 가지의 방법만 사

용되는 것은 아니며, 거리와 시간의 형식적인 면에서 먼저 파악한 후에 그 기반 위에 세대수 및 인구수라는 실질적인 요소로 파악하는 것이 바람직하다 할 것이다.

상권의 설정방법을 보면, 일반적으로 1차 상권, 2차 상권, 3차 상권으로 구분해서 설정하는데, 1차 상권은 점포 고객의 60~70%가 거주하는 지역이며, 고객들이 점포에 가장 근접해 있으며 고객 수나 고객 1인당 판매금액이 가장 높은 지역으로 같은 편의품의 경우에는 범위가 걸어서 500m 이내가 되며, 선매품의 경우에는 버스나 승용차로 15분 내지 30분이 걸리는 지역이다. 2차 상권은 점포고객의 20~50% 정도 거주한다.

(4) 상권분석 원칙

❶ 주변 지역의 특성을 파악하라

입지선정에서 제일 먼저 해야 할 것은 염두에 두고 있는 지역의 주변 상권 특성을 파악하는 일이다. 주변 지역상권의 특성을 파악한다는 것은 해당 지역에서 하고자 하는 업종이 얼마만큼 형성되어 있는지, 또한 매출실적은 좋은지, 다른 업종들의 분포는 어떠한지 등을 파악하여 그 지역의 상권이 계속 발전하고 있는 곳인지 쇠퇴하고 있는지를 알아보는 것이다. 경험이 없는 초보자일수록 해당 지역에서 가장 활성화되고 전체가 반영하고 있는 상가에 입점을 해야 유리하고 전체적인 상승효과를 같이 얻을 수 있다. 이러한 상권에 입점을 할 경우 한 가지 주의해야 할 것이 있는데 주변의 다른 상점에 비하여 시설이나 규모 면에서 처져서는 안 된다는 것이다.

남들과 다른 판매 전략을 가지기 위해서는 점포가 위치할 지역의 주 기능, 즉 주변 상권의 기능요소에 대한 특성을 파악해야 한다. 그 지역이 주거지역인지, 상업지역인지, 공장 혹은 빌딩가인지를 파악하고 부속기능으로 유흥가인지, 시장인지 또는 숙박시설, 관공서, 학교 주변인지를 조사하여야 한다.

❷ 상권 안의 영업대상층을 파악하라

점포 입지를 선정하려고 할 경우에 확인해야 할 사항으로 배후지역의 세력이라는 것이 있는데, 배후지역이라는 것은 한마디로 점포의 상권 반경 안에 거주하고 있는 영업대상층들의 범위라고 할 수 있다.

배후지역의 세력이란 영업대상층인 지역주민들의 소득수준, 인구수, 세대수, 교육정도, 직업분포, 주거형태, 가처분 소득, 소비형태, 연령별 인구수, 잠재고객 대상층 등에 대한 사항이라고 힐 수 있다.

배후지역의 세대수와 인구현황 등 세력을 파악하는 목적은 어떤 업종이든지 후보점포 배후지의 세대수와 인구현황 등의 세력수준이 점포입지의 적격 여부를 판단하는 첫걸음이기 때문이다. 배후지역의 세력을 파악하는 것은 자신이 하고자 하는 업종의 점포가 해당 상권에서 몇 개까지 가능한지, 또 어떤 업종이 가능한지도 파악할 수가 있어서 업종선택의 중요한 판단근거가 된다.

점포 사업의 경우 대상지역을 점포 입지 반경 500m 정도로 보는데, 이를 통상 1차 상권이라고 부른다. 아파트 단지의 경우에는 일반적으로 200~300 세대의 경우는 생활필수품을 판매하는 근린업종이 접합하고 500세대 정도면 웬만한 업종은 거의 가능하며 2,000세대가 넘으면 중심지역의 최고 상권과 다름없다고 할 수 있다.

❸ 유동인구수를 확인하라

우수한 입지를 고르는데 가장 기본적으로 할 사항이 바로 점포 앞을 지나다니는 사람들의 숫자를 세는 일이다. 유동인구의 파악은 시간대별로 요일별로 정확히 파악하여야 하는데, 평일과 휴일로 나누어서 일반판매업종일 경우에는 직장인들의 점심시간인 오전 12시~오후 2시, 주부들의 쇼핑기간인 오후 3~4시, 퇴근 무렵인 오후 6~8시로 나누어 파악하여야 하고, 만약 음식업종이라면 밤 시간대를 하나 더 추가하여야 하며, 24시간 운영하는 편의점의 경우에는 출근시간대, 야간시간대를 추가하여 파악하여야 한다.

내점률을 조사하고 판단하는 방법으로서는 바로 동일상권 내의 자신이 하고자 하는 업종과 동일한 업종 또는 유사한 업종의 현황을 파악하는 방법이다. 예를 들어 자신이 한식 체인점을 하고자 할 때 내점률을 예상하고자 한다면 인근의 유사한 규모의 한식전문점을 대상으로 평일과 휴일로 나누고 또 시간대별로 나누어 일일이 자신의 점포처럼 유동인구를 세어본다.

이때 총유동 인구 중에서 그 점포로 들어가는 사람도 또한 체크한다. 이렇게 하면 유사지역의 유사업종 내점률이 나오고 입지의 우열에 따라 약간의 오차는 있겠지만 자신의 점포가 개점하였을 때의 내점률을 예상할 수가 있다.

❹ 접근성과 이용률을 고려하라

점포임지는 고객들이 얼마나 쉽게 찾고 편하게 올 수 있는가 하는 사항이 중요한데 이것이 바로 점포의 접근성에 관한 것이다. 접근성을 구성하는 요인들은 여러 가지가 있는데, 버스정류장, 지하철역, 건널목, 출입구의 위치, 출입구의 계단여부, 주차시설, 교통의 혼잡성 등 접근성에 영향을 주는 요인들을 정확하게 판단해야 만이 좋은 입지를 선정할 수가 있다.

상권 내의 인구유방 요소가 접근성에 영향을 주는데, 이런 시설들은 학교, 극장, 관공서, 대형 서점 등이 있고 이러한 시설들은 많은 사람들을 끌어당기는 역할을 해 사람들이 그러한 시설로 이동하는 방향으로 점포는 내는 것이 접근성을 높일 수 있다.

대부분 대단지 아파트의 경우에는 출입구가 여러 개 있고, 그 출입구마다 상가가 형성되어 있다. 어느 상가 쪽이 고객들의 접근이 용이하고 이용률이 높은가를 판단하기 위해서는 각 상가를 대상으로 유동 인구 측정, 이용률 확인, 주변 업종과의 관계, 대중교통 이용 현황, 인구유발 요소 등의 제반 접근성 요인들을 종합적으로 분석하여야 적절한 입지선정을 할 수 있다.

❺ 역세권이 유리하다

역세권은 지하철역이나 버스정류장, 시외버스 터미널 등 대중교통 수단이 상권에 지대한 영향을 미치는 지역을 말한다. 역세권 주위에서 점포입지를 고를 때에는 무엇보다도 교통수단의 이용계층이 주로 어디로 움직이고 있는가를 파악하여야 한다. 이러한 유동의 흐름 동선상에 점포를 구하여야 하며, 역세권 중에서도 가장 좋은 곳은 사거리나 삼거리 옆에 있는 주통행지라고 할 수 있다.

요즈음은 자동차가 필수품이 되어 외식할 때나 쇼핑할 때 자가용의 이용이 일반화되었다. 이러한 경향은 점포 사업의 경우 주차시설의 확보를 중요사항으로 만들었는데, 이러한 경향은 앞으로도 계속될 것으로 예상되며 정히 주차 공간을 확보하기 어려울 경우에는 역세권 등 대중교통이 원활한 곳에 입지하는 길만이 최선일 것이다.

❻ 생활관계도 고려하라

점포입지를 고를 때에는 입지조건이 우수한 곳을 선정하는 것이 무엇보다도 중요하지만 자신의 생활관계도 고려하는 것이 필수이다.

가급적 점포의 입지를 고를 때에는 거주지 주변이나 주변에 교통이 편한 곳을 선정해서 사업과 생활의 두가지 면에 모두 충실할 수 있는 곳을 사업의 입지로 선정하는 것이 바람직할 것이다. 사업장으로 이동하는 시간이 30분에서 1시간 이내인 곳에 점포를 구하는 것이 좋은데, 거주지 주변에 점포입지를 구하면 주변 지역을 잘 모르는 사람보다 유리한 면이 있는데, 평소에 자신이 매일 출퇴근하면서 다니던 낯이 익은 거리, 자신이 거주하고 있는 집을 중심으로 한 상권이므로 매일 주변 업소를 방문하여 경쟁업소에 대해서 연구할 수 있는 시간적 여유가 많다는 장점이 있다.

❼ 경쟁점포 조사로 점포를 차별화하라

상권 내 경쟁점포와 경쟁해서 승산이 있는가, 서로 시장을 나누어 차지할 수 있는 정도의 상권인가, 자신의 점포 위치는 같이 붙어 있는 것이 좋은가, 떨어져 있는 것이 좋은가 하는 문제들을 경쟁점 조사를 통해서 파악하여야 한다.

후보지 인근 경쟁점포의 현황을 조사하는 목적은 경쟁점포의 인지도, 매장 크기, 취급하는 상품의 성격, 영업시간, 하루 내점 고객수 등을 조사해 이들 점포와 경쟁할 수 있는 차별화 전략을 세우기 위함이다. 손님의 입장에서는 한 장소에 같은 업종의 점포가 여러 개 있으면 편리하기 때문에 자주 이용을 하는데, 같은 업종의 경쟁상대가 많은 곳에 점포를 내는 것은 방법 여하에 따라서는 성공할 확률이 높아지는 것이다.

경쟁점포 현황 조사의 궁극적인 목적은 차별화 전략으로 해당 상권을 찾아 온 고객을 경쟁점이 아닌 자신의 점포로 오게 하는 방법을 찾아내는 것이다. 즉, 전문성을 확보해 주위의 점포와 같은 업종의 장사를 하더라도 고객의 층을 세분화해서 특징있는 상품과 서비스를 갖춰 경쟁에서 이길 수 있는 점포를 만드는데 있다.

⑧ 수익률을 우선시 하라

점포를 구할 때에는 자신의 예산에 맞는 점포를 구하는 것이 좋으며, 점포의 입지가 최상이 아니더라도 불리함을 극복할 수 있는 영업전략을 수립하여 운영하는 것이 바람직하다. 자신의 자본규모에 맞고 또 이익을 낼 수 있는 점포를 구하기 위하여 후보지 점포의 점포비용과 수익률을 조사하여야 한다. 아무리 매출이 많이 오르는 곳이라도 점포비용이 과도하게 든다면 실제 수익률은 낮을 수 밖에 없다.

따라서 눈에 보이는 매출액에 현혹되어 점포입지를 선정하지 않기 위해서는 점포비용과 수익률과의 상관관계를 면밀히 조사할 필요가 있다. 그러므로 점포사업에 초보자일수록 매출보다 수익률을 우선시하는 자세를 보여야 실패하지 않을 수 있다.

(5) 음식점 창업 준비

음식점 창업을 하거나 창업을 준비하려고 하는 예비 창업자들은 무엇부터 먼저 준비를 해야 하는지, 어떻게 준비해야 하는지를 알아야 한다. 가장 중요한 서류는 보건증, 위생교육수료증, 영업신고증, 사업자등록, 주류구매 카드, 사업자 카드가 필요한데 절차는 다음과 같다.

❶ 창업자금 계획 수립

예비 창업자는 손익 분기점을 예상하고 얼마의 투자비용이 들어갈지 꼼꼼하게 확인해야 한다.

❷ 업종 및 메뉴선정

음식점 창업에서 가장 중요한 것이 업종과 메뉴이다. 업종과 메뉴를 정해야 진행 절차, 계획을 준비할 수 있기 때문이다. 그리고 주변에 경쟁업체가 있는지도 미리 확인을 해야 한다.

❸ 식자재 공급처 확보

재료공급에 문제가 없도록 사전에 준비를 해야 하며 음식의 맛을 좌우하는 재료는 항상 신선한 재료를 공급해 줄 수 있는 업체를 선정해 놓아야 한다.

❹ 입지, 매장선정 및 계약

자금사정을 고려한 위치, 보증금과 임대료, 권리금의 유무 등을 확인하고 음식점 위치를 선정해야 한다.

(6) 음식점 창업 시 준비 절차

음식점 창업을 위해서 필요한 서류는 임대차계약서, 보건증, 위생교육, 영업신고증, 사업자 등록증이며, 이에 대한 절차와 자세한 내용은 다음과 같다.

❶ 임대차계약

영업을 할 상가를 임대하였다는 사실을 증명해주는 서류를 말한다. 공인중개사에서 모든 사항을 처리해 주겠지만 기본적인 것은 예비 창업자가 꼼꼼하게 챙겨야 한다. 공인중개사를 통해 건축물대장, 등기부등본 등과 같은 서류들을 제출받아 사실관계와 권리관계를 살펴보아야 한다. 계약서를 작성할 때 업종별 특약, 시설 비품, 권리금, 하자 발생 등 향후 문제가 될 수 있는 부분에 대해서 충분히 협의를 해야 한다.

❷ 보건증 및 위생교육

보건증과 위생교육을 발급 받아야 한다. 보건증은 보건소에 가셔서 검사를 받으면 되며, 위생교육은 한국외식업중앙회 홈페이지를 통해 온라인 교육을 이수하면 이수증을 받을 수 있다.

❸ 영업신고증

관할 구청 위생과에서 영업신고를 해야 하며, 신분증, 인감도장, 위생교육수료증, 임대차계약서, 보건증이 필요하다.

④ 사업자등록증

관할 세무서에 방문하여 신청을 하면 되는데, 신분증, 영업신고증, 임대차계약서 원본을 가지고 가서 확정일자를 받으면 된다.

임대차계약서, 위생교육, 보건증 ⇒ 영업신고증 ⇒ 사업자등록증

그 이외에도 통장개설, 전화 및 인터넷 설치, 보험 가입, 포스시스템설치 등이 추가로 필요하다.

2. 외식업체의 조직

1) 외식업체의 조직 구조

조직이란 어떤 목적을 달성하기 위해 조직 구성원 간에 상호 작용하는 협동 집단을 말한다. 또는 공동의 목표를 달성하기 위하여 공식적, 비공식적 관계를 유지하는 사회적 구조를 말한다. 외식업체는 여러 사람들이 상호 협동하여 목적을 달성하고 식음료 서비스를 효과적으로 수행하기 위해서 종업원은 의무와 업무적 책임 및 경제적 책임을 이해하여야 한다. 그리고 조직의 목표와 자신의 업무와의 관계를 정확히 파악하고 있어야 한다.

외식업체의 조직구조는 일반적으로 생각하는 단순한 조직 형태가 아니고, 조직 구조의 구조화와 특징이 복합적으로 일어나는 조직 형태이다.

(1) 조리 부서

일반적으로 음식을 생산하는 종사원들로 구성되어 있으며, 고객과의 접촉은 거의 없다. 그러나 최근에는 오픈형 주방(Open Kitchens)과 카운트 서비스의 형태가 발달하면서 생산부서(주방업무 담당자)가 고객에게 직접 음식을 서비스하는 등 고객과의 접촉 빈도가 높아지고 있는 추세이다.

현재 외식업체에서는 업종, 업태, 소유의 형태, 규모 등에 따라 조리 부서 종사원의 직위는 다양하게 불리고 있다. 예를 들어 개인이 독립적으로 운영하는 경우는 주방장, 조리사 등으로 불리기도 한다. 양식에서는 주방장(Chef), 조리사(Cook), 보조조리사(Assistant Cook) 등과 같이 불리고 있다.

(2) 식음료 부서

고객에게 식음료를 서빙하는 종사원들로 구성된 부서로 고객과의 접촉이 빈번한 부서이다. 지배인(Manager), 캡틴(Captain), 웨이터(Waiter), 웨이트리스(Waitress) 등이 있다.

(3) 관리 부서

조리 부서와 식음료 부서의 활동을 지원하는 부서로 인사, 마케팅, 재무, 교육, 개발 등과 같은 업무를 담당하고 있다.

2) 조직구성의 원칙

외식업체 조직구성의 기본원칙은 기업의 목표를 위하여 경영이념을 효율적으로 조달함과 동시에, 원가절감을 통한 수익의 극대화를 꾀하는 데 있다. 조직구성은 기업의 규모나 형태에 따라 다소의 차이는 있을 수 있겠지만, 가장 중요한 것은 어떤 기업이든지 고객에게 원활한 서비스 제공을 위한 접객편성이 중심이 되어야 한다.

외식산업은 단일 외식업체 내에서 최소 1인이 운영할 수 있는 형태에서 많은 인원이 투입되는 기업식 경영 형태까지 있다. 외식업체의 원활한 목적 달성을 위해서는 조직의 특징에 알맞은 효과적인 조직이 이루어져야 한다. 외식업소의 조직을 구성하는 기본적인 원칙은 다음과 같다.

(1) 기능에 따라 조직화해야 한다

식자재 구입, 메뉴계획, 조리, 서비스 등과 같이 식당 혹은 식음료 서비스에서 수행되는 각 기능은 조직구성의 일부가 되어야 한다. 그 기능은 분명한 목적과 존재이유가 있어야 한다.

(2) 조직은 간단하게 편성해야 한다

조직의 구성은 불필요한 직위가 없도록 간단하게 해야 한다. 계층 간의 거리를 짧게 해 경영진과 종사원 간의 의사소통을 원활하게 해야 한다. 한 명의 간부에게 보고하는 부하직원의 수가 많은 큰 식당에서는 각 웨이터 그룹을 감독하기 위해 캡틴(captain)을 임명한다.

(3) 모든 직책에 업무의 책임과 권한, 경제적 책임을 명확히 한다

모든 종사원은 자신이 하는 업무의 내용을 명확히 이해하여야 한다. 종종 종업원들은 자기의 업무가 불명확하기 때문에 자신의 의무와 책임을 이해하지 못하는 경우가 발생한다. 따라서 모든 업무는 서식으로 명확히 밝혀야 한다. 종사원은 한 명의 감독자에게 보고해야 하며, 조직의 구성에 각 종사원의 위치를 서술하고, 누구에게 보고하며, 또 누구에게 보고받아야 하는가는 조직표를 이용하는 것이 효과적이다.

(4) 직급의 책임과 권한 설정

경영자는 책임을 위임하는데 주저하지 말아야 하며, 식당의 소유주는 간부가 주어진 업무에 대한 책임을 맡았다면 그 업무를 수행하기 위해서 동등한 권한을 가지고 있어야만 한다.

(5) 가능하면 가장 낮은 직급에게도 책임과 권한을 위임한다

외식업체의 소유주나 경영자는 책임을 위임하는 데 주저하지 말아야 한다. 어떤 사람이 주어진 업무에 책임을 맡았다면 그 업무를 수행하기 위해서 동등한 권한을 가지고 있어야만 한다. 권한을 위임하지 않으면 물론 식당의 소유주는 부하직원들을 절름발이로 만들고, 다른 사람이 하면 더 잘할 수 있는 일을 자신이 하는 경우가 있다.

(6) 조직의 패턴을 유지해야 한다

부하직원들에 대한 책임을 져야 하는 경영자가 직접 종사원들에게 명령을 해서는 안 된다는 것이다. 명령 계통을 손상시키지 않고 계통을 밟아 일하는 것이 바람직하다.

(7) 운영절차를 표준화한다

체계화된 조직은 운영 절차가 표준화되어 있다. 식당의 경영자는 구인, 메뉴계획, 조리의 방법, 재정적인 문제의 결정, 실내장식의 계획, 판매촉진 등의 문제에 대해 운영의 표준화를 이루는 것이 바람직하다.

3) 소규모 외식업체

일반적인 외식업체의 기본 조직 구성으로 거의 대부분의 사업장이 소규모로 구성되어 운영되고 있다. 이 조직 형태는 외식업의 특징을 그대로 말해 준다. 외식업은 음식을 만드는 주방부서와 고객에게 만들어진 음식물을 연결해주는 서비스 부서로 나누는데, 각 부서에 최소 1인씩의 종업원을 두고 조직을 구성하는 형태이다.

경영자는 이 두 조직을 총괄하는 업무와 함께 두 조직이 교차하는 업무들을 원활하게 연결해 주는 역할을 한다. 영세한 자영업자들이 경영하고 있는 외식업체의 조직 형태로 최소 2인으로 구성되어 있으며 경영주가 직접 경영과 조리 담당을 겸하는 형태와 경영과 객장의 서비스를 겸하는 형태의 두 가지 조직 형태로 구성된다.

소규모의 외식업체 조직에서는 경영자가 조리담당자와 객장서비스 담당자에게 지시하도록 되어 있어 객장서비스 담당자가 직접 조리사에게 지시나 명령을 못하게 되어 있다. 그러나 실제 현장에서는 간혹 객장서비스 담당자가 경영자를 제쳐두고 조리담당자에게 이것저것 지시하여 조직의 운영에 부정적인 영향을 미치는 경우도 있다. 이러한 조직운영은 생각처럼 움직이지 않으며 좋은 업소의 분위기로 나타나지도 않는다.

[그림 3-1] 소규모 외식업체의 조직도

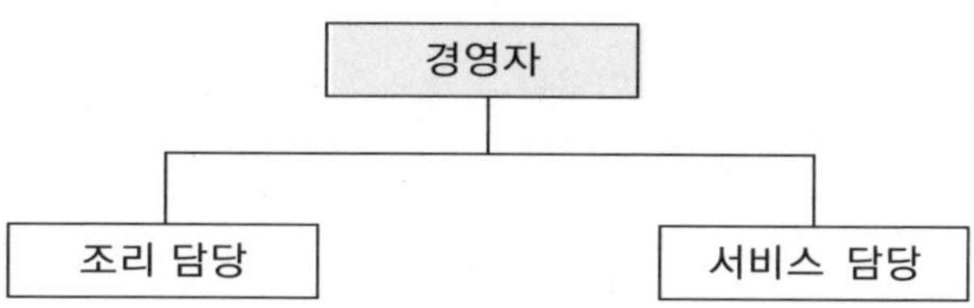

이 두 가지 조직의 형태인 [표 3-1]을 보면 장단점이 있다. 경영주가 직접 조리나 서비스를 겸할 때에는 음식의 맛과 질을 일정하게 유지할 수 있으며, 식재료 및 원가관리가 용이, 인건비를 절감할 수 있다. 그러나 고객 반응의 점검이 느리고, 고객서비스 관리가 어려우며, 현금 및 경영에 조직적인 관리가 어렵다, 경영주가 경영과 서비스를 담당하는 경우에는 고객 반응 점검과 고객 서비스 관리가 용이하다, 인건비를 절감할 수 있다, 현금 및 경영 관리가 용이하고, 음식의 맛과 질을 일정하게 유지하기 어렵고, 조리 인력 관리가 쉽지 않으며, 식재료 및 원가 관리가 어렵고, 경영에 조직적인 관리가 어렵다.

[표 3-1] 경영주가 직접 조리나 서비스를 담당할 때의 장단점

	장 점	단 점
경영주가 경영과 조리를 담당하는 경우	- 음식의 맛과 질을 일정하게 유지할 수 있다. - 식재료 및 원가관리가 용이하다. - 인건비를 절감할 수 있다.	- 고객 반응의 점검이 느리다. - 고객 서비스 관리가 어렵다. - 현금 및 경영에 조직적인 관리가 어렵다.
경영주가 경영과 서비스를 담당하는 경우	- 고객 반응의 점검이 용이하다. - 고객 서비스 관리가 용이하다. - 인건비를 절감할 수 있다. - 현금 및 경영 관리가 용이하다.	- 음식의 맛과 질을 일정하게 유지하기 어렵다. - 조리 인력 관리가 쉽지 않다. - 식재료 및 원가 관리가 어렵다. - 경영에 조직적인 관리가 어렵다.

4) 중규모 외식업체

경영자가 조리와 서비스 부분에 책임자를 두고 업소를 운영한다. 구조 자체는 체인스토어 운영 조직과 흡사하나 가장 큰 차이점은 매상을 입금하고 관리하는 현금출납 직원을 체인스토어에서는 서비스 책임자 밑에 배치를 하는 것과 달리 대부분의 단일 매장만을 가지고 있는 독립사업자들은 경영주가 직접 관리를 한다. 이 조직은 2개 이상의 매장을 가지면 기업화된 체인스토어로 발전하는 것이 통상적인 상례이다.

중규모 외식업체의 조직도에서 보는 바와 같이 경영자는 경영정책과 전략, 영업, 기획을 담당하고 객장서비스 담당자가 재무와 인사를 담당한다. 그리고 경영자는 점장으로 재무관리, 인사관리, QSC의 현장관리, 경영관리를 한다. 바쁜 시간에는 현장의 가장 약한 부분을 돕는데 가능한 한 선두에 서서 현장의 QSC를 체크하며 지도해 가는 것이 이상적이다. 그리고 부하직원이 교육, 상담과 고객관리 등의 업무도 점장이 담당한다.

서비스 담당자는 점장의 직무 가운데 매출관리, 직원의 주요시간 관리 등 객장서비스 쪽의 업무를 분담한다. 그리고 시간제직원의 지도를 맡으며 현장의 웨이터로서의 직무도 수행한다. 한가할 때에는 서비스 수준을 체크하고 객장 내외의 청소관리를 철저히 하며 점장과 상담하면서 업무를 진행한다.

조리 담당자는 식사재 주문 · 수령 · 저장을 담당한다. 식사재 구입이 가장 중요하고, 부하직원의 조리작업을 지도하며 바쁜 시간에는 주문을 빨리 제고할 수 있도록 지휘한다. 그리고 한가할 때에는 주방의 정리정돈과 청소, 그릇을 체크하며 구입물건의 원가관리 업무와 부하직원 교육훈련을 담당한다.

[그림 3-2] **중규모 외식업체 조직도**

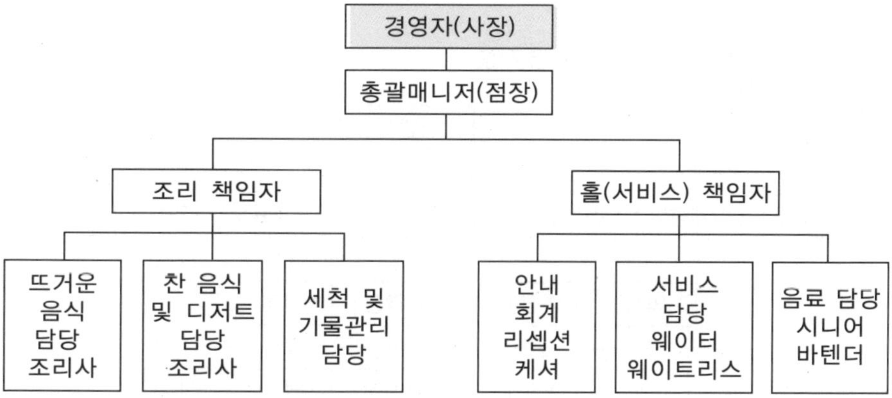

5) 대규모 외식업체

(1) 일반 체인 레스토랑

일반 체인점 레스토랑 형태의 조직은 단일 외식업체와 비교하여 거의 비슷한 구조를 가지고는 있으나 체인점의 장점이라고 할 수 있는 조직력과 합리적인 교육을 계속 받을 수 있다. 경쟁력에서 훨씬 앞선다. 물론 단일 외식업체에도 특화된 운영기술로 체인스토어보다 경쟁력을 갖춘 곳도 없는 것은 아니다. 그리고 이러한 체인 레스토랑 형태에서 직영점과 가맹점이 운영 방식에 약간의 차이는 있으나 조직체계는 다르지 않다.

본사의 조직은 단일 점포의 조직과는 달리 생산부서와 판매부서, 관리부서로 구분되지는 않는다. 본사의 조직은 본사의 직영점과 가맹점을 관리하는 기능을 하기 때문에 상당히 많은 부서가 있다. 새로운 점포를 계획하여 개발하는 개발부, 상품의 품질을 관리하는 품질관리부, 각 점포의 영업을 관리하는 영업부, 교육을 담당하는 교육부, 직원 채용에서부터 배치 및 관리까지 모든 인사 업무를 담당하는 인사부 등으로 구성되어 있다. 특히 각 지역(수도권, 충청권, 호남권 등)에 소재하는 영업장을 하나로 묶어 점포에서 일어나는 모든 일을 관리하고 감독하는 역할을 담당하는 지역장이라는 직책을 두고 있다.

[그림 3-3] 일반 체인 레스토랑 조직도

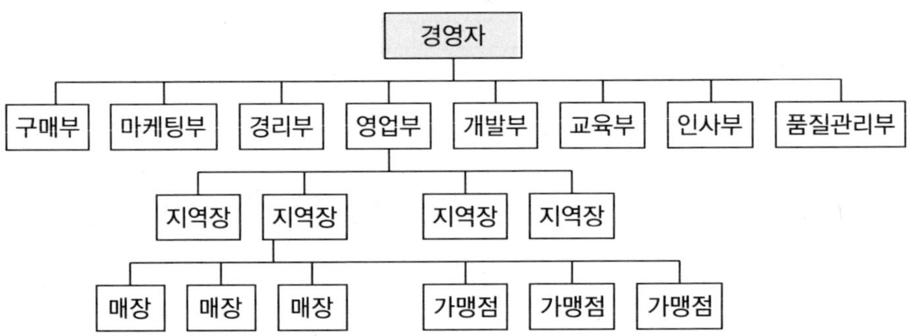

(2) 기업형 대형 체인 레스토랑

기업형 대형 체인 레스토랑은 다국적 기업형 체인 레스토랑 프랜차이저 본사를 말하는데, 본사의 조직은 자국 내 영업부와 국제부 부서로 크게 나누어지며 모두 지역별로 나누어서 관리 운영된다. 우선 자국 내 영업부분은 가맹점 사업과 직영점 사업으로 다시 나누어진다. 관리 형태의 경우 직영점일 경우는 직영점이라는 제도를 이용하여 관리하고, 가맹점일 경우에는 프랜차이저 감독관과 기술 및 운영지도 감독관이라는 제도를 이용하여 관리한다.

국제부문의 경우에는 규모에 따라 지역별(대륙별)로 나누어지며, 두 개의 지역을 한 개로 묶어서 각각 일정 지역에 영업권을 가진 프랜차이즈 본사를 관리한다.

[그림 3-4] 기업형 대형 체인 레스토랑 조직도

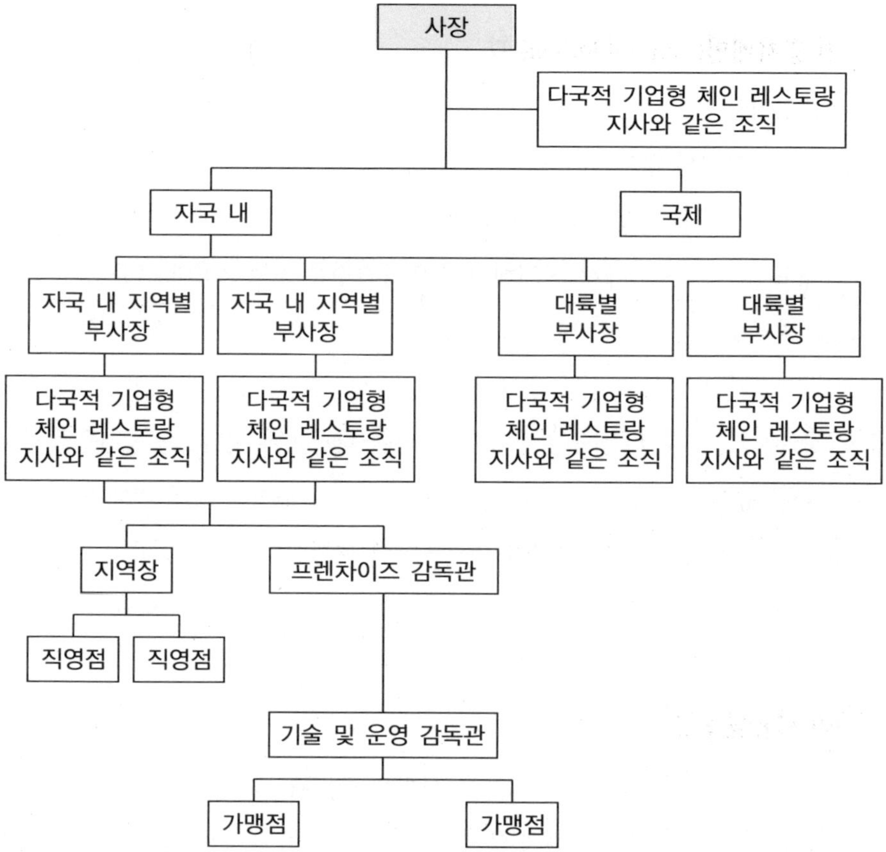

3. 호텔의 조직

호텔의 상품은 크게 객실부문과 식음료부문으로 구분할 수 있는데, 호텔 수익이 가장 크게 발생된다. 호텔이라는 거대한 조직은 [그림 3-5]와 같으며, 음식과 음료를 서비스하는 레스토랑, 바, 연회장 등을 총괄하는 부서인 전체 식음료 부서가 속한 조직을 세분하여 보면 [그림 3-6]과 같다.

1) 호텔 식음료부서의 조직과 업무

(1) 총지배인(General Manager)

호텔경영을 모두 담당하는 책임자를 총지배인이라 한다. 총지배인의 지위(Position)는 호텔의 많은 업무의 정점에서 중요한 역할을 하며 최고 경영자일 뿐만 아니라 많은 종사원 및 손님과 접촉하게 된다.

그리고 전략적 지위에서 총지배인의 의사결정은 호텔경영의 효율성과 고객 만족도를 결정짓는데 커다란 역할을 할 뿐만 아니라 총지배인은 전문경영자로서 종사원의 요구가 무엇이고 또한 호텔 소유자(주주포함)의 요구가 무엇인가를 궁극적으로 충족시켜 줄 수 있는 범위에서 그 사명을 다하여야 한다. 즉 종사원들의 사기(Morale)를 높여 능률을 제고로 생산 활동을 원만히 하여 이익의 최대를 호텔 소유자(주주 포함)에게 안겨 주는 것이 총지배인의 역할이며, 그 업무의 범위를 열거하여 보면 다음과 같다.

(2) 식음료부장

식음료부문의 최고책임자로 식음료 서비스 부서와 조리 부서를 총괄한다. 즉 영업계획 및 정책수립, 각 영업장의 운영 및 관리, 판매촉진, 소속원의 인사관리, 교육훈련, 직원채용 등 전반적인 부서의 운영관리를 책임진다.

(3) 식음료과장

식음료 서비스 부서를 총괄하고 식음료부장을 보좌한다. 즉 부서의 운영상태 및 문제점을 파악하고 이를 개선하며, 서비스직원의 근태 및 인사관리, 서비스교육, 비품관리, 위생관리, 메뉴관리 등을 책임진다.

(4) 지배인

해당 영업장의 영업 및 운영을 책임진다. 즉 영업준비 및 서비스 관리감독, 직원들의 교육훈련, 근무서 계획표 작성 및 근태관리, 고객불평처리, 영업장 문제점 파악 및 개선, VIP 고객의 서비스, 고객의 영접 및 안내, 고객관리, 비품 및 소모품관리, 매출관리 등을 책임진다.

(5) 캡틴

부하직원들의 교육훈련, 영업준비사항 점검 및 확인, 담당구역의 서비스 지휘 및 감독, VIP 고객의 서비스, 비품 및 소모품 관리, 영업장의 문제점을 파악하여 지배인에게 보고 하고, 직원들의 근태상태 및 위생상태 점검 등의 업무를 담당한다.

(6) 리셉셔니스트(Receptionist)

고객의 안내와 좌석배정, 예약의 접수 및 관리 등의 업무를 담당한다.

(7) 소믈리에

와인의 추천 및 주문, 준비 및 서비스, 와인의 수령과 재고파악, 와인셀러 관리 등의 업무를 담당한다.

(8) 헤드바텐더

1개 이상의 알코올음료 점포를 가지고 있는 레스토랑 영업에 있어 헤드바텐더는 구매, 조직구성, 교육 그리고 음료원가의 예측에 대한 책임이 있다. 바텐더, 칵테일 서버 그리고 캐셔는 헤드바텐더에게 보고한다.

(9) 시니어바텐더

① 바의 접객책임자로서 영업준비 상태와 종사원의 복장 및 용모를 점검한다.

② 음료의 적정재고를 파악하고 보급 및 관리를 한다.

③ 영업종료 후 재고조사를 실시하여 재고품목조사서(Inventory Sheet)를 작성 보고한다.

(10) 바텐더

① 시니어바텐더를 보좌하며 칵테일을 주조한다.

② 주문받은 음료 및 칵테일을 준비하며 바 카운터를 청소한다.

③ 바의 모든 기물 및 소모품 관리 등 정리정돈 및 청결을 유지한다.

[그림 3-5] H호텔 조직도

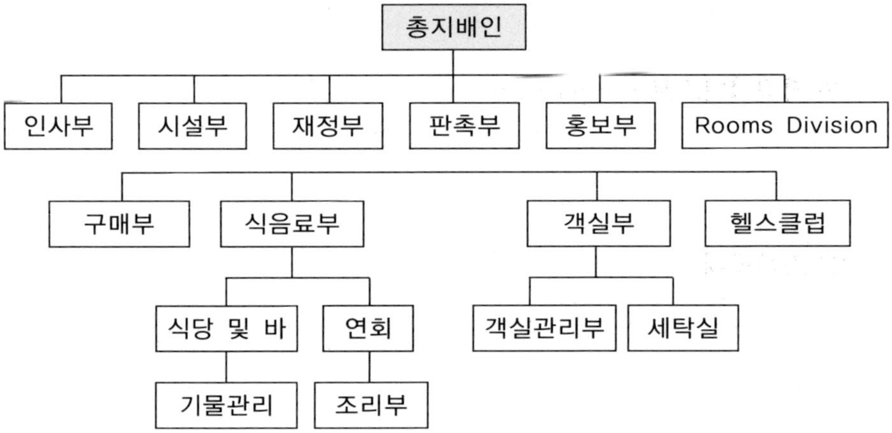

[그림 3-6] 호텔 식음료부서의 조직도

2) 외식업체 식음료 부서의 조직과 업무

(1) 매니저

외식업체의 레스토랑 매니저는 주방장과 협조하여 업무를 수행한다. 조직구성과 교육은 고객관계를 취급하는 것과 함께 이러한 포지션의 주요기능이다. 게다가 매니저는 영업의 수익성에 책임이 있다.

이것은 식음료 원가결정뿐만 아니라 가격결정과 메뉴프로그램의 개발을 포함한다. 주요 업무로는 업장의 운영 및 고객관리, 인사관리, 교육훈련과 부서장 간의 직간접적인 중계 역할을 한다.

❶ 업장관리　매출관리, 재고관리, 업장환경정돈, 원가관리, 특별행사기획

❷ 고객관리　고객대장관리, 고객불평처리 및 예방, 예약관리

❸ **인력관리** 근태관리, OJT, 인사고과, 교육훈련

❹ **재산관리** 집기, 비품관리

❺ **문서관리** 문서의 기록과 보관

(2) 부매니저

외식업체의 레스토랑에서 부매니저는 매니저가 맡고 있는 책임을 분담해서 맡고 있으며, 매니저를 보좌하며, 매니저 부재시 전체 업무에 책임을 지고 업무를 대행한다. 그리고 전방 직원들을 교육시킬 책임을 맡는다.

(3) 캡틴

서비스할 때 스테이션으로 알려진 다이닝룸의 공간 내에서 서비스와 고객관계에 대한 책임은 이러한 포지션의 주요 기능이다. 다이닝룸 캡틴은 테이블사이드의 음식조리에 관한 업무지식을 가지고 있어야 하고 다른 직원들을 교육시킬 수 있어야 한다. 이러한 포지션의 이점을 살리기 위해서 캡틴들은 와인리스트와 메뉴에 상당한 지식을 가질 필요가 있다.

❶접객책임자로서 영업준비 상태와 종사원의 복장 및 용모를 점검한다.

❷고객을 영접하고 식음료의 주문과 서비스를 담당한다.

❸레스토랑 내의 전반적인 사항을 숙지하여 고객에게 정보를 제공한다.

❹주문전표와 계산서를 관리한다.

(4) 웨이터와 웨이트리스

고객들에게 높은 품질의 전문 서비스를 제공하는 책임을 가지고 있는데, 레스토랑 영업의 스타일은 웨이트 직원이 제공해야 할 서비스의 유형에 따라 달라지게 된다. 웨이트리스는 가능하다면 웨이터 직원을 도와주어야 하고 테이블에 있는 음식을 치우고, 테이블을 재세팅하는 업무를 한다.

❶ 캡틴을 보좌하며 주문한 식음료를 직접 고객에게 제공한다.

❷ 책임구역의 영업준비와 청소를 담당한다.

❸ 캡틴과 웨이트직원을 보좌하며 서비스를 보조한다.

❹ 테이블 세팅과 청소를 담당한다.

❺ 식당에서 필요한 은기물류, 글라스 그리고 린넨류를 보급한다.

❻ 음식을 운반하며 사용이 끝난 접시를 세척장으로 옮긴다.

3) 조리 부서의 조직과 업무

(1) 조리 부서의 조직

조리 부서란 조리상품을 만들기 위한 각종 조리장비와 기구 그리고 식재료의 저장시설을 갖추어 놓고 조리사의 기능적 및 위생적인 작업수행으로 고객에게 판매할 음식을 생산하는 작업공간을 말한다.

작업공간 내에서 진행되는 업무의 효율적인 수행과 음식의 질적 · 양적인 완성을 위하여 필요한 시설 및 기자재, 조리인력을 바탕으로 고객이 만족할 수 있게 제공해야 한다. 아무리 체계적인 조리시스템을 갖추었다 하더라도 조리사의 자질과 수준 높은 기능이 전제되지 않으면 높은 생산성과를 기대할 수 없다.

그런 의미에서 조리 부서는 인력관리에 더욱 관심을 가져야 하며, 체계적인 조직과 역할분담, 전문성을 바탕으로 조리상품의 생산과 판매의 과정을 차질없이 진행할 수 있도록 해야 한다.

호텔 및 외식업체 주방의 조직 구성원들은 경영 목표 달성을 위해서 전문성을 가져야 하며, 조리사들의 특성과 능력업무 적합 여부에 따라 기능별 직무별로 세분화된 조직 체계를 구성해야 한다.

일반적으로 조리부서의 조직은 종적 조직과 횡적 조직이 복합적으로 작용하여 업무의 효율성을 높이고 있는데, 종적인 조직체계는 총주방장(Executive Chef), 단위주방장(Sous Chef), 일급조리사(1st Cook), 이급조리사(2nd Cook), 조리사(3rd Cook) 등으로 이루어져 있다.

횡적 조직은 기능별 단위주방 개수에 따라 정해지는데, 조리사의 직무는 기능별, 직급별 직무기술서 또는 직무명세서에 의하여 역할이 정해진다. 이를 기준으로 업무수행을 조정하게 되며, 조리 부서의 단위주방을 기능별로 살펴보면 핫키친(Hot Kitchen), 콜키친(Cold Kitchen), 부쳐숍(Butcher Shop), 베이커리(Bakery), 기물관리부서(Steward) 등으로 나누어진다.

이러한 조리부서는 기능별로 세분하여 직무분담을 명확히 하여 업무의 효율성과 직무의 전문성을 꾀하고 있지만 부처별 상호 협조가 없이는 조리업무가 원활하게 진행되지 못한다. 결국 생산성과 품질의 성과는 조리사 개인의 자질과 능력, 조직 직무의 전문성 상호협동성에 따라 달리 나타나며, 또 단위주방의 위치는 업무 동선상 지원주방과 영업주방과의 거리는 근접할수록 능률적이고 경제적이다.

국내의 단독경영호텔(Local Management Hotel)의 주방 조직은 호텔 및 외식업체에 따라서 약간의 차이는 있지만, 일반적으로 「조리이사 → 조리부장 → 주방장(조리과장) → 1st Cook → 2nd Cook → 3rd Cook – Cook Helper」 등의 순서로 조직되어 있다. 그러나 체인 호텔 주방의 조직은 대부분 앞에 나타난 바와 같이「Executive Chef → Executive Sous Chef → Sous Chef → Chef de Partie → 1st Cook → 2nd Cook → 3rd Cook → Cook Helper」로 구성되어 있다.

(2) 조리 부서의 업무

주방에서는 요리의 생산과 식자재 청구, 구매, 검수, 입고운반, 보관, 전후처리, 상품의 생산뿐만 아니라 인력관리, 메뉴개발, 기업의 홍보 및 판촉, 경영회의 참여와 주방운영에 관계되는 전반적인 업무에 폭넓게 참여하는 구성원으로 되어 있다. 이러한 주방의 인적구성은 호텔의 규모와 형태에 따라서 조직의 구성이 달라지기도 하며, 메뉴의 성격이나 주방 크기 또는 업장의 판매상품에 따라 다르고 그 역할 분담업무에 따라 약간의 차이가 있다.

조리 부서 단위주방의 기능별 업무 내용은 다음과 같다.

핫키친은 굽기, 튀기기, 삶기, 볶기 등 열을 이용하여 뜨거운 요리와 소스를 만드는 업무를 담당한다. 콜키친에서는 과일 전채 요리, 샐러드, 뷔페의 각종 차가운 음식, 드레싱 및 찬 소스 등을 만드는 업무를 담당한다. 부쳐숍에서는 육류, 가금류, 생선류, 소시지 등을 준비하여 각 영업 업장에서 판매하기 용이하도록 1차 가공하여 필요한 단위 주방에 공급하는 업무를 담당하고 있다. 각종 제과 및 제빵, 디저트는 베이커리에서 담당한다.

이상의 단위주방은 직접 요리를 담당하는 곳이며, 이외 조리에 사용되는 모든 기기 및 기물들을 구매, 보관, 관리, 세척하는 기물관리 부서가 있다.

(3) 조리 부서의 직책과 업무 내용

❶ 총주방장(Executive Chef)

총주방장은 조리부의 가장 높은 직책으로 조리부를 대표하며, 주방을 관리, 직원의 인사관리, 메뉴의 개발, 식자재의 구매에 이르기까지 각 주방장들과 협의하여 조리부의 원활한 운영을 위한 전반적인 업무를 수행하며 이에 대한 책임을 진다. 또한 의사전달(Communication)자로서 여러 형태의 경영진 회의에 참석하여 중요한 회의 내용을 전달하고 식재료를 주문하고 검수할 뿐만 아니라 이를 결재한다.

❷ 부총주방장(Executive Sous Chef)

총주방장의 부재시에 주방에 대한 책임을 맡으며, 총주방장을 보좌하며 조리사의 교육훈련을 계획하며, 주방 내의 기본관리와 연회업무준비를 지휘하며 감독한다. 각 주방장들의 근태관리 및 고과평가를 하고, 조리사들의 개인위생을 감시한다. 조리사를 적소에 배치하고 이를 조정하며 실무 차원의 업무를 효과적으로 수행하도록 한다.

❸ 주방장(Sous Chef)

단위주방의 책임자로서 훌륭한 음식이 고객에게 제공되도록 모든 조리업무를 지휘 감독한다. 조리사의 근태관리 및 교육을 통하여 식재료의 손실을 줄이도록 하고 부하직원을 교육하고 감독하여 표준 조리법의 정확한 습득으로 양질의 음식을 조리하도록 독려한다. 각 주방 부서 간의 유대관계 및 식음료 서비스 부서의 책임자와 대화를 통하여 효과적인 대 고객 서비스가 잘 이루어지도록 한다.

❹ 부주방장(Chef de Partie)

단위 주방장의 지시에 따라 실무적 업무를 수행하며, 단위 영업장이 부재시 그 역할을 대신한다. 직원관리, 원가관리, 위생안전관리 및 조리기술지도와 같은 주방업무에 책임을 진다. 기물관리 부서의 담당자와 협의하여 조리에 필요한 기구 · 기물을 조달하고, 음식준비 과정과 완성된 음식을 최종적으로 점검하여 고객에게 제공해도 되는지 여부를 확인한다.

❺ 1급 조리사(1st Cook)

Commis de Cuisine라 부르며 주방장에게 전달된 메뉴의 준비, 조리과정과 조리업무를 수행하며 냉장고 정리와 청결, 주방 내의 위생에 대한 업무를 수행한다.

❻ 2급 조리사(2nd Cook)

1급 조리사의 직무를 보좌하며, 제반 식재료 및 음식의 반출과 반입을 확인하거나 이에 따른 조리 업무를 담당하며 1급 조리사 부재시에는 업무를 대행한다. 육류 · 생선 · 야채 등을 일차적으로 손질하여 조리할 수 있도록 부문별로 준비한다. 상급자의 지시를 받아 조리실무를 보좌한다. 표준 조리법과 조리기술을 익힌다.

❼ 3급 조리사(3nd Cook)

2급 조리사의 직무를 보좌하며 그의 부재 시 직무를 대행한다. 상급자의 지시를 받아 식재료를 손질하여 조리가 가능하도록 준비하거나 직접 조리를 한다. 주방의 청결을 유지하고 기구와 장비의 청결과 사용하기에 양호한 상태를 유지한다. 표준조리법과 조리 기술을 습득한다.

⑧ 조리사 보조(Cook Helper)

조리사를 보좌하여 식재료 운반, 야채 다듬기, 조리기구를 세척한다. 견습사원으로 주방업무에 관한 기본적인 사항을 신속히 습득하려는 노력이 필요하며, 야채와 같은 식재료의 기초적인 취급을 정확히 배워야 한다. 특히 칼의 사용법 및 보관 그리고 방화, 안전 및 위생에 대한 교육을 철저히 받아야 한다.

⑨ 스튜어드장(Chef Steward)

치프 스튜어드(Chef Steward)라 부르며 각종 주방용기 및 식기류의 구매의뢰 및 관리와 부하직원의 교육을 담당한다.

⑩ 보조 스튜어드장(Assistant Chief Steward)

어시스턴트 치프스튜어드(Assistant Chief Steward)라 부르며, 스튜어드장의 부재 시 그 역할을 대행하며, 각종 연회행사 시 기물공급 및 설치를 담당한다.

⑪ 스튜어드(Steward)

일선 영업장의 쓰레기 수거 및 각종 식기류, 조리기물의 세척을 담당한다.

[그림 3-7] 호텔 조리 부서의 조직도

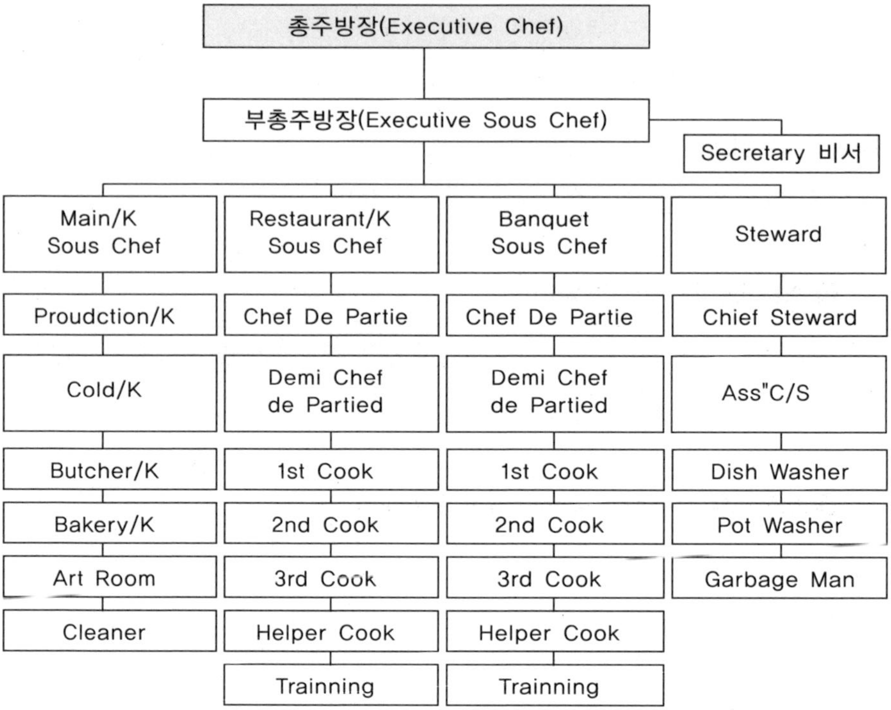

(4) 주방의 구분

모든 주방은 구체적으로 음식을 만드는 생산적 기능이 있다. 조리 부서의 주방은 지원주방(Main Kitchen)과 영업주방(Bussiness Kitchen)으로 구분할 수 있다. 지원주방은 고객과 면대면 요리는 하지 않으나, 영업주방이 필요로 하는 기본적 요리과정을 지원하는 주방이다. 지원주방에는 Production(더운 요리 주방), Butcher Shop(육류 가공 주방), Garde Manger(찬 요리 생산 주방), Ice Carving Room(얼음 조각실) 등이 있다.

영업주방은 지원주방의 도움을 받아 각각의 특색에 맞추어 고객이 주문한 식사를 만들어 제공하는 주방으로 매출, 수익의 발생지라고도 볼 수 있다. 영업주방에는 양식주방, 한식주방, 일식주방, 중식주방, 커피숍주방, 연회주방, 뷔페주방 등이 있다.

[표 3-2] 주방의 구분

구 분	지원주방(Main Kitchen)	영업주방(Bussiness Kitchen)
특성	고객과 면대면 요리는 하지 않으나 영업주방이 필요로 하는 기본적 요리과정을 지원하는 주방	지원주방의 도움을 받아 각각의 특색에 맞추어 고객의 주문 식사를 완성 제공하는 주방으로 매출, 수익의 발생지라고도 볼 수 있다.
종류	- Production(더운 요리 주방) - Butcher Shop(육류 가공 주방) - Garde Manger(찬 요리 생산 주방) - Pastry & Bakery(제과 · 제빵주방) - Ice Carving Room(얼음 조각실)	양식주방, 한식주방, 일식주방, 중식주방, 커피숍 주방, 연회주방, 뷔페주방, 룸서비스 주방

❶ 지원주방(Main Kitchen)

가. 더운 요리 주방(Hot Kitchen)

대규모 주방의 핵심주방으로 메인주방(Main Kitchen)이라고 부르기도 한다. 더운 요리 주방(Hot Kitchen)은 조리하여 만든 음식을 고객에게 판매(Serve)하는데 뜨거운 상태로 제공되는 음식을 만드는 주방이다. 각 업장 주방에서 고객에게 판매할 음식을 준비하여 시간에 맞추어 공급하는 기능을 맡고 있다.

식자재 창고, Burcher 주방 등으로부터 공급받은 육류 및 어패류, 가금류 등의 기초 식재료를 Roasting, Poachung, Braising, Boiling, Blanching, Steaming, Frying, Sauteing, Baking, Broiling, Grilling 등의 방법으로 조리를 하고, Stock, Soup, Sauce, Vegetable 등을 영업주방의 영업시간에 맞추어 준비하여 공급한다.

또한 식자재의 원활한 공급 조절 기능으로 구매해야 할 식자재가 계절성 상품인 경우에는 계절에 따라 가격변동이 심하기 때문에 저장이 가능한 계절성 상품은 성수기에 가격이 저렴할 때에 대량으로 구매하여 전처리하여 가공하거나 1차 조리하여 저장을 한다.

식자재의 시장가격이 급격히 상승하거나 갑작스런 소비증가에 대비해야 한다. 이를 위해서 다음 성수기까지 사용할 소비량을 예측하여 저장해 놓아야 한다. 그리고 식자재 창고에 장기간 제고로 있는 식재료를 이용하여 메뉴를 구성하거나 음식을 개발하여 식자재의 품질이 저하되거나 부패하는 것을 방지해야 한다.

나. 찬 요리 주방(Cold Kitchen ; Garde-Manger)

고객에게 판매(Serve)하는 순간에 차갑게 제공하는 음식을 만들어 영업주방에 제공한다. 냉 전채요리(Cold Appetizer), 냉 소스(Cold Sauce), 냉 수프(Cold Soup), 각종 샐러드(Salad), 샌드위치(Sandwich), 안티파스토(Antipasto), 테린(Terrine), 빠떼(Pate), 갈랑틴(Galantine) 등을 만들어 각각의 영업주방에 이를 공급한다.

더운 요리가 맛을 중요시하는 음식이라면, 냉 요리는 음식의 색상조화와 모양새를 중시하는 요리라고 할 수 있다. 따라서 연회장에 제공되는 냉 요리는 과일, 야채, 가공 어 · 육류 등의 식재료를 이용하여 다채로운 볼거리 음식을 아름답게 만들기도 한다. 그리고 야채와 과일의 적정량을 매일 주문하여 영업주방에 배분한다.

다. 육류 가공 주방(Butcher Shop ; Butcher Kitchen)

전 주방에서 필요한 모든 육류 및 어패류, 가금류 등을 주문하여, 1차로 전처리를 한 후에 조리 및 가공을 한 다음 각각의 단위주방에 공급한다. 즉, 각 단위주방에서 필요한 양을 부처주방에 주문 신청하면 주문서에 따라 시간에 맞추어 준비하고 이를 각 단위주방에 공급한다. 각종 육류 및 어패류를 이용하여 햄(Ham), 소시지(Sausage), 훈제 연어(Smoked Salmon)와 같은 가공품을 만들어 공급한다.

라. 제과 · 제빵 주방(Pastry & Bakery)

레스토랑 및 연회행사에서 필요로 하는 다양한 빵과 케이크, 초콜릿, 쿠키, 파이 등을 만들어 공급한다. 특히 고급 레스토랑에서 제공하고 있는 디저트를 만들며 제과 · 제빵 주방에서 모든 재료를 제공하며 베이커리숍에서 판매하는 대부분의 제품을 만들어 제공한다.

❷ 영업주방

가. 고급 레스토랑 주방

한식당을 비롯하여 이탈리아 식당, 프랑스 식당, 중식당, 일식당 등 고급 레스토랑 주방은 특정 국가나 문화권의 향토색 짙은 음식을 만들어 제공하고, 특정 국가의 음식과 식문화를 외국인 고객은 물론 내국인 고객에게도 다양한 음식과 서비스를 이용할 기회를 제공하고 있다.

나. 커피 주방

세계 여러 나라의 특색 있는 음식을 제공하는 식당의 주방으로 비즈니스 고객을 위하여 간편한 요리를 제공하며, 지원주방의 협조와 도움으로 아침, 점심, 저녁 뷔페를 하기도 한다. 또한 식음료 판매촉진 활동의 일환으로 주기적인 프로모션으로 특색 있는 음식을 제공하는데 지원주방의 도움이 반드시 필요하다.

다. 연회 주방

주방시스템에 따라서 독립된 단위주방으로 조직되어 있는 호텔이 있는가 하면, 지원주방에서 그 업무를 분담해 독립된 연회주방이 없는 호텔도 있다. 전자의 경우는 업무의 원활한 관리는 효과적이라 하겠으나 생산성과 효율적인 측면에서는 후자의 경우가 효율적인 시스템이라고 본다.

대부분의 연회행사는 지원주방의 협조와 도움을 받아 수행하고 있으나 때로는 전문식당 주방의 지원을 받는 경우도 있다. 독립된 연회주방이 있다고 하더라도 대개 더운 음식만 만들어 서브하며, 냉 요리와 디저트 및 빵류는 지원주방에서 만들어서 배급하기 때문에 서브만 하면 되도록 시스템화되어 있다.

라. 룸서비스 주방(Room Service Kitchen)

객실에 투숙한 고객을 대상으로 서비스하는 주방으로, 대부분의 메뉴가 커피 숍과 같다. 객실의 투숙객이 주문한 음식을 만들어 제공하는 업무를 담당하고 있으며, 지원주방의 도움을 받아 음식을 만들어 제공한다. 호텔 경영시스템과 설계에 따라서 독립된 룸서비스 주방이 있는 경우도 있으나, 최근에는 효율적인 영업 운영을 위해서 카페 주방과 통합 운영을 하는 호텔이 증가하고 있다.

(5) 주방과 식당과의 관계성

- Total Service(총체적인 서비스 제공)
- Communication(의사전달이 명확)
- Oneness(공동체 의식)

4. 스케줄 운영

기본적으로 조직을 운영할 때 사용하고 있는 스케줄 형태에는, 블록 스케줄(Block Schedule)과 스태거드 스케줄(Staggered Schedule)이 있다. 블록 스케줄(Block Schedule)은 근무조에 편성된 모든 인원이 동시에 일을 시작하고 동시에 끝나는 근무 형대를 말한다. 스태거드(Staggered)란 "서로 엇갈리게 하다"라는 뜻으로 스태거드 스케줄은 작업유형에 바탕을 둔 조직운영으로 근무하고 있는 종사원 간에 업무의 효율성을 높이기 위해서 서로 중복되어 있는 근무 형태의 스케줄을 말한다.

이처럼 스태거드 스케줄을 이용하면 6명보다 오히려 5명 종사원들로 작업스테이션을 운용하는 것이 가능하다. 이용하면 의해 외식사업 대부분의 업체들이 하루 업무 활동량이 일관되지 않기 때문에 상당한 노동시간과 원가를 절약할 수 있다.

비효율적이라고 생각하겠지만 블록 스케줄도 이점을 가지고 있다. 모든 사람들이 출근하여 근무 시간을 잘 지키고 있는지를 체크하는 것이 용이하고, 모든 사람들에게 정보를 정확하고 빠르게 제공할 수 있어서 좋다. 특히 종사원들은 업무를 함께 시작하여 함께 끝낼 수가 있어서 가장 선호하고 있는 근무 운영 형태이기도 하다.

- 스태거드 스케줄(Staggered Schedule)
  - 업무 유형에 바탕을 둔 근무 형태로 서로 중복되어 있는 근무 형태
- 블록 스케줄(Block Schedule)
  - 근무조에 편성된 모든 인원이 동시에 일을 시작하고 동시에 끝나는 근무 형태

[표 3-3] 근무 스케줄

WORKING SCHEDULE

DEPT: ______________ SECTION: ______________ PERIOD: ______________

CLOCK NO.	NAME	MON	THU	WED	THU	FRI	SAT	SUN	TOTAL HRS.	MON	THU	WED	THU	FRI	SAT	SUN	TOTAL HRS.
TOTAL STAFF																	
MGR / SUPERVISOR : ______________									DEPT. HEAD : ______________								

WORK SHIFT : A(08:00~17:00) B(13:00~22:00) C(12:00~21:00)
D(~) E(~) F(~)

DAY-OFF : W/O(주휴) : Weekly Day Off
N/H(공휴) : National Holiday
S/O(대휴) : Substitute Day Off
M/L(월차) : Month Leave
A/L(연차) : Annual Leave
D/P(파견) : Dispatch
C/F(경조) : Congratulatory & Funeral Leave
M/A(출산) : Maternity Leave
S/L(병가) : Sick Leave
R/T(향군) : Reserve Fortes Training
O/T(출장) : Official Travel
E/D(교육) : Education

5. 호텔과 외식업체 식음료 부서의 차이

호텔식음료 부서와 외식업체는 높은 인적 의존도, 생산판매소비의 동시성, 시간적 제약과 수요예측의 불확실성 그리고 재고가 없다는 점이 같다. 그러나 다음과 같은 점에서 호텔식음료 영업이 일반 외식업체와 다르다.

1) 판매대상 고객이 다르다

호텔식음료 영업은 식음료구매를 목적으로 하는 고객을 대상으로 음식을 판매하는 일반 외식업체와 달리 숙박하는 고객을 타깃으로 음식을 제공한다.

2) 입지조건이 다르다

외식은 입지조건이 관건인 반면에 호텔의 입지조건은 레스토랑 고객을 타깃으로 하지 않고 투숙객을 타깃으로 하였기 때문에 타 외식업체에 비해 유동인구가 상대적으로 적거나 접근이 용의하지 않다. 그리고 호텔 레스토랑은 부대시설로 간주되고 있다. 호텔이 도심에 위치하여 접근이 용이하여도 호텔 외부에 경쟁력 있는 외식업체가 많기 때문에 소비자들은 똑같은 음식을 좀 더 저렴한 가격에 구매하려는 욕구 때문에 호텔을 찾지 않는다.

3) 외식업체에 비해 판촉 및 홍보가 적다

호텔의 식음료영업이 큰 비중을 차지하는데도 일반 외식업체만큼 판촉 또는 홍보가 부족하여 투숙객이 아닌 일반방문자들의 이용이 적다. 또한 레스토랑의 이용빈도수를 높이기 위해서 하는 홍보보다는 호텔이미지 재고 차원에서 하는 경우가 대부분이다.

4) 부가가치세로 인한 높은 가격

호텔 레스토랑의 서비스와 식사는 질에 비해 가격이 높다. 외식업체들은 저렴한 가격에 높은 질의 서비스를 제공하려는 반면 호텔은 질만큼 가격도 높아 경쟁력이 떨어진다.

6. 호텔식음료 영업의 문제점

1) 조직구성

호텔식음료 영업의 조직구성은 외식업체에 비해서 간단하다. 호텔 레스토랑의 조직도와 외식업체의 조직도에는 큰 차이가 없으나 호텔 레스토랑 조직의 특성상 시중의 일반 외식업체에 비해 의사결정이 상당히 복잡하다. 또 외식경영전문가의 판단이 아닌 객실판매를 위한 부대시설로 인식하고 있어서 호텔 레스토랑의 퇴출은 불가해 보인다. 기존 호텔의 관료적인 경영마인드, 의사결정과정상의 불필요한 입김이 현명한 의사결정을 하는 데에 걸림돌이 되고 있다. 의사결정과정에서도 여러 단계를 거쳐야 하기 때문에 소비자들의 기호에 발맞춰 변화하기에는 일반 외식업체에 비해 느릴 수 밖에 없다.

2) 근무시간의 경쟁력

(1) Full-time Job과 Part-time Job

외식업체와 레스토랑 운영의 차이는 Full-time Job과 Part-time Job에서 차이가 난다. 그 이유는 일반 외식업체는 노동력을 효율적으로 이용하기 위해 Peak-time에는 파트타이머를 이용해 몰려드는 수요에 대응한다. 자동화의 어려움으로 인력 의존도가 높기 때문에 파트타이머를 적극적으로 이용한다. 손님이 많이 몰리는 시간과 한가한 시간을 파악하여 적절히 인력을 배치하여 직원들에게 스케줄을 나누어주는 형식으로 이루어진다. 호텔은 파트타이머보다 풀타이머가 많기 때문에 인력이 불필요한 시간에 노동력을 낭비하거나 필요한 시간에 인력이 부족하게 되는 부작용이 있다.

(2) 반면에 Part-timer가 있는 호텔은 어떠한가

직원교육이 체계적인 외식업체는 Part-timer에게도 철저한 교육을 시켜 서비스 보장이 되는 반면에 외식업체와 같이 Part-timer를 이용하는 호텔은 수요가 공급을 능가할 때 급하게 교육되지 않은 직원들을 쓰기 때문에 서비스의 질이 보장되지 않는 단점이 있다. 그러므로 호텔레스토랑도 체계적인 직원 교육시스템 또는 매뉴얼을 구축해야 한다.

3) 임금의 효율성

외식업체는 근무기간 또는 실적에 따른 승진과 추가 노동에 대한 추가 수당(예: 야근 수당) 인센티브 제도와 포상 제도가 있다. 호텔 레스토랑은 정규직 외에는 비정규직 즉 계약직에게는 야근수당이나 실적과 노력에 따른 인센티브 제도가 없다. 외국의 외식업체의 경우는 팁(Tip)을 주기 때문에 레스토랑 직원들의 사기를 높여준다. 이러한 점에서 호텔의 임금제도는 일반적인 회사와 다른 특색을 지니고 있다.

봉사료를 통해 고객의 부담을 덜어준다는 취지가 타 산업에 비해 터무니 없이 낮은 기본급으로 시작한 호텔의 임금제도는 종사자들의 사기를 저하시키고 있다. 한국은 외국과 달리 팁(Tip)을 받지 않기 때문에 종사자들은 비교적 적은 임금을 받으며 일을 한다. 호텔은 될 수 있으면 적은 임금을 지급하면서 최대의 효과를 창출하려는 태도가 개선되어야 한다고 생각한다. 임금에서 비용을 절감하기보다는 다른 곳에서 절감하는 것이 대안이 아닐까 싶다.

4) 종사원의 서비스 마인드

종사원의 서비스 마인드는 음식을 매개체로 고객과 직접 상대하는 외식업에서는 있어 가장 중요하다. 호텔에서 고객과 종업원이 만나는 순간은 진실의 순간(Moment of Truth)이기에 고객을 상대하는 종사원의 서비스 마인드가 중요하게 대두된다.

호텔의 현실은 많은 종사원이 비정규직이기 때문에 자신의 직장에 대한 애사심이 외식업체에 비해 부족하다. 호텔 서비스의 특징은 정석과 같이 타 호텔과 차별화 되지 않는 형식적인 서비스를 선보인다. 무엇보다도 겉으로 나오는 서비스 마인드보다는 종사자의 깊은 마음 속에서 나오는 봉사정신을 이끌어내야 할 것이다.

7. 인적자원 관리

외식기업을 경영하기 위해서는 타 기업과 마찬가지로 인적 자원, 물적 자원, 재정적 자원, 정보자원의 네 가지 요소가 있어야 한다. 그 중에서도 인적 자원의 요소인 사람은 대부분이 일정한 직업을 가지고 그 직무를 수행함으로써 삶의 보람을 찾고 그 대가로 생활을 영위한다.

모든 외식기업의 조직 구성원들은 최고경영자로부터 하부종업원에 이르기까지 그 기업에 의존하게 되고, 반대로 기업은 종업원에 의존하여 상호 발전한다. 아무리 훌륭한 시설과 설비를 갖추었어도 경영의 성과는 직접 이것들을 움직이고 활용하는 사람에 의해 크게 좌우되는 것을 생각할 때 인사관리, 즉 '사람의 관리'가 가장 기본적인 경영기능임을 알 수 있다.

인사관리는 경영목적을 달성하기 위하여 기업활동의 원동력이 되는 사람의 능력을 외식업체의 장기적인 전망에 따라서 확보하고, 종사원 개개인의 인격을 존중하며 능력을 육성 · 발전시켜 조직구성원으로서 양호한 인간관계를 유지하도록 환경 또는 장을 만들어 종원업 스스로가 최대의 만족을 얻게 하여 결과적으로 기업에 최대의 공헌을 할 수 있도록 하는 시스템이라고 할 수 있다.

1) 외식기업 종사원의 채용

외식업체에서 종사원은 분위기를 강조하고 외식의 즐거움을 나누어 줄 수 있는 서비스를 하기 때문에 업체 측면에서는 매우 중요한 무형적인 자산이다. 따라서 외식업체의 경영자는 채용 기준을 가지고 직원을 채용해야 한다.

일반적으로 외식업체에서 근무할 직원을 선발할 때에는 다음과 같은 사항을 고려하여야 한다.

❶ 건강상태
❷ 외식업체 근무경력
❸ 관련 분야 자격증
❹ 인품, 성실성, 근무의욕
❺ 관련분야 포상 및 연수 내용

외식기업 종사원의 채용은 인사관리의 기점이며, 조직목표의 효율적인 달성을 위하여 자질을 갖춘 사람을 조직에 흡수하는 과정, 즉 채용자 중에서 조직이 필요로 하는 직무에 가장 적합한 자질을 갖추었다고 생각하는 인력의 고용을 결정하는 과정이다.

채용에 대한 범위는 첫째, 그 직무에 필요한 종업원의 수와 부서별 직무에 부족한 종업원 수의 정확한 파악 둘째, 요구하는 직무의 명확한 능력의 명시, 셋째, 필요한 수준의 응모자 모집과 일정한 기준에 따른 선발 등이다.

2) 채용계획

(1) 채용계획의 의의

채용계획은 직무와 종사원을 연결한 계획으로 특정 직무에 요구되는 적합한 인원수를 명확히 하기 위한 것이다.

채용계획은 다음과 같은 조건을 감안해 작성한다.

❶ 경영방침이나 경영계획에 따라 채용계획이 작성된다. 예를 들면 직무에 근거한 인원의 적재적소배치 여부, 매상계획, 설비계획, 그 사업이 현재 혹은 현상유지를 위한 영업활동을 전개하고 있는지의 여부에 따라 가감될 수 있다.

❷ 영업관리상 채산성(採算性)에 의하여 채용계획이 결정된다. 영업비율 특히 인건비비율을 무시하고는 채용계획을 작성할 수 없다.

❸ 시설규모와 작업량 및 작업내용의 질에 따라서 채용계획이 결정된다. 즉 규모와 작업의 양과 질에 대한 인적 소요량에 관한 기준이 없으면 안 된다.

(2) 종사원 채용

외식기업에서의 채용방법을 분류해 보면, 그랜드 오픈 시 공개채용과 오픈 후에 필요한 부분만 채용하는 특별채용으로 분류할 수 있다. 외식산업의 직무량과 종사원의 수요인원은 영업장별 판매량에 따라서 결정하는데, 외식산업 인력수급의 기본이 되는 판매계획은 계절적 요인이나 불규칙적인 변동요인의 영향을 받기 때문에 장·단기 종사원계획의 수립은 쉬운 일이 아니다. 외식산업의 생산량은 고객의 주문에 의해 결정되므로 전반계획을 수립하고 종사원의 수급계획을 확정하기 위해서는 고객의 변동추세를 파악한다. 이를 위하여 주별·월별·연간 변동요인의 분석기술을 개발하여 타당성을 검정한 후에 이를 기초로 하여 장·단기 모집을 예측하는 종사원계획을 수립해야 한다.

(3) 채용계획의 조건

대부분 외식업체에서는 단순한 선발과정을 거쳐서 종사원을 채용하기 때문에 직무에 부적합한 사람을 채용하여 높은 이직률과 경비를 지출하는 결과를 초래한다.

외식업체의 노동력 채용계획은 일시점뿐만 아니라 불황·호황경기의 성장발전을 감안하고, 새로운 사업의 확장이나 감축인원 운영에 따라서 적절히 계획을 수립한다. 특히 종사원의 채용 시 가장 중요한 것은 그 사람의 재능에 적합한 일을 맡기는 적재적소의 원칙이다. 그러므로 채용 전에는 반드시 종사원의 직무에 대한 적성과 기초학력을 신중히 고려하고, 노동력의 내용을 충분히 검토하여 채용기준을 설정해야 한다.

채용계획 수립 시 갖추어야 할 조건은 다음과 같다.

❶ 장기적인 인력수급을 위한 분석을 통해서 실질적으로 필요한 노동력을 산출하여 계획한다.
❷ 필요인원을 채용하지 않고 외주에 의한 협력을 받을 것인지를 결정한다.
❸ 경력자와 미경력자로 구분하여 정기채용과 부정기채용계획을 수립한다.
❹ 신규채용과 중도채용에 대한 계획수립과 지출된 인건비에 대한 계획이 필요하다.

모집인원 산정공식은 다음과 같다.

모집인원수 = 소용인원수-(현재인원-퇴직예상인원) 모집결정요인(정책적) = 모집인원+(모집인원×퇴직률)

충분한 자질을 갖춘 우수한 종사원을 갖추기 위해서는 높은 임금률, 복리후생시설, 근로계약조건, 노사관계의 제도 등을 유인요소를 갖추어야 한다.

(4) 종사원 채용의 종류

외식산업은 종사원이 상품제공 시 중요한 역할을 하게 되며, 종사원의 행동 그 자체가 곧 상품으로 간주되기에 타 산업에 비해 외식산업은 종사원의 자질이 더욱 중요한 인재사업이라고 할 수 있다. 일반적으로 외식업체들이 인력수급에 어려움을 겪고 있는 현실에서 채용을 쉽게 하는 경우가 있다.

이러한 외식업체에서의 종사원 채용의 어려움은 손쉬운 채용으로 이어져 외식업의 서비스 질을 떨어뜨리는 요인이 되고 있다. 그러한 점을 감안할 때 직원 채용방법은 매우 중요하며, 정확한 방법으로 진행되어야 한다.

❶ 정규직원의 채용방법

정규직 직원의 채용 결정은 정해진 기준에 근거하여 결정되는 것은 아니나 일반적으로 직원의 결원 상태, 경영 계획에 대한 변수 요인, 업무량을 기준으로 하여 정규직 사원 수를 고려하여 신중하게 결정하여 채용한다.

특히 주별 휴무, 국경일, 대체휴일, 월차, 연차, 병가, 경조사, 군훈련, 교육, 휴직 그리고 부가휴일을 고려하여 결정한다. 이러한 요인까지 감안할 경우에 정규직 사원의 수는 어느 정도가 적당한가는 상당히 어려운 과제이다.

직원을 채용할 때는 반드시 3회 이상 면접을 통해서 최고경영자가 결정해 이직률을 줄이고, 비용과 시간을 절약한다. 우수한 직원을 채용하기 위해서는 채용 시에 직무의 명확한 규정, 직무와 적성 및 기술의 적합성, 공정하고 평등한 고용실무와 고용조건 등을 제시해야 한다. 또한 회사의 경영이념과 영업방침 및 기업의 미래 비전을 제시하여 회사에 대한 적응과 직업선택을 도와주어야 한다. 지원자의 외식업에 대한 직업관 및 외식업에 대한 현실파악 정도를 파악한 후에 의욕을 가지고 일할 수 있는 인재를 선발하는 것이 중요하다.

❷ 비정규직원의 채용방법

외식업체의 경영은 정규직원만으로 운영하기에는 인건비와 인력수급이 어려워 인력 관리를 탄력적으로 운영하고 있다.

외식업체들은 파트타임과 풀타임, 아르바이트 직원에게 의존하는 비율이 높다. 패밀리 레스토랑의 경우에는 비정규직 종사원의 의존도는 정규직원이 10%의 업무를 하고 있다면, 비정규직 직원이 업무의 90%를 점유하고 있는 실정이다.

외식업체의 현장 수준은 양질의 비정규직 직원에 의하여 좌우된다고 할 수 있다. 비정규직 직원을 채용한다고 대충하면 안 되고, 정규직 직원을 선발하는 것과 마찬

가지로 선발해야 한다. 비정규직 지원자의 경우에는 대부분이 학생들이기 때문에 다양한 교육 프로그램을 통하여 서비스 수준을 강화시켜서 고객 서비스에 만전을 다해야 한다.

비정규직 종사원들은 정규직원의 업무를 대신해서 근무하는데, 의료보험과 퇴직금, 기타 연금과 같은 혜택을 받지 못하고 있으며, 향후 신분에 대한 불안정 등 조직 운영과 관련된 여러 문제들이 발생할 수 있다.

비정규직원의 직원 채용 시에 지원자들에게 명시해 주는 조건은 다음과 같다.

❶ 시간당 급여 및 그 지급방법
❷ 업무내용
❸ 근무시간 및 휴식시간
❹ 식사시간과 식사대 부담
❺ 교통비 지급
❻ 휴무
❼ 유니폼 세탁

3) 채용절차

채용기준의 합리적인 설정은 직무명세표를 자료로 설정하며, 요구하는 노동력의 질에 대한 자격조건은 직무명세서에 기술되어 있으므로 외식업체에서 필요로 하는 자격요건을 갖춘 종사원을 채용하는 데 도움이 된다.

채용절차는 인사관리 부서가 주관이 되어 모집공고와 선발시험 및 면접 등의 절차를 입안하지만, 면접 시에는 직무의 전문성이나 기술적인 면에서 주무 부서 책임자의 의견을 절대적으로 고려해야 한다.

(1) 모집방법

❶ 공개모집

공개모집은 신문 · 라디오 · TV와 같은 매체를 이용하여 일정 자격요건을 제시하면 누구나 지원이 가능하도록 한다. 이 방법은 우수인력을 확보할 수 있으나 관리 비용면에서 과다지출이 발생한다.

❷ 비공개모집

자사와의 유관기관 및 개인에게 추천받아 채용하는 방식이며, 비용절감과 신원보장이 확실한 자를 채용할 수 있으나 파벌조성의 우려가 있다.

(2) 선발절차

❶ 서류전형

서류전형은 채용할 사람을 전형하는 첫단계로 상세한 인적 사항을 알기 위하여 입사지원서에 인적 사항을 자세히 적어 넣고, 이력서와 졸업증명서 및 자격증 사본 등을 통하여 지원자의 생활태도와 성격 및 능력에 대한 예비지식을 얻을 수 있다.

❷ 선발시험

선발시험은 시험형식으로 치러지며, 시험은 일반적으로 전공과목 · 상식 · 외국어 · 논문 등의 과목을 치르고, 시험에서 갖추어야 할 조건으로는 타당성 · 판별력 · 신뢰도 · 객관성 등을 주로 보게 된다.

(3) 선발시험의 종류

❶ 필기시험

응시자의 전문지식이나 상식과 외국어, 기타 외식업체나 기업에서 요구하는 지식을 갖추었는지를 평가하는 단계로 주관식 또는 객관식으로 치른다.

❷ 실기시험

외식업체에서 필요로 하는 실제의 기능을 가졌는지 여부를 확인한다. 주로 부서의 장이 직접 평가하는 기회를 주는 것이 바람직하다.

❸ 구술시험

본인의 소질 · 태도 · 사교성 · 인간성 등을 구체적으로 파악하는 데 유익하다. 구술시험의 형태는 응시자를 한 명씩 면접하는 개인구술시험과, 집단으로 모아 놓고 일정한 주제에 대하여 토론하게 하여 측정하는 집단구술시험이 있다.

❹ 적성검사

개인의 특정업무에 대한 적합성을 측정하는 검사이다.

(4) 면접시험

면접은 필기시험으로 잘 알 수 없는 응시자의 일부 전문지식과 표현력을 파악할 수도 있어 대다수의 기업들이 선발수단으로 이용하고 있다.

[표 3-4] 면접표의 예

면 접 표

성명 : 수험번호 :

면접항목	우 수	양 호	보 통	부적격	극히 부적격
태 도					
성 격					
적 성					
기 타					

비고

면접자 : (인)

❶ 면접 시의 유의사항

면접을 진행하는데 몇 가지 필요한 준비사항으로는 사전에 필요한 사항들을 응시자가 기록하도록 하며, 면접자가 유의할 사항은 다음과 같다.

- 단시간의 면접으로 개인의 성격이나 장래성을 완전하게 평가할 수 없다.
- 면접자는 면접응시자에 대해 부당한 판단을 내리지 않도록 한다.

- 모든 응시자에게 공정한 기회가 주어지도록 한다.
- 부적격자의 경우라도 응시자에게 회사에 대해 호감을 갖도록 노력한다.

❷ 면접시험의 종류

- 계획된 면접　사전에 면접자료를 수집해서 면접을 하는 일반화 · 공식화된 방법이다.
- 비지시적 면접　응시자의 논리성을 유도해 가는 방법으로 전문인채용 시 주로 이용한다.
- 심층면접　특정주제에 관한 광범위하고 전문적인 토의방식으로 면접내용은 본질적인 주제이며, 토의하는 과정에서 지원자의 사상 · 배경 · 자질을 시험하게 된다.
- 집단면접　자유토의 형태(Free Discussion Style)로 실시되며, 시간절약과 피면접자 다수에 대한 비교가 가능하다.

(5) 적성검사

적성검사는 응시자의 성격과 능력이 어떤 일에 적합한가, 또는 적합하지 않은가를 판단하는 방법이다. 특히 외식업체 종사원은 사람을 대상으로 서비스를 제공해야 하는 산업특성상 고객에게 신체적으로 호감을 주고, 정신적으로도 적극적인 사고방식을 가져야 한다.

4) 신입사원 교육

신입사원을 채용하고 나면 외식기업의 경영효율화를 극대화할 수 있도록 철저한 교육훈련을 실시한다. 신입사원 교육인 오리엔테이션(Orientation)은 직무수행을 통하여 기업에 성공적으로 공헌하는 방법 및 절차에 관하여 설명한다. 오리엔테이션은 그 회사에 잘 적응하도록 하기 위한 일종의 사회화과정의 출발점이라 할 수 있다. 회사의 규정 · 방침 · 분위기 · 구조 · 절차 등 제반적인 사항과 사풍 및 조직의 구성원 등을 소개하여 회사적응의 시간과 비용을 줄일 수 있어 오리엔테이션의 비중은 더 높아 가고 있다.

일반적으로 신입사원 교육의 내용은 다음과 같다.

❶ 기업의 역사와 기업의 목적을 포함한 직무 및 업체의 소개

❷ 인사관리의 방침과 여러 규정

❸ 고용조건과 복무규정 및 간부 · 임원의 소개

❹ 제반 복지후생 관계

❺ 직무에서의 인간관계

❻ 관계시설이나 사용방법에 대한 소개

❼ 화재 및 안전절차, 행동수칙, 불만의 처리방법

❽ 기타 관련내용 및 질문받기

자율학습

1. 외식업 경영을 어렵게 하는 가장 큰 요인이 무엇인지 설명하시오.

- 인건비 상승
- 임대료 상승
- 원재료비 상승

2. 생산과 소비의 동시성이 갖는 의미는 무엇인지 설명하시오.

3. 외식사업 계획서를 작성해 보시오.

점포명, 기본콘셉트, 고객타켓, 규모, 메뉴, 객단가, 인테리어, 사업성공 요인, SWOT분석, 운영방안 등

제4장

외식 서비스

외식산업의 이해

제4장
04

외식 서비스

오늘날 대부분의 외식기업들은 업체를 경영하는 데 서비스를 전략적으로 활용하고자 한다. 서비스를 다른 경쟁업체와 차별화해 업체의 생산성을 향상시키고 업체에 대한 고객의 충성심을 극대화하려고 하는 것이다. 이 점은 모든 기업의 경우 결코 예외가 없다.

우리나라 외식기업은 신규업체의 급속한 증가로 상호 간의 경쟁이 더욱 치열해지는 추세이다. 외식산업에 바라는 소비자의 욕구와 요구도 과거에 비해 매우 다양하게 나타나고 있으며, 기업의 서비스를 바라보는 소비자의 눈높이도 당연히 높아지고 있다. 기업이 이러한 환경 속에서 살아남기 위해서는 충성고객의 확보와 함께 서비스 수준을 향상시키는 일이 반드시 필요하다. 기업의 성실한 관리와 서비스종사원의 수준도 아울러 높여야 할 것이다. 서비스의 차별화를 통하여 경쟁우위를 점유하는 것만이 치열한 경쟁 속에서 살아남을 수 있는 가장 중요한 과제이다.

지난 십수 년 동안 우리나라 외식산업은 열악한 여건 속에서도 괄목할 만한 성장을 이루었다. 앞으로도 이러한 성장은 주 5일 근무제 도입과 같은 사회시스템의 변화에 따라 더욱 가속화될 것으로 예상된다. 그러나 외식산업의 성장에 반드시 필요한 서비스종사원의 직무 만족도는 그리 만족할만한 수준에 이르지 못한 것으로 보인다. 서비스 종사원들의 직무만족도가 낮다면 우리나라 외식산업의 성장은 내실은 없이 외형만 커지는 기형적인 모습을 보일 것임은 너무도 당연하다.

외식기업의 경쟁력은 시장의 변화와 서비스에 대한 고객의 요구에 기업이 얼마나 민감하게 반응하느냐에 따라 결정된다. 기업이 시장의 변화를 예측하며 경쟁업체들과 차별화하고자 하는 노력을 흔히 시장지향성이라고 하며, 기업이 목표달성을 위하여 조직 구성원 상호 간에 도움을 주고 협조적이 되고자 하는 각 구성원의 태도를 서비스지향성이라 한다. 이 두 가지 요소는 기업의 경영성과를 높이기 위해서는 반드시 고려되어야 할 사항들이다. 왜냐하면 시장지향성이 높은 기업일수록 서비스지향성이 높기 때문이다.

최근 외식기업의 서비스지향성에 대한 관심과 교육이 활발하게 이루어지고 있는 것도 바로 이러한 이유에서이다.

외식산업은 그 특성상 인적자원의 의존성이 타 산업에 비해 높은 편이다. 그러나 외식산업 종사원들의 이직률은 타 산업에 비해 매우 높은 편이다. 낮은 임금, 불확실한 미래 등 열악한 근무 여건이 결정적인 원인이다. 이러한 환경이라면 외식산업 종사원들의 직무만족도와 서비스지향성은 낮을 수밖에 없을 것이다. 종사원의 서비스지향성이 서비스제공자나 고객의 요구를 충족시키는 결정적 요인이라는 점을 감안하면 오늘날 외식산업이 처한 환경은 개선되어야 한다.

외식기업 종사자들이 처한 열악한 근무환경은 서비스지향성과 직무만족 또는 이직에 부정적인 영향을 미친다. 그런데 대부분의 외식기업은 이러한 문제에 적극적인 태도를 취하지 못하고 있다. 종사원들의 관리가 제대로 이루어지지 않고 있으며, 대부분의 기업에서는 그 원인이나 해결방안을 제시하지 못하고 있는 실정이다. 기업이 가장 중요한 요소인 종사원들의 서비스지향성과 직무만족에 대한 중요성을 인식하지 못한다면 그 운영에 한계를 지닐 수밖에 없을 것이다.

1. 외식 서비스의 개념

1) 외식 서비스의 정의

서비스라는 용어의 사용은 일상생활에서 쓰임에 따라 의미가 다르다. '서비스가 좋다', '서비스가 만점이다', '서비스가 엉망이다'라는 표현으로 사람이나 업소를 평가한다. 또한 서비스 질의 잣대는 입에서 입으로 전달되어 그 업소의 서비스 수준과 평가요인이 된다.

외식산업은 서비스산업 중에서 대표적인 인적 서비스산업이다. 단지 메뉴보다는 업소에서 제공하는 눈에 보이지 않는 서비스에 따라 업소의 품위와 평가가 달라진다. 그렇기에 '진정한 서비스란 무엇인가'라는 질문에 결론을 내리기가 힘들다. 서비스는 상황적 환경에 지배를 받되 서비스 제공자의 의도와는 달리 그것을 받아들이는 수혜자의 견해와 개성, 환경, 관여도 등 개인적 속성에 크게 지배받기 때문이다.

서비스의 정의는 식자들에 따라서 다르기에 한 문장으로 내리기는 어렵다. 서비스란 타인을 위해 자기 스스로 애쓰고 수고하는 것, 또는 헌신적으로 국가나 사회를 위하여 공헌하는 것이라고 사전에 정의되어 있다. 미국 마케팅협회(American Marketing Association: AMA)에서 정의하고 있는 서비스의 개념을 보면, 서비스란 판매를 목적으로 제공하거나 상품의 판매와 관련하여 제공되는 제반 활동, 편익, 만족으로 정의하였다. 또한 코틀러(Kotler)는 서비스를 본질적으로 무형이며 소유권의 이동 없이 타인에게 제공되는 행위 또는 만족이라고 하였다.

서비스산업 분야에서 서비스란 식음료 상품의 판매를 위해 준비하는 활동으로 신속하고 정확하게 타인의 이익을 위해서 봉사 정신으로 행동하는 고객과의 모든 활동을 말한다. 유형재인 음식과 무형재인 인적서비스를 고객을 상대로 서비스해야 하기 때문이다.

특히, 외식 서비스 업종에서의 서비스는 음식을 고객에게 제공할 때에 포함되는 모든 과정을 의미하며, 고객 만족에 지대한 영향을 미치므로 중요한 요소라고 할 수 있다.

2) 서비스(Service)

서비스라는 단어는 라틴어의 노예를 의미하는 "Servus"라는 단어에서 유래되었으며, 영어에서는 Servant, Servitude, Servile이란 단어가 있는데 모두 사람에게 시중을 든다는 의미이다. 오늘날 서비스의 의미는 자기의 정성과 노력을 남을 위하여 제공하거나 상대방의 부탁을 들어주는 것을 의미한다.

서비스는 고객에게 만족을 주는 무형의 활동으로 소유권 이전을 수반하지 않고, 일반적으로 저장하거나 운반할 수 없으며, 주로 사람에 의해 전달되는 특성을 갖는다.

S(Sincerity, Speed, Smile)

서비스에는 성의, 스피드, 스마일이 있어야 한다. 3S라고도 하는데, 성의있고 신속하게 제공하는 것이 중요할 뿐만 아니라 상냥한 미소가 좋은 서비스를 결정한다.

E(Energy)

서비스는 활기찬 힘이 넘쳐야 한다. 종사원의 걸음걸이나 표정이 밝을 때 고객과의 대화나 접촉이 활기를 띨 수 있다. 즉 활기찬 대응이 고객의 인상에 큰 영향을 미친다.

R(Revolutionary)

서비스는 신선하고 혁신적이어야 한다. 천편일률적인 서비스를 제공하는 것이 아니라 언제나 조금씩이라도 신선하고 혁신적인 요소가 부가되는 것이 중요하다.

V(Valuable)

서비스는 상호 간의 가치 있는 것이어야 한다. 서비스는 한쪽에는 가치 있고, 다른 쪽에는 일방적인 희생을 강요하는 것이 아니다. 어느 한쪽의 희생이 아니라 서로에게 이익이 되고 가치 있는 것이어야 한다. 즉 고객 만족을 통해서 종사원이 만족을 해야 한다.

I(Impressive)

서비스는 감명 깊이어야 한다. 기쁨, 감동, 즐거움이 없으면 서비스가 아니다.

C(Communication)

서비스에는 커뮤니케이션이 있어야 한다. 일방적으로 하는 것은 하는 것이 아니라 고객과 종사원 상호 간에 감정과 언어의 교감이 필요하다.

E(Entertainment)

서비스는 고객을 환대하는 것이어야 한다. 이는 겉으로만 번지르한 인사치레나 예절 준수가 아니라 진심으로 고객을 환대하는 것이어야 한다.

2. 외식 서비스의 특성

서비스는 보여주는 것이기보다는 느껴야 하는 부분이 더 많다. 서비스의 범위는 넓고 다양하나 제품과 구별되는 몇 가지 뚜렷한 특징이 있다.

1) 무형성(Intangibility) : 보거나 만져볼 수 없다

서비스의 무형성은 실체를 보거나 만질 수 없다는 객관적인 의미이다. 보거나 만질 수 없고, 냄새를 맡거나, 듣거나, 느낄 수 없으며, 고객에게 보여주기 위해 미리 진열해 놓을 수도 없다. 서비스는 우리가 그것을 구입하기 전에는 그 결과를 미리 알 수가 없다.

예를 들어 특정 레스토랑의 음식을 직접 먹어보거나 서비스를 직접 받아보지 않고는 그 서비스의 질을 미리 판단할 수가 없다. 또한 서비스는 추상적이고 무형적이므로 보여줄 수가 없다. 따라서 광고에서도 서비스 자체를 강조하지 못하고 서비스의 사용결과로 얻게 되는 편익을 강조한다. 서비스를 받으려는 고객은 서비스를 구매하기 전에는 그 서비스의 질을 객관적으로 평가하기가 어렵다. 서비스에 대한 정보와 서비스를 경험한 사람들의 추천이나 구전으로 알 수가 있다.

2) 동시성(Inseparability) : 생산과 소비가 동시에 이루어진다

서비스는 일반적으로 생산과 소비가 동시에 이루어진다. 생산과 소비가 동시에 이루어진다는 것은 생산하는 사람과 소비하는 사람이 같은 장소에 있다는 것을 의미한다. 이러한 이유에서 서비스가 어떻게 제공되느냐가 매우 중요하며, 서비스를 제공하는 현장에서 종사원의 행동이 고객의 구매의사를 결정하는데 큰 영향을 미친다. 이것은 고객이 서비스를 제공하는 종사원에 대한 서비스 평가를 바로 할 수가 있기 때문이다.

3) 이질성(Variability) : 서비스의 질은 일정하지 않다

서비스는 전달하는 사람의 숙련도와 전문성, 서비스를 제공받는 고객, 시간과 장소, 환경 등에 따라 내용이나 질이 달라진다. 즉, 서비스의 질은 누가, 언제, 어디서 제공하느냐에 따라 차이가 많이 난다. 서비스의 질을 균일하게 제공하기 어렵기 때문에 일정한 수준으로 유지하여 표준화하는데 문제가 있다. 그러나 서비스의 이질성은 고객에 따른 개별화의 기회를 제공할 수가 있다. 일반적으로 서비스의 효용은 고객이 주관적으로 평가하는 경우가 많기에 다양한 고객욕구에 대응할 수가 있다.

4) 소멸성(Perishability) : 서비스는 저장할 수 없다

판매하지 않은 제품은 재고로 보관할 수 있지만 제공하지 않은 서비스는 사라진다. 즉 서비스는 저장할 수 없기 때문에 산출과 동시에 소멸해 버린다. 그러므로 서비스는 물적 유통기한이 없고 유통경로도 거의 없거나 있어도 매우 짧다. 또한 서비스는 제품처럼 성수기와 비수기에서 발생되는 수요 변동을 완충시킬 재고가 불가능하다. 제조업에서는 재고가 생산의 여러 단계에서 생길 수 있는 외적 충격을 완화시킬 수 있어 각 활동의 계획과 통제기능을 단순화시킬 수가 있다.

[표 4-1] 서비스의 특성

특 성	내 용
무형성(Intangibility)	- 실체를 보거나 만져볼 수 없다. - 어떤 것인지 상상하기 어렵다.
동시성(Inseparability)	- 생산과 소비가 동시에 이루어진다. - 소비자가 서비스 공급에 참여해야 한다. - 구입 전 시험적 사용이 불가능하다.
이질성(Variability)	- 서비스의 질은 일정하지 않다. - 품질에 차이가 많아 규격화, 표준화가 어렵다.
소멸성(Perishability)	- 판매되지 않은 서비스는 사라진다. - 재고로 보관이 불가능하다. - 서비스는 저장할 수 없다.

[표 4-2] 서비스 의미와 예

의 미	예
- 무상으로 제공 - 타인을 위해 봉사함 - 상품 구매 시 제공하는 유지, 수리 - 고객 대응 자세나 태도	- 음료수는 서비스입니다. - 오늘 하루 아내에게 서비스하겠다. - 6개월간 서비스해 드리겠습니다. - 저 식당은 서비스가 만점이다.

5) 고객만족을 위한 서비스 방법

- 고객의 소리와 마음을 읽어라.
- 고객의 입장에서 생각하고 행동하라.
- 고객과의 만남의 순간을 중시하라.
- 약속은 반드시 준수하라.
- 규정은 고객중심으로 해석하라.
- 서비스 보상체계를 갖추어라.
- 내부고객(직원)을 관리하라.
- 핵심기술을 혁신하라.

6) 레스토랑에서 고객이 바라는 욕구

- 존경받기를 원하고
- 대접받기를 원하고
- 알아봐 주기를 원하고
- 중요한 사람으로 인정받기를 원하고
- 안정되고 멋있는 분위기에서 위생적으로 안전한 맛있는 음식을 즐기기를 원하고
- 목마르고 배고픔을 빨리 해결해 주기를 원할 것이다.

3. 서비스의 형식

1) 테이블 서비스 레스토랑(Table Service Restaurant)

일정한 장소에 식탁과 의자를 비치하고 고객이 주문을 하면 종업원이 식음료와 음식을 하는 식당이다.

2) 카운터 서비스 레스토랑(Counter Service Restaurant)

주방을 개방해 조리과정을 직접 볼 수 있으며 카운터가 식탁 기능을 하는 식당이다. 좌석회전율이 빠르고, 위생적이며, 고객이 지루함을 느끼지 않는다.

3) 셀프서비스 레스토랑(Self Service Restaurant)

고객이 메뉴를 선택하고 직접 음식을 운반하고 식사하고 남은 음식도 스스로 처리하는 식당을 말한다. 자신의 기호에 맞는 음식을 선택해 신속하게 먹을 수 있으며, 가격이 비교적 저렴하고, 적은 직원으로 운영할 수 있어 인건비가 적게 든다. 음식과 서비스의 질, 분위기보다는 시간과 가격, 편의성 등이 중요하다. 뷔페, 카페테리아 등이 여기에 속한다.

4) 급식식당(Feeding Restaurant)

단체급식 식당으로 기업체, 학교, 병원 등에서 비영리 방식으로 운영하는 식당이다. 많은 양의 식사를 제공하기에 메뉴가 한정적이다.

4. 서비스의 분류

1) 아메리칸 서비스(American Service)

❶ 가장 신속하고 능률적인 서비스 방식이다.

❷ 호텔의 고급 레스토랑은 제외한다.

❸ 식탁에 미리 세팅을 하고 주문받은 요리를 주방에서 접시에 담아 서브한다.

❹ 식사와 음료는 고객의 오른쪽에서 오른손으로 시계방향으로 서브한다. 식사 후 기물도 오른쪽에서 치운다.

⑤ 접시는 수평을 유지해 소스가 흐르지 않도록 주의하며 엄지손가락을 깊숙이 잡아서 음식에 닿지 않도록 한다.

2) 프렌치 서비스(French Service)

질 좋은 음식과 시간 여유가 있는 고객들이 즐기는 가장 고급스런 서비스 형태를 말한다. 주방에서 기본적인 준비를 하여 Sliver Platter에 담아 Gueridon의해 고객 앞까지 운반해 Chef de Rang이 요리를 완성시켜 서브한다. 대표적인 요리에는 Caesar Salad, Chateaubriand Sreak Carving, Crepes Suzette 등이 있다.

Butter, Bread, Salad Plate 등은 고객의 왼쪽에서 오른손으로 서브하고 모든 접시와 Glass는 오른쪽에 위치하여야 하며, 오른손으로 서브하고 오른쪽에서 치운다.

5. 서비스 지향성

기업은 서비스가 고객을 관리하는데 매우 중요하다는 사실을 알고 있기에 서비스의 필요성과 중요성을 인식하고 있다. 서비스에 기울이는 노력을 의미하는 서비스 지향성의 대한 연구는 비교적 최근에 이루어져, 아직 미흡한 수준으로 기존의 많은 연구는 고객 지향성을 중심으로 연구가 이루어져 왔다.

서비스 지향성에 대한 정의를 살펴보면, 서비스 지향성 지수(Service Orientation Index; SOI)라 불리는 서비스 지향성 평가 기준을 개발하면서, "서비스 지향성은 조직이 목표 달성을 위하여 조직 구성원 상호 간에 도움을 주고 협조적이 되고자 하는 개인들의 태도"라고 정의하고 나아가 이를 여러 직무에서 중요한 업무 수행의 비기술적인 한 면으로 규정하였다. Lytle 등은 서비스 지향성은 시장 정보에 대한 전략적 반응으로 탁월한 서비스의 창출과 전달을 확립하기 위한 서비스업의 조직적 활동의 집합이다"라고 정의하는데, 다시 말해서 서비스 지향성은 기업이 탁월한 서비스를 최우선으로 한다는 믿음과 우월한 가치창출, 고객 만족, 그리고 이러한 노력들이 경쟁 우위에 중대한 영향을 준다는 믿음을 나타내는 것이다.

외식기업의 서비스 지향성은 탁월한 서비스를 제공하기 위한 정책과 전략의 구체적인 실행 과정으로 고객가치 창출에 기여해 기업의 수익, 성장, 고객만족 그리고 충성도를 강화시킨다. 이러한 이유는 조직의 서비스 지향성이 존재한다는 것은 탁월한 서비스품질의 창출과 전달이 가능하며 미래에 기업의 서비스품질 증진에 대한 기대치와 만족도가 높아진다는 것을 의미하기 때문이다.

서비스 지향성은 서비스 기법과 이에 관한 교육, 서비스 실행과 그에 따른 보상 체계 등이 고객에게 잘 인식되어 있을 때, 개선과 발전이 가능하다. 조직의 서비스 지향성은 탁월한 서비스를 창출하고 이러한 서비스 행동을 지원하고 보상하기 위한 지속적이고도 체계적인 정책과 실행 과정에 의해 그 성패가 좌우된다고 할 수 있다. 그러므로 "조직적 관점에서 조직의 가치에 의해 지각된 모든 서비스 증진을 위한 노력"이라고 서비스 지향성의 정의를 내리고자 한다.

1) 서비스 지향성의 구성요소

서비스 지향성은 서비스품질이 조직의 성공적 성과에 중요한 영향을 미치는 것을 전제로 서비스의 창출과 전달에 매우 중요한 부분으로 인식되고 있다. Lytle 등은 서비스 지향성을 설명하기 위한 구성요소로 〈그림 4-1〉과 같이 서비스 리더십 실행, 서비스 접점 실행, 인적자원 관리, 서비스 시스템 실행 등을 말했다.

[그림 4-1] 서비스 지향성의 구성요소

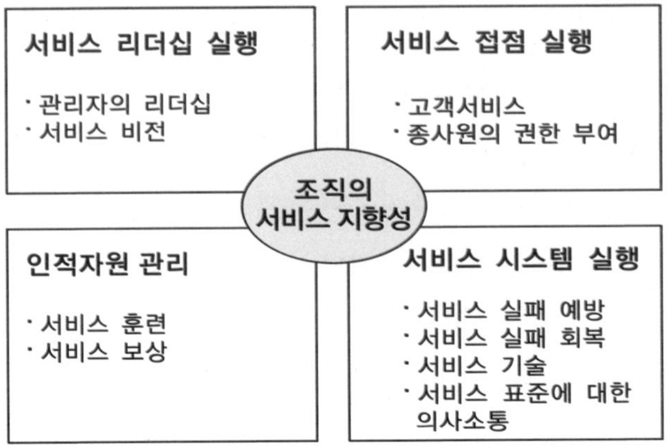

서비스 리더십 실행에는 관리자의 리더십, 서비스 비전이 있으며, 서비스 접점 실행으로는 고객서비스, 종사원의 권한 부여의 요소가 있다. 인적자원 관리에는 서비스 훈련과 서비스 보상이 있다. 또한 서비스 시스템 실행은 서비스 실패 예방, 서비스 실패 회복, 서비스 기술, 서비스 표준에 대한 의사소통의 요소를 말한다.

2) 서비스 리더십

외식기업의 경영자들이 종사원들에게 동기부여를 제공하여 서비스에 대한 인식을 자발적으로 이끌어 낼 수 있는 조직의 통솔력을 말한다. 서비스 리더십은 효과적이고 능동적으로 서비스 지향성을 창출하고 유지하는데 필요한 요소로, 없어서는 안 될 가장 중요한 관행이라고 할 수 있다. 서비스를 실행하려면 관리자의 리더십과 서비스비전이 기본 요소가 된다. 관리자와 경영자는 지속적으로 서비스품질을 측정하고 서비스품질 향상을 위하여 개인의 노력과 리더십을 기꺼이 제공한다.

특히, 서비스 리더십은 서비스를 제공할 때 요구되는 종사원 능력향상을 위해서 필요한 구성요인으로 작업현장에서 관리자들의 리더적인 역할은 서비스의 품질과 부서의 역할 및 성과에 긍정적인 역할을 미친다. 서비스 리더십에는 서비스 충실, 고객의 욕구, 고객접점의 실행, 고객 관심, 관리자의 지원, 서비스품질 향상 등이 있다.

3) 종사원의 권한

서비스를 실행하기 위해 부여된 권한의 정도와 지침을 말한다. 서비스접점은 고객과 상호작용하는 종사원들이 주체로 조직이 고객에게 정의될 수 있는 기회인 진실의 순간으로 설명한다. 서비스점점의 실행은 고객 서비스품질 평가의 기준이 되기 때문에 서비스 지향성 패러다임에서도 더욱 중요하다고 할 수 있다.

서비스지향 모델에서는 서비스 접점의 실행에 관한 관련요소로 고객대우와 종사원의 권한 부여에 관한 변수를 근간으로 연구되었다. 이는 서비스조직은 서비스 성과에 대한 긍정적인 고객지각을 창출하기 위하여 서비스를 통한 행동규범을 활성화하는 관행에 참여해 고객의 만족과 조직의 수익성을 높게 하도록 해야 한다. 특히 종사원의 권한 부여 요소에서 권한을 부여받은 종사원은 고객이 원하는 바에 대처할 수 있는 권한과 책임을 가지고 있으므로 권한 부여는 관리자들이 업무관련 활동에 관하여 매일 의사 결정을 할 수 있는 것을 말한다.

권한 부여는 하위직 종사원들이 정상적인 책임을 벗어나는 것일지라도 조직의 사명을 대신하여 업무에서 주도권을 갖고 수행할 수 있는 것이라는 기대를 느낄 때 존재한다. 종사원 권한에는 독자적인 자유와 권한, 자율권 부여, 업무규정, 직원들의 의견 고려, 업무수행에 대한 경영층의 동의 등이 있다.

4) 서비스 기술과 서비스 표준

서비스 기술은 서비스를 실행하는데 필요한 능력과 전달능력을 말한다. 외식업체는 서비스 기술에 근거한 시스템을 활용하여 우월한 고객서비스 가치의 창출과 전달을 가속화해야 한다. 또한 서비스 시스템이 효과적으로 작동하기 위해서는 서비스 표준 또는 기준이 모든 구성원들이 충분히 이해해야 하며, 고객만족에 중요한 선행요인이 된다. 서비스 기술에는 서비스현장체험, 서비스 성과측정, 서비스 기술개발, 경영층에 서비스 중요성 전달, 신입사원 승진평가 반영 등이 있다.

서비스 표준은 모든 구성원들이 서비스 기준을 잘 이해하고, 실행할 때 이루어지는 사용 정도를 말한다. 이러한 서비스 표준들이 잘 활용될 때 내부적으로 성취하여야 할 지표를 극대화하며, 서비스 실패를 최소화하고, 서비스 실패에 따른 신속한 복구를 할 수 있는 서비스 조직의 능력을 강화하여 주게 된다. 서비스 표준에는 시설 및 분위기, 고객의 서비스 불평, 서비스 표준의 인지, 우수 직원선발, 서비스 경험, 서비스 품질 영향, 정책 반영 시 직원들의 의견 고려, 내부의 서비스 표준, 고객불평처리 등이 있다.

5) 서비스 훈련과 보상

서비스 훈련이란 고객에게 탁월한 서비스 품질과 지각가치를 전달하도록 하기 위해 종사원들에게 적절한 훈련을 실시하는 것, 즉, 서비스를 수행하는데 필요한 교육과 훈련 정도를 말한다. 서비스 보상은 탁월한 서비스를 제공한 종사원에게 보상하는 것, 즉, 서비스 성과에 대한 종사원 보상의 정도를 말한다. 종사원에 대한 서비스 훈련이나 보상은 고객만족을 위해 인식과 개개인의 노력이 이루어져야 한다. 서비스 훈련에는 서비스 능력개발, 개인적 기술훈련, 효과적인 근무지도, 실질적인 교육훈련, 고객태도 확인, 훈련의 계획과 검토 등이 있다.

서비스 훈련은 시장요구와 변화하는 고객요구에 대처할 수 있는 일반적인 관리기법이다. 훈련은 교육과 함께 조직 성장과 발전의 지원에 중요하며 지속적으로 이루어지는 과정으로 여겨진다. 서비스의 훈련은 새로운 조직전략과 가치 그리고 경영도구 및 과업의 수행방법을 제공한다. 고객만족은 서비스 훈련의 효과적인 전달에 달려 있게 된다.

서비스 훈련은 인적자원의 관리에서부터 연구되어 왔으며 선도적인 서비스 제공자들은 종사원들의 서비스 기술을 향상시키는데 실질적인 자원을 투입한다. 선진화된 서비스 훈련을 통하여 훌륭한 종사원으로 구하게 된다. 이렇게 훈련받고 권한을 부여받은 종사원들은 고객에게 탁월한 서비스를 제공할 수 있게 되며 이러한 팀 훈련은 성과가 다양한 기술, 판단과 경험을 필요로 할 때 더욱 효과적이다.

서비스 보상에는 보상의 공정성, 종사원 격려, 직원에 대한 보상, 성과에 대한 인센티브 등이 있다.

6. 외식기업의 조직유효성

조직유효성이란 기업조직이 환경으로부터의 다양한 작용에 적절한 적응을 취함과 동시에 스스로 내부구조를 유지 안정시켜 조직구성원의 업적을 높여 존속과 발전이 가능한 상태의 정도이다. 즉 조직이 얼마나 잘되고 있는지 얼마나 효과적으로 운영되고 있는지를 평가하는 기준으로, 조직목표와 조직구성원의 목표달성을 포함하는 개념이다.

1) 직무만족

직무만족(Job Satisfaction)은 조직의 생산성이 기술이나 기능에만 달려있는 것이 아니라 종사원의 태도와 감정에 크게 영향을 받는다는 측면에서 중요한 개념이다.

조직유효성과의 관계를 확인하는 과정에서 조직몰입과 함께 가장 빈번하게 사용되고 있다. 직무만족에 대한 정의는 학자마다 약간의 차이는 있으나, 대체로 종사원이 자신의 직무나 직무경험을 평가해 얻게 되는 유쾌함이나 조직 구성원들의 감정적 반응을 반영하는 긍정적인 정서 상태로 간주하고 있다.

직무만족이란 자신의 직무가치의 성취에 대한 기분 좋은 감정적 상태로 평가하였는데, 일반적으로 직무에 대한 만족도가 높은 사람은 자신의 직무환경에 대하여 긍정적인 태도를 형성하는 반면 직무에 만족도가 낮은 사람은 직무환경에 대하여 부정적인 태도를 형성한다고 하였다. 따라서 직무만족이 성공적 경영과 고객에게 고품질 서비스 제공을 위해 중요한 요소라고 보고한 자료를 인용하면서, 결국에는 직무만족이 더 높은 수익성과 생산성을 가지고 오게 될 것이라고 강조하였다.

직무만족에 대하여 Walker(1997) 등은 개인성장과 개발의 기회와 직무 자체에 대한 보상과 같은 내재적 측면과 고객, 승진기회, 동료, 상사, 급여, 회사정책과 지지와 같은 외재적 측면의 보상을 통해 이루어진다고 보았다. 또한 직무만족이란 급여에 대한 만족, 승진에 대한 만족, 함께 일하는 동료에 대한 만족, 상사에 대한 만족, 직무자체에 대한 만족을 의미한다고 주장하였다.

이처럼 직무만족은 여러 가지 요인들에 의해 영향을 받는데, 부분적으로 직무만족은 회사의 윤리적 풍토에 영향을 미치는 요인들과 상사와 정책에 의해 결정된다.

정책과 상사는 윤리적 상황을 조정하는 것과 관련 있는 직무의 모호성을 제거하도록 노력해야 한다. 결과적으로 더 높은 직무만족은 이러한 모호성을 없앨 수 있는 풍토를 통해 향상될 수 있다. 나아가 윤리풍토는 정직과 믿음과 같은 윤리적 가치를 육성할 수 있기 때문에 더 만족할 수 있는 직무환경을 만들 수 있을 것이다.

2) 조직몰입

조직을 효율적으로 관리하기 위해서는 조직구성원의 개인목표와 조직목표를 통합시켜서 조직의 유효성을 높여야 조직몰입은 직무만족보다 이직성향을 더욱 정확히 예측해주며, 몰입이 높은 종사원들이 몰입이 낮은 종사원들보다 성과가 높게 나타나고 조직몰입이 조직유효성의 유용한 척도가 된다는 측면에서 그 중요성이 있다. 특히, 조직몰입이 조직구성원의 태도와 행동 간의 관계를 이해하는데 중요한 개념으로 인식되는 이유는 비교적 장기간에 걸친 태도의 반영으로써 안정성을 확보할 수 있기 때문이다.

외식기업의 경쟁우위는 시장에서 서비스에 대한 고객들의 요구에 민감하게 반응해서 창출되고 유지될 수 있다는 점이다. 이러한 관점에서 서비스 지향성은 기업이 경쟁자들과 차별화되고 적극적으로 경쟁하며 시장 내에서 성공하기 위한 기업의 반응을 가정해 서비스 지향성이 높은 외식기업일수록 조직의 가치 및 직무만족과 조직몰입이 증가한다.

[표 4-3] 서비스 향상을 위한 내용

	내용
1	현재 근무하는 외식업체는 고객서비스에 충실하다.
2	종사원은 고객의 욕구에 맞게 서비스를 하고 있다.
3	고객서비스는 고객접점의 종사원뿐만 아니라 모든 종사원이 실행하고 있다.
4	종사원은 항상 고객들에게 관심을 두고 있다.
5	관리자는 서비스를 제공할 때 요구되는 종사원 능력향상을 위해 필요한 지원을 제공한다.
6	서비스를 말로만하는 서비스가 아니라 실천하는 진정한 서비스를 제공하기 위하여 노력한다.
7	고객에게 탁월한 서비스를 하기 위해 독자적으로 행동할 수 있는 자유와 권한을 가지고 있다.
8	예외적인 서비스를 전달할 수 있는 종사원들의 능력을 강화하기 위하여 자율권이 부여되고 있다.
9	근무 중 업무에 대한 규정을 스스로 정할 수 있다.
10	외식업체의 시설 및 분위기는 종사원들이 서비스 이미지를 전달하는데 적절하다.
11	우리가 서비스 혁신 프로그램을 통하여 서비스 능력을 개발한다.
12	경영층이 고객들이 있는 장소와 종사원이 일하는 서비스현장에서 자주 시간을 같이 한다.
13	서비스 성과측정을 직위 또는 기능(function)에 관계없이 모든 종사원들에게 공개적으로 전달하고 있다.
14	종사원들의 서비스 노력을 위해서 해당 부서에서는 서비스 기술(Service Technology)을 개발하려고 한다.
15	서비스 향상을 위하여 개인의 노력과 리더십을 기꺼이 제공한다.
16	고객이 서비스 불평을 할 때까지 기다리지 않고 불평하기 전에 대처할 수 있는 서비스 표준을 사용하고 있다.
17	모든 직원들은 서비스 표준을 잘 알고 있다.
18	우리 회사는 각 부서의 서비스 정신이 투철한 직원을 선발하기 위해 이달의 직원이란 프로그램을 운영하여 격려한다.
19	모든 종사원이 좋은 서비스와 나쁜 서비스를 결정하는 서비스 경험이 무엇인가를 인지하고 있다.
20	경영층에 서비스의 중요성을 전달하는 정도는 좋다.
21	모든 종사원이 고품질의 서비스를 전달할 수 있는 자신의 능력을 강화시키는 개인 기술훈련을 받는다.
22	우리는 팀원으로서 효과적으로 근무할 수 있는 방법을 배우고 지도받는다.

23	우리가 고객과 직면하여 서비스를 제공할 때 필요한 실질적인 교육훈련을 정기적으로 받는다.
24	훈련 동안에 우리가 서비스와 고객들의 태도를 확인하고, 향상시킬 수 있는 연습을 철저히 한다.
25	종사원들이 탁월한 서비스 성과에 의해서 보상을 받는 정도가 공정해서 좋다.
26	우리 회사는 우수한 서비스를 제공하는 종사원을 아낌없이 격려해 준다.
27	신입사원이 서비스 준비를 잘 할 수 있도록 잘 도와준다.
28	모든 고객들에게 우수한 서비스를 제공한 직원에게는 보상을 해 주고 있다.
29	경영층은 보너스 등의 보상이 수익(profit)보다는 서비스 품질에 의해서 영향을 받는 경우가 많다.
30	회사의 서비스 교육 프로그램을 통하여 서비스 능력을 키우고 승진평가에 반영한다.
31	서비스 성과로 인센티브와 보상을 주는 것이 좋다.
32	종사원의 서비스 훈련은 경영자의 계획과 검토가 수행된 후에 예산에 근거하여 이루어진다.
33	홈페이지를 통해 고객들에게 회사의 소식을 지속적으로 전달한다.
34	우리 회사 내부의 서비스 표준(service standards)은 고객들에게 초점을 맞추고 있다.
35	서비스의 사후 점검을 할 수 있는 우수한 고객 불평처리 시스템을 갖추고 있다.
36	새로운 정책 방침을 채택하는 경우 직원들의 의견을 고려하는 편이다.
37	업무를 수행하다 일어난 일은 작은 일이라도 상사의 동의 없이 처리할 수 있다.
38	관리자와 경영자는 지속적으로 서비스 품질을 측정한다.

[표 4-4] 직무만족에 관한 내용

	내용
1	현재 수행 중인 업무에 만족한다.
2	내 직속상사에 만족한다.
3	함께 일하고 있는 팀 동료에 만족한다.
4	현재 받고 있는 급여에 만족한다.
5	회사에서 내가 승진할 기회는 충분하다.
6	나는 회사에서 주어진 현재의 직무에 만족한다.

[표 4-5] 조직몰입에 관한 내용

	내용
1	회사의 성공을 돕기 위해 내가 할 수 있는 최선의 노력을 다하고 싶다.
2	친구에게 이 회사가 정말 좋은 직장이라고 자신 있게 말할 수 있다.
3	회사에 계속 근무할 수 있다면 어떠한 직무라도 수행할 수 있다.
4	입사한 후, 내 가치관이 회사의 가치관과 많이 비슷해졌다.
5	우리 회사에 근무하는 것이 자랑스럽다.
6	우리 회사는 나에게 더 높은 성과를 올릴 수 있도록 동기를 부여하고 격려해 준다.

7. 고객만족과 고객응대

1) 고객의 개념

고객이란 자신 이외의 모든 사람들을 지칭한다. 협의의 고객은 단순히 우리의 상품과 서비스를 구매하거나 이용하는 손님을 의미하며, 광의의 고객은 상품을 생산하고 이용하며 서비스를 제공하는 일련의 과정에 관계된 자신 이외의 모든 사람을 말한다.

다시 말해 고객이라 함은 기업이 생산할 상품을 결정하는 사람이다. 특정 업체의 제품이나 서비스를 최종적으로 구입하여 사용했거나 사용하는 자를 의미하며 진정한 의미의 고객은 오랜 시간에 걸쳐 키워진다. 그러나 현대에 들어와서 고객의 개념은 많이 바뀌어서 고객의 범위가 상당히 광범위해졌다.

고객은 내부고객과 외부고객, 충성고객으로 나눌 수 있다. 내부고객이란 조직의 최일선에서 외부고객과 접점을 이루며 소비자들의 만족과 불만족을 결정하는 주체인 종업원을 의미한다. 나를 중심으로 한 상사, 부하, 동료 등은 물론 경영자, 관리자, 생산자, 판매자, 서비스 직원 등 가치를 생산하고 판매하는 종업원 모두를 말한다.

외부고객은 내부고객의 상품이나 서비스를 제공받는 가치 구매 고객으로 정의 할 수 있다. 최근에는 기존의 고객 외에도 중간고객, 잠재고객, 기대고객까지도 외부고객으로 보는 추세이다.

충성고객이란 정기적으로 재구매하는 고객, 그 기업의 다양한 품목의 제품 또는 상품과 서비스를 포괄적으로 구매하는 고객, 다른 사람에게 그 업체를 추천하는 고객, 경쟁업체의 유인전략에 동요하지 않는 고객을 말한다.

그렇다면 소비자와 고객의 개념에 의문이 남는다. 소비자는 어떤 대상을 구입한 후에 사용할 수도 있고 안 할 수도 있다. 그러나 고객은 최종적으로 어떤 대상을 사용하거나 이용한 사람이다. 식당에서 소비자가 음식을 포장해 가져가서 먹었을 경우 고객이 되지만, 본인은 먹지 않고 가족만 먹었다면 단순히 소비자일 뿐이다. 즉, 소비자는 고객이 될 수 있지만 고객은 소비자가 될 수 없다.

2) 고객만족

외식기업에서 고객의 범위가 필요한 것은 내부고객의 만족이 고객만족의 출발점이 되기 때문에 가장 먼저 만족시켜야 할 대상은 사내 고객이다. 왜냐하면 불만족한 종업원이 고객에게 좋은 서비스를 제공하여 고객을 만족시키고 감동시키기는 어렵기 때문이다. 그러므로 내부고객인 종업원을 고객으로 대우해 주고 만족시켜서 사기를 높여주면, 최종 소비자인 고객을 만족시키기 위해서 종업원은 최상의 노력을 할 것이다.

최종 소비자들의 만족도가 낮은 업체들이 공통적으로 내부고객에 대한 만족도가 낮다는 점이 바로 이 사실을 확인해 주고 있다. 내부고객의 만족을 위해서는 내부고객의 의견을 수렴하고 이를 반영하는 것이 중요하다. 즉, 현장의 실태에 대한 인식과 불만사항, 개선방안 등을 정기적으로 설문조사 또는 면담 등의 방법을 통해서 종사원들의 창의적이고 참신한 의견을 수렴하여 적극 반영할 수 있도록 해야 한다.

3) 고객응대

레스토랑을 방문하여 식사를 마치고 나가는 과정까지 고객이 레스토랑에서 느끼는 것은 여러 가지가 있을 것이다. 고객은 자신이 기대했던 예상과 다르게 서비스가 만족스럽지 못할 경우 불만을 가지게 되고, 이는 고객이 해당 상품이나 서비스의 재구매 의도에 영향을 미치는 주요 요인이 된다. 따라서 각 외식업체들은 고객 응대에 대한 화법을 잘 이해하여 고객의 불만 요인이 발생하지 않도록 최선의 노력을 다해야 한다.

(1) 서비스 화법의 10대 포인트

❶ 3의(熱意, 誠意, 好意)를 가지고 말할 것

❷ 항상 부드러운 미소를 띠고 상냥하게 말할 것

❸ 목소리의 크기와 말의 속도는 TPO(때, 장소, 상황)에 맞출 것

❹ 시선은 상대방에게 둘 것

❺ 칭찬은 아끼지 말 것

❻ 잘 듣고 맞장구칠 것

❼ 똑똑한 체하지 말 것

❽ 고객의 입장을 존중할 것

❾ 침착하게 말할 것

❿ 반말을 엄금할 것

(2) 고객응대의 기본 화법

❶ 명령형을 피하고 의뢰형을 사용한다.

"죄송합니다만, 좌석을 당겨 앉아 주십시오." 명령형

"죄송합니다만, 좌석을 당겨 주시지 않으시겠습니까?" 의뢰형

❷ 부정형은 피하고 긍정형을 사용한다.

❸ 거절할 때에는 의뢰형을 사용한다.

"요금을 깎지 않아 주시면 감사하겠습니다."

❹ 고객의 반응을 보면서 응대한다.

❺ 마이너스, 플러스법을 사용한다.

"조금 비싸기는 하지만, 제값을 할 정도로 견고하고 기능이 좋습니다." 〈마이너스, 플러스법〉

"튼튼하긴 하지만 가격이 너무 비쌉니다." 〈플러스, 마이너스법〉

❻ My Proposal~ 보다는 Your Requirement~로

고객에게 제안을 할 때에는 My Proposal~("저의 제안은~")보다는 Your Requirement~("이런 것 필요하지 않으십니까?")의 방법으로 한다.

즉, 고객의 입장에서 고객에게 어울린다는 것을 강조한디.

❼ 바른 자세와 세련된 목소리, 서비스 정신이 반영된 경어와 호칭을 사용한다.

(3) 접객응대 용어

접객의 기본은 인사로 시작되어 인사로 끝난다. 타이밍에 맞춰 기분 좋게 인사를 하는 것이 중요하다. 손님을 기분 좋게 맞이하는 첫걸음으로 인사를 철저하게 한다. 항상 웃는 모습으로 인사함을 잊지 않는다. "그 친구만 봐도 기분이 좋아져."라는 말을 듣기 위해 노력해야 한다.

❶ 바른 경어 사용

존경어는 상대에게 경의를 표하는 말로 상대의 행동, 태도 등을 표현할 때 사용한다. 겸양어는 자신을 낮추어 하는 말로 자신의 행동, 태도 등을 표현할 때 사용한다. 그리고 정중어는 상하관계를 떠나 정중한 응대가 필요한 경우와 3인칭화법으로 응대할 때 사용한다.

■ 바른 경어 서비스의 예

보통어	존경어	겸양어
말하다	말씀하시다	말씀드리다
묻다	물으시다	여쭙니다
보다	보시다	봅니다
먹다	잡수시다	먹습니다
하다	하시다	합니다
가다	가시다	갑니다
오다	오시다	옵니다

❷ 기본 접객 응대 용어

인사말	상 황
어서오십시오. 안녕하십니까?	- 내점 시 '환영합니다.'라는 기분으로 인사한다. - 점원 한 사람뿐만이 아니라 전원이 손님에게 인사한다.
네, 알겠습니다. 네, 잘 알겠습니다. 네, 말씀대로 하겠습니다.	- 주문을 받았을 때 - 요청이나 요구를 받았을 때
잠시 기다려주십시오.	- 곧 접객하지 못하고 손님을 기다리게 할 때 - 그 자리를 뜰 때 - 찾으러 가거나 확인하러 갈 때
오래 기다리셨습니다.	- 기다리게 했을 때 반드시 인사말을 건넨다.
죄송합니다만 정말 송구스럽습니다만	- 사인을 받을 때나 기입을 받을 때 - 요구사항을 들어주지 못할 때
정말 죄송했습니다.	- 실수가 있었을 때 - 오래 기다리거나 폐를 끼쳤을 때
감사했습니다. 감사합니다.	- 판매했을 때 - 주문과 상품을 결정했을 때 - 칭찬받았을 때 - 전송할 때
실례하겠습니다. 실례했습니다.	- 말을 건넬 때 - 끼어들거나 접촉이 있었을 때 - 그릇을 치우거나 서비스할 때 - 퇴석 혹은 퇴실할 때 - 접객하러 돌아왔을 때나 앉을 때 - 물건을 받아들 때, 물건을 건넬 때
항상 신세지고 있습니다.	- 상대가 이름을 말했을 때 - 거래처에서 왔을 때
저희야말로 항상 신세지고 있습니다.	- 상대가 '항상 신세를 지고 있습니다.'라고 먼저 인사했을 때의 답례

8. 외식업체의 서비스 품질

불황을 극복하고 수익을 창출할 수 있는 가장 전망 있는 분야로 서비스 산업 중에서 호텔업종을 꼽았었다. 그러나 호텔산업은 경제 불황에 따른 원가와 인건비 상승, 수요와 공급의 불균형, 호텔 간의 경쟁 심화 등으로 경영의 어려움이 지속적으로 심각해지고 있는 실정이다.

레스토랑 경영에 주요한 영향을 미치는 것으로는 점점 다양해지는 고객의 욕구와 기호, 선택의 다양성 등 고객의 변화를 들 수가 있다. 종사원은 기업의 서비스 정신을 전달하는 입장에서 고객과 만나는 것이며, 그들의 업무수행은 고객만족을 유도하며 궁극적으로 기업의 목표달성과 직접적으로 관련되어 있다.

최근 동종 외식업계 간에 경제적인 불황이 지속되어 매출이 감소하고 있다. 이러한 문제를 해결하기 위해 식음료 부서에서는 경제적인 문화수준 향상과 라이프스타일의 변화에 따른 고객의 욕구를 만족시키려고 노력하고 있다.

기존의 서비스 전략을 유지하면서 식음료 업장을 방문한 고객들에게 질 높은 서비스를 제공하여 만족시키기 위해서 각 업소의 경쟁 또한 깊어지고 있다. 그러므로 적극적인 서비스의 차별화로 경쟁우위를 점유하는 것만이 치열한 경쟁 속에서 살아남을 수 있는 가장 중요한 과제이다. 이처럼 외식기업이 직면한 상황에서 외식 종사원들은 질 좋은 서비스 품질을 제공하는 노력이 필요하다.

1) 서비스 품질의 정의

과거에는 품질이란 용어를 제조업 분야에서 주로 많이 사용하였는데, 제품을 검사하고 제조할 때 생긴 불량 여부를 점검할 때 많이 사용하였다.

품질이란 유형 상품이든 무형 상품이든 고객의 조건을 만족시키는데 최적의 의미를 갖게 되며, 어떤 물질을 구성하고 있는 기본적 내용, 구성, 종류, 정도 등을 의미하는 물품 자체의 고유한 성질, 특성, 개성을 의미한다.

따라서 품질이란 용어는 제조업의 관점에서 주로 사용하였지만, 이를 서비스 산업에 적용하여 사용자 중심적 정의를 기초로 품질의 개념이 광의로 해석되고 있는 것이 일반적이다.

서비스 품질에 대한 정의는 학자들에 따라 다양한데, 기존의 문헌에 있는 내용을 정리하면 다음과 같다.

서비스 품질은 고객 만족을 설명하는데 빠질 수 없는 중요한 부분이고, 고객 만족은 서비스 품질에 따라 달라질 수 있으며 기업의 생존과 번영에 영향을 미치는 차별적 경쟁우위로 중요한 관심의 대상이 되고 있다.

서비스 품질에 관한 선행연구들은 1980년대 초까지는 객관적으로 측정 가능한 유형 제품의 물리적인 품질에 관심을 보였으나, 1980년대 중반부터는 서비스 산업을 중심으로 무형인 서비스 품질에 대해 관심을 가지기 시작하였고, 특히, 유형 제품과의 비교를 통해 서비스의 차별적 특성에 관한 다양한 연구가 시도되고 있다.

Parasuraman 등(1988)은 서비스 품질은 기대와 성과의 비교이며, 서비스 품질의 평가는 결과뿐만 아니라 서비스 제공 과정의 평가에서 이루어진다고 하였다. 또한 서비스는 소비과정에서 매우 높은 소비자 관여를 요구하고, 생산과 동시에 소비가 발생하므로 제공된 서비스와 함께 서비스의 제공과정, 특히 서비스 제공자와 고객 간의 상호작용이 품질평가에 중요시되어야 한다고 하였다.

서비스 품질의 특성은 다음과 같다.

첫째, 서비스 품질은 기대와 성과의 비교에 의해 인식된다. 기대된 서비스와 지각된 서비스를 비교한 결과로 서비스 품질이 인식되는데, 이것은 앞에서 살펴본 바와 같이 고객의 기대와 지각 사이에 있는 불일치의 정도와 방향이라고 볼 수 있다.

둘째, 서비스 품질은 서비스의 결과뿐만 아니라 서비스가 제공되는 과정까지 고려하여 평가하여야 한다. 특히 레스토랑의 경우 서비스의 시작은 종업원과 대면했을 때부터 발생하는 것이 아니라 고객이 문을 연 순간부터 시작된다.

셋째, 서비스 품질은 소비자의 지각과 관련된 고객 지향적인 개념이다. 서비스 품질을 평가하는 객관적 측정치가 존재하지 않은 상황에서 서비스 품질을 측정하는 적절한 접근은 품질에 대한 소비자의 지각을 측정하는 것이다.

넷째, 서비스는 무형성, 생산과 소비의 동시성, 다양성과 이질성 등의 특성이 있으므로 서비스 품질에 대해서는 탐색이 어렵기 때문에 그 평가가 서비스를 제공하는 시점의 상호작용과 구매 후의 지각으로 이루어지는 인지적 품질이라고 할 수 있다.

다섯째, 서비스 품질은 소비자 만족과는 다른 개념으로 서비스의 전반적인 우월성과 우수성, 추상적 · 지속적이고 장기적인 상태로의 어느 대상에 대한 전반적 판단이며 시간이 지남에 따라 동적으로 변화하는 개념이다.

그러므로 서비스 품질은 일반 제조기업의 품질 정의와 다르게 사용자 중심적으로 고찰해 소비자의 욕구를 반영하는 형태이고 사용자의 기대를 파악하기 때문에 현대적 마케팅의 콘셉트와도 연결된다고 할 수 있다.

그러나 서비스 품질이 고객만족과 직접 연결이 되는데도 끊임없이 변화하는 소비자의 기대를 파악하기 어렵다는 점에서 서비스품질의 측정은 대단히 어려운 작업이라고 할 수 있다. 서비스의 품질에는 두 개의 차원이 있는데, 서비스와 관련해서 고객이 '무엇(What)을 받는가'와 '어떻게(How) 받는가'라는 것이다.

2) 서비스 품질 측정

서비스 품질을 측정하고자 하는 시도는 Parasuraman, Zeithaml, Berry(1985, 1988) 3명의 교수 등에 의해 체계화되었다. 이러한 서비스 품질 측정에 대한 연구는 이후 많은 학자들에 의해 활발하게 진행되었는데, 그 중에서 대표적인 서비스 품질 측정 모형이 PZB의 SERVQUAL 모형이다.

Parasuraman, Zeithaml, Berry(1985)는 초기모델로 서비스 품질을 평가하는데 적합한 은행, 신용카드사, 수리 보수 회사, 장거리전화 회사에 적용 가능한 모델이라고 할 수 있으며, 초기 서비스 품질 구성 차원의 모델은 [표 4-6]과 같다.

[표 4-6] 서비스 품질 평가 10가지 구성 차원

차원	내용	적용 사례
유형성 (Tangibles)	서비스의 물적 증거를 말한다. 물리적 시설, 구성원들의 용모, 서비스 제공에 이용되는 각종 설비, 신용카드 등 서비스의 물적 표현물, 해당 서비스를 이용하는 여타 고객들 등을 포함한다.	- 호텔 시설이 매력적인가? - 은행에서 발행하는 잔액조회서가 이해하기 쉽게 되어 있는가?
신뢰성 (Reliability)	서비스 수행의 일관성과 확실성을 말한다. 제시된 약속의 이행과 대리청구와 기록의 정확성, 예정된 서비스 시간의 엄수 등을 포함한다.	- 내 변호사가 15분 후에 전화한다고 했는데 과연 그랬는가? - 전화요금 명세서가 잘못 계산된 것은 아닌가?
반응성 (Responsiveness)	고객을 돕고 즉각적인 서비스를 제공하려는 의지를 말하며, 신속한 서비스의 제공, 고객의 요구에 의한 신속한 응답 등 서비스의 적시성을 포함한다.	- 문제가 발생했을 때 그 회사는 즉시 문제해결에 나섰는가? - 내 주식거래 담당자는 나의 질문에 언제나 기꺼이 대답을 해 주는가?
의사소통 (Communnication)	의사소통은 고객이 이해할 수 있는 언어로된 정보를 제공하고 고객들에 귀를 기울여야 함을 말한다. 서비스 자체나 서비스 비용에 대한 설명, 대고객 약속 처리보장 등을 포함한다.	- 불평을 갖고 있을 때 그 호텔 지배인은 기꺼이 내 불평을 들어 주는가? - 의사는 의료전문용어 사용을 피하고 있는가?
신용성 (Credibility)	서비스의 진실성과 정직성, 신용성을 말한다. 회사의 사명이나 명성, 고객 접촉요원들의 인성 등이 신용성을 결정짓는가?	- 그 병원은 좋은 평판을 받고 있는가? - 내 주식거래 담당자는 나에게 강제구매는 권유하지 않았는가?
안전성 (Security)	거래에 따른 위험성이 나의 심성이 없어야함을 말한다. 육체적, 금전적 안전성과 서비스 관련 비밀 접대 등을 포함한다.	- 밤 시간에 ATM을 이용하는 것이 안전할까? - 내가 구매한 보험은 유사시 완전한 보상을 해 주는가?
능력성 (Competence)	서비스를 수행하는데 필요한 기술과 지식의 소유를 의미하며, 고객과 직접 접촉하는 직원이나 운영지원파트의 직원의 기술과 지식, 조직의 조사능력을 포함한다.	- 은행창구 직원은 실수없이 금융거래를 처리할 수 있는가? - 그 컨설턴트는 우리 회사의 니즈를 모두 알고 해결방안을 제시할 수 있는가?
예절성 (Courtesy)	고객 접촉요원의 친절성이나 정중함, 사려심을 말한다. 단정한 용모, 고객에 대한 배려 등을 포함한다.	- 전화교환원은 언제나 나의 질문에 상냥하게 응대하는가? - 기내 승무원은 유쾌한 태도를 갖고 있는가?

이해성 (Understanding the customer)	고객의 요구를 이해하려는 노력을 말한다. 이것은 고객의 구체적 요구에 대한 학습 개인화된 관심(서비스, 단골고객의 확인) 등을 포함한다.	- 그 호텔종업원이 나를 단골고객으로 인식하고 있나? - 내 주식거래 담당자가 나의 재테크 목적을 알려고 노력하는가?
접근성 (Access)	서비스 조직에 대한 접근 가능성과 접촉의 용이성을 말한다. 전화를 이용한 접근의 용이성, 기대시간, 영업시간이나 입지의 편리성을 포함한다.	- 문제에 직면했을 때 직장상사에게 쉽게 털어 놓을 수 있는가? - 그 항공사는 24시간 전화응대가 가능한가? - 그 호텔은 가기에 편리하게 유치하고 있는가?

서비스는 독특한 특성을 가지고 있어 서비스 품질은 명확하게 정의를 내리거나 측정하기 어렵다. 따라서 서비스 품질은 객관적으로 측정할 수 없으며, 서비스에 대한 고객의 기대와 지각을 기준으로 하여 소비자의 주관적 판단에 의해 측정하는 방법이 적절하다. 서비스 품질과 관련된 중요한 연구 주제의 하나는 서비스 품질의 측정에 관한 것이다. 서비스 품질의 측정은 최근 서비스 마케팅 연구에서 많은 관심과 주목을 받고 있다. 서비스 품질의 측정은 서비스 상품의 성격이 다르고, 소비자와 서비스의 접촉이 다르게 때문에 하나의 접근 방법으로는 객관성과 타당성을 확보하기 어렵다.

서비스는 유형재인 제품과 달리 독특한 특성을 가지고 있기 때문에 소비자들은 제품을 평가하는 것과는 다른 방법으로 서비스를 인식하게 된다. 서비스품질의 측정은 제품품질과 달리 불량품이나 내구성과 같은 객관적인 척도로 측정하기 어렵기 때문에 고객의 인식을 통해 서비스 품질을 측정하고 있다.

3) SERVQUAL 모형

서비스 품질을 측정하기 위해 Parasuraman, Zeithaml, Berry(1988)는 SERVQUAL 모형을 개발하였다. 지금까지 SERVQUAL 모형을 이용하여 많은 연구자들이 서비스 품질을 연구하여 이에 대한 지지와 비판을 받고 있지만, SERVQUAL은 서비스 품질의 측정에서 지배적인 위치를 차지하고 있다.

SERVQUAL 모형은 고객의 서비스 품질에 대한 기대(Expectation)와 지각(Perception) 간의 격차를 서비스 품질을 구성하는 5가지 차원별로 분석한 측정방법으로, 서비스 품질 5가지 차원은 유형성(Tangibles), 신뢰성(Reliability), 반응성(Responsiveness), 공감성(Empathy), 확신성(Assurance)이며 영문 첫 글자를 모아 RATER 5가지 차원이라고도 한다. 그리고, 고객의 기대에 영향을 주는 주요 변수로 구전 커뮤니케이션, 개인적 요구, 과거의 경험, 외부 커뮤니케이션을 들 수 있다.

서비스 품질 측정을 통해 고객의 기대와 제공받은 서비스에 대한 성과와의 차이를 비교하는데, 여기서 인지된 성과가 기대 수준보다 낮다면 이것은 서비스 품질이 낮은 것이고, 그 반대는 좋은 서비스 품질을 나타낸다.

4) SERVQUAL 모형의 5가지 서비스 품질 구성 차원

(1) 유형성

물리적 시설, 장비와 도구, 종사원의 외모와 깔끔한 복장, 최신의 현대적 시설, 시설의 외관, 서비스와 관련된 제반 자료인 설명서, 팸플릿 등을 말한다.

(2) 신뢰성

약속한 서비스를 믿을 수 있고 정확히 수행하려는 능력으로, 서비스의 약속시간 준수, 고객이 불편을 느꼈을 때 문제 제기에 대한 해결 및 확인, 계산의 정확성, 약속의 철저한 이행, 작은 실수조차 없는 완벽한 서비스 등 일관성 있는 서비스 수행 자세를 말한다.

(3) 반응성

고객의 요구사항에 신속히 서비스를 제공하려는 자세로, 서비스 제공시간의 정확한 약속, 종사원들의 신속한 서비스 제공 자세, 종사원들이 고객 지원을 위해서 언제나 가까운 위치에 대기하고 아무리 바빠도 고객의 요청에 응하는 자세 등을 말한다.

(4) 확신성

종사원의 업무에 대한 지식과 예절, 자신감을 전달하는 능력으로 고객에게 확신을 주는 직원들의 행동, 고객에게 주는 거래의 안정성, 항상 고객에게 친절한 직원, 고객의 어떤 문의에도 자신 있게 대답이 가능한 자세 등을 말한다.

(5) 공감성

고객에게 제공하려는 배려와 관심의 정도로, 고객에 대한 관심, 고객에게 편리하게 시간대를 조정하고, 개인적 관심과 배려, 고객에게 최대한 이익을 주려는 직원, 고객의 욕구에 대한 직원들의 이해 등을 말한다.

이러한 서비스는 변화의 폭이 크고 서비스 전달과정에 반드시 고객이 참여하고 고객접촉의 빈도가 매우 높아서 서비스 품질의 평가는 주관적으로 이루어진다.

[표 4-7] 서비스 품질 평가 5가지 구성 차원

차 원	내 용
유형성(Tangibles)	물리적 시설, 설비 및 종사원의 용모
신뢰성(Reliability)	고객과 약속한 서비스를 믿을 수 있고, 정확하게 실행할 수 있는 능력
반응성(Responsiveness)	고객을 도와 줄 수 있고 즉시 서비스를 제공하겠다는 마음가짐
확신성(Assurance)	종업원 지식과 정중한 예절, 신뢰와 확신을 줄 수 있는 능력
공감성(Empathy)	회사가 고객에게 제공하는 개별적 관심과 배려

5) 외식업체의 서비스 품질 구성 요소

외식산업에서 제공되는 서비스란 고객의 욕구를 바탕으로 한 새로운 문화 체험과 다양한 여가 욕구를 충족시켜주기 위해 제공되는 인적 · 물적의 모든 노력이며, 구성 요소에는 서비스 상품, 서비스 전달, 서비스 수준, 서비스 분위기 4가지 요소가 있다.

첫째, 서비스 상품은 유형성으로 고객이 대가를 지급하고 이용할 수 있는 것을 말한다.

둘째, 서비스 전달은 서비스가 행해지는 과정에서 서비스 불만의 문제를 일으킬 수 있는 요소들로 예를 들면, 주문을 잘못 받았거나 정확한 업무지식이 없어 고객의 질문에 대답을 못하는 경우가 여기에 속한다.

셋째, 서비스 수준은 고객이 대가를 지급하고 종사원으로부터 받는 서비스의 정도를 나타낸다. 종사원의 업무에 대한 숙련도와 친절도, 계산을 할 때 정확성과 신속함 등이 여기에 해당한다.

넷째, 서비스 분위기는 서비스가 고객에게 전달되는 환경을 말한다. 여기에서는 서비스가 제공되는 장소의 실내 장식, 분위기, 조명시설, 배경음악, 음료 서비스 등이 해당된다.

외식산업에서 서비스의 질이란 고객이 외식업체에서 제공해 줄 것이라고 기대한 서비스와 실제로 고객이 받은 서비스의 차이 정도를 말하며, 고객들이 서비스의 질을 평가하는 기준은 다섯 가지로 나눠볼 수 있다.

외식관련 분야의 연구자들은 음식과 메뉴, 서비스 등 음식 관련 속성에 많은 비중을 두고 외식 서비스 품질을 중요하게 다루는데, 서비스 품질 요인에는 인적 서비스, 물적 서비스, 메뉴 서비스가 있다.

인적 서비스에는 종사원의 친절도, 메뉴의 주문에서 서비스 시간, 종사원의 메뉴지식, 종사원의 용모, 불만대처 등이 있다. 물적 서비스에는 주차장 편리성, 교통의 편리성, 호텔의 외관, 위생 상태, 테이블 세팅, 할인 혜택, 식당 분위기 등이 있다. 메뉴 서비스에는 음식의 맛과 온도, 음식의 양과 신선도, 메뉴의 가격, 메뉴의 다양성 등의 내용이 있다.

9. 음식점의 이미지

1) 이미지의 개념

1950년대 들어서 이미지에 대한 연구가 시작되면서 학교의 이미지, 회사의 이미지, 국가의 이미지, 브랜드 이미지, 대중적인 이미지, 그리고 자신의 이미지 등과 같이 다양한 문맥 속에서 사용되고 있다. 이미지에 대한 정의는 학자들에 따라 다양하다. 이미지란 일반적으로 상, 영상, 심상 등으로 풀이되는데 더욱 심층적으로 보면 이미지는 과거의 경험으로부터 구체적, 감각적으로 인간의 마음 속에 재생되는 상으로 직접적인 감각대상의 자극이 없어도 인간의 의식 속에 만들어지는 상이다.

음식점 이미지란 고객들이 음식점을 이용한 후 특정 음식점의 선호도, 즉 음식점에 대한 인상으로 긍정적이거나 부정적인 생각과 태도를 말한다. 이러한 음식점의 이미지는 고객이 재방문할 경우 상품의 구매행동에 큰 영향을 미치는 것으로 분석된다. 전주비빔밥 음식점은 전통적인 음식의 맛, 부대시설 등의 여러 요소가 공간적으로 잘 구성되어 있으면 훌륭한 하나의 상품이 되리라 생각하며, 이러한 음식점의 느낌이 매출증진에 도움이 되도록 이미지 관리가 필요하다.

음식점 이미지의 구성요인을 분류하면 음식점 속성요인이다. 음식점 이미지 관리에서 가장 중요한 것은 음식점 속성이며, 이는 고객이 음식점의 이미지를 형성하거나 또는 태도를 형성하는데 평가대상이 되는 것이라 할 수 있다. 음식점 속성 요인에는 가격, 입지성, 종사원의 서비스, 부대시설, 광고와 판촉, 분위기 등을 들 수 있다. 그러므로 마케팅에서 의미하는 이미지는 고객 또는 소비자가 특정기업 및 제품에 품고 있는 좋거나 나쁜 느낌을 말한다.

2) 음식점의 이미지 구성

❶ 위생 이미지 음식 및 기물의 위생 상태, 내부 청결도, 화장실의 청결 및 시설

❷ 종사원 이미지 종사원의 서비스 수준, 종사원의 친절도, 주방장의 명성, 종사원의 주문받는 태도, 음식 주문받기까지의 시간

❸ 시설 이미지 교통편리, 주차시설, 적절한 테이블 배치, 예약 용이

❹ 브랜드 이미지 식당의 명성, 음식의 독특성, 광고와 촉진전략

❺ 편리성 이미지 좌석의 안락함, 실내 분위기, 어린이 놀이시설

❻ 가격 이미지 가격에 상응한 가치의 제공

❼ 음식 이미지 음식의 가격과 맛, 음식을 담은 그릇, 음식의 양과 표준화된 맛, 반찬의 다양성

3) 유사한 용어의 정의

(1) 기업 이미지

기업의 객관적인 실상보다는 소비자가 마음 속에 그리고 있는 주관적인 상으로 이를 형성하고 있는 요건들은 제품의 질, 사업구조, 고객만족도, 사회공헌도, 신기술개발, 노사관계, 기업의 장래성과 최고경영자의 이미지 등을 들 수 있다.

(2) 제품 이미지

소비자가 제품의 물리 화학적 성질과 개성에 관하여 그리고 있는 상으로 제품이 제시해 줄 수 있는 기능성 이익 이외에도 경제적 및 상징적 이익 등을 잠재고객들이 느끼게 되는 관련된 모든 이미지를 말한다. 제품설계, 제품개발, 포장과 디자인, 가격 등이 주요 이미지 형성요인으로 작용한다.

(3) 매장 이미지

방문고객이 바로 느낄 수 있는 매장의 독특한 인테리어, 디스플레이 등과 같은 매장 내외의 디자인 요소와 매장시설, 진열된 상품, 판매사원 및 판매요인 등을 말한

다. 이외에도 매장 이미지를 구성하는 요소로는 프로모션 시설, 판매시설 및 설비, 고객을 위한 편의시설 등을 말한다.

(4) 점포 이미지

소비자가 점포에 대해 일정 기간 형성해 온 전반적인 인상이라고 정의할 수 있다. 점포 이미지는 구매행동에 영향을 주며, 소비자가 이상적이라고 생각하는 점포 이미지를 경험했을 때 만족하게 되며, 그 점포에 좋은 태도를 갖는다.

그 이외에 이미지는 "자극과는 관계없이 과거의 경험으로부터 구체적 · 감각적으로 마음 속에 재생되는 상이다". "고객 또는 소비자가 특정기업 및 제품에 대하여 품고 있는 좋거나 나쁜 느낌"이라고 정의한다.

4) 음식점의 이미지 형성

음식점의 이미지는 내부 환경요인과 외부 환경요인의 영향으로 음식점에 대한 고객의 태도를 의미한다. 이러한 고객의 태도는 음식점의 이미지 형성을 체계화하여 고객이 음식점의 다양한 상품 또는 서비스를 구매하는 경우 음식점의 선호 및 선택의 전제가 된다. 음식점 이미지는 입지성, 종사원의 서비스, 고객의 특성 등에 영향을 받는다. 음식점의 이미지는 이용자 즉, 구매자에게 영향을 미친다고 할 수 있으며 사람들의 구전과 홍보, 식당의 분위기, 시설, 편리성 등이 있다.

[표 4-8] 음식점 이미지 형성의 영향요인

구 분	영향 요인	내 용
내적 요인	음식점 속성요인	종사원의 서비스와 친절도, 대기시간, 음식, 시설, 음식의 가격, 위생상태
외적 요인	고객 속성요인	조사대상자 특성(성별, 연령, 학력, 직업), 주변의 경쟁 음식점

제5장

외식 메뉴관리

외식 산업의 이해

제5장
05

외식 메뉴관리

1. 메뉴의 개요

1) 메뉴의 정의

메뉴의 어원은 라틴어인 미뉴터스(Minutus)에서 유래되었으며, 영어의 미뉴트(Minute), 프랑스어의 미뉘뜨(Minute)에 해당하는 말로 "상세하게 기록하다"라는 뜻이다. 메뉴는 원래 요리재료를 조리하는 방법을 설명한 것이었으나 16세기경부터 요리를 조리해서 상품으로 판매하기 위하여 손님에게 요리의 목록을 알리는 목록표로 사용되었다. 오늘날 메뉴의 시초는 1541년 프랑스의 브랑위그 공작이 만찬회에 제공하는 음식의 순서를 기입한 리스트에서 시작되어 19세기 파리의 래스트에서 사용되면서 전래되어 일반화되었다.

메뉴 정의의 시대적 변화를 보면 1960년대에는 "차림표"의 개념이, 1970년대부터는 "마케팅과 관리"의 개념이 가미된 "차림표"로, 1980년대부터는 "차림표"의 개념이 삭제된 강력한 "마케팅과 내부 통제 도구"로 정의되었다.

메뉴의 개념을 정의하는 데에는 오늘날까지 다양한 논의가 전개되어 왔다. 우리말로는 차림표 혹은 식단으로 부르는데 기본적으로는 "식사로 제공되는 요리를 설명한 상세한 리스트"로 이해할 수 있다. 또한 메뉴의 수단적 · 도구적인 측면을 강조하는 입장에서는 메뉴를 "식음료 운영의 관리 · 통제 · 판매 · 마케팅 및 커뮤니케이션 도구, 정보의 제공자" 등으로 정의하기도 한다. 그 시각을 고객의 관점으로 돌려서 고객에게 제공할 것을 정확하게 알려줄 수 있는 기능을 수행해야 한다는 측면에서 정의하기도 한다.

- 식당이 실제로 생산하고 제공할 수 있는 제품과 서비스, 분위기 등과 일치하는 것일 때에 달성될 수 있는 개념이다.
- 식당의 입지 여건, 시설, 서비스, 가격, 이미지 등을 통합한 식당 패키지이다.
- 내부적인 통제도구, 판매, 광고, 촉진을 포함하는 마케팅 도구이다.

2) 메뉴의 분류

(1) 제공 형태별 분류

❶ 정식 메뉴(Table d'hote Menu ; Full course Menu)

정식 메뉴란 "Table of host"를 뜻하며 숙박을 제공하는 여인숙이나 여관에서 주인이 준비한 음식을 정해진 가격에 투숙한 모든 고객들에게 같은 내용의 음식을 제공한 것에서 유래하였다. 오늘날 고급 레스토랑이나 호텔 연회 행사에서 일반적으로 사용하고 있다.

또한 정식 메뉴는 Full Course Menu 또는 Set Menu라고 하며, 제공할 음식의 종류와 순서를 미리 정해, 이에 따라 정형화된 서비스를 제공한다. 고객이 선택할 폭이 제한되어 있지만, 비교적 고급 음식과 격조 높은 서비스를 제공받을 수 있다.

최근에는 정식 메뉴를 매일 교체하는 경우도 있으나, 계절별로 교체하는 경우가 많다. 레스토랑을 매일 또는 자주 방문하는 고객이 있는가 하면, 가끔 방문하는 고객도 있다. 고객의 욕구가 다양해 자주 변화를 줄 수 있는 정식 메뉴가 필요하다.

현재 호텔과 외식업체의 고급 레스토랑에서는 정식 메뉴만으로 영업을 하는 레스토랑은 거의 없다. 정식 메뉴와 비슷한 'Daily Special Menu'나 'Gourmet Dinner

Menu'가 있는데 고객이 선호하는 식재료를 이용하여 기호에 맞게 양질의 재료와 적정한 가격, 계절에 맞게 메뉴를 작성하여 일별, 주별, 월별로 메뉴를 제공하고 있다.

일반적으로 정식 메뉴는 점심에 4 코스, 저녁에 5 코스, 연회에서 5~6 코스로 구성하는데, 메뉴 순서의 예를 들면 다음과 같다.

5 Course

전채요리(Appetizer) → 수프(Soup) → 주요리(Main Dish) → 후식(Dessert) → 음료(Beverage)

7 Course

전채요리(Appetizer) → 수프(Soup) → 생선(Fish) → 주요리(Main Dish) → 샐러드(Salad) → 후식(Dessert) → 음료(Beverage)

9 Course

전채요리(Appetizer) → 수프(Soup) → 생선(Fish) → 셔벗(Sherbet) → 주요리
(Main Dish) → 샐러드(Salad) → 후식(Dessert) → 음료(Beverage) → 식후 생과자(Pralines)

12 Course

찬 전채요리(Cold Appetizer) → 수프(Soup) → 더운 전채요리(Warm Appetizer) → 생선 요리(Fish) → 셔벗(Sherbet) → 주요리(Main) → 샐러드(Salad) → 후식(Dessert) → 조림 또는 생 과일(Fresh or Compote Fruit) → 치즈(Cheese) → 음료(Beverage) → 초콜릿류 곁들인 생과자(Pralines)

정식 메뉴의 특징에서 중요한 내용은 다음과 같다.

- 식자재의 관리가 용이하다.
- 메뉴의 관리가 용이하다.
- 원가를 절감할 수 있고, 가격이 저렴하다.
- 신속한 서비스로 좌석 회전율이 높다.
- 고객은 메뉴 선택의 폭이 좁을 수 있다.
- 가격변화에 유연한 대처가 어렵다.
- 메뉴의 지식이 없어도 주문하기 쉽다.

❷ 일품요리 메뉴(A la carte menu)

일품요리는 레스토랑에서 제공하는 표준차림표(Standard Menu)라고도 하는데, 모든 요리의 품목을 가격과 함께 표시하고 있다. 고객의 취향에 따라 코스를 선택할 수 있으며 정식과 같은 순서는 무시될 수 있다. 또한 고객의 식성과 음식의 양에 맞는 메뉴만을 선택할 수 있으며, 메뉴 가격도 선택 여하에 따라 다르게 나타나기 때문에 가격에 맞는 메뉴를 선택할 수 있는 장점이 있다.

일품요리 메뉴는 한번 작성하면 단기간 내에 다시 변경하는 경우가 거의 없는데, 호텔 레스토랑에서는 계절별 또는 연도별로 교체하는 경우가 있다.

메뉴는 전채요리(Appetizer), 수프(Soup), 주요리(Main dish), 샐러드(Salad), 후식(Dessert), 음료(Beverage) 등으로 구성되는데, 생선류, 육류, 가금류 등 다양한 주요리가 있다.

일품요리의 특징에서 중요한 내용은 다음과 같다.

- 선택의 폭이 넓다.
- 객단가를 높일 수 있다.
- 인건비가 높다.

• 식자재, 메뉴관리가 어렵고 낭비가 많다.
• 메뉴지식이 없으면 주문할 메뉴구성이 어렵다.

❸ 컴비네이션 메뉴(Combination Menu)

정식 메뉴와 일품요리 메뉴의 장점만을 혼합한 메뉴로 최근에 많이 이용되는 메뉴이다.

컴비네이션 메뉴의 특징에서 중요한 내용은 다음과 같다.

• 메뉴구성이 고객의 식사 패턴 변화에 유연하게 대처 가능하다.
• 가격을 식자재 원가 상승에 대처할 수 있도록 조정할 수 있다.
• 고객은 선택의 폭이 넓다.
• 식자재 관리가 용이하다.

❹ 오늘의 요리 메뉴(Daily Special Menu)

오늘의 요리는 그날의 특별요리를 메뉴로 일반적으로 4코스로 제공한다.

❺ 연회 메뉴(Banquet Menu)

연회 메뉴에는 코스 메뉴로 하는 정식 메뉴, 뷔페 메뉴, 알코올음료와 비알코올음료, 카나페, 전채요리(찬 요리, 더운 요리), 스낵, 과일 등의 다과를 겸하는 칵테일파티(Cocktail Party), 티 파티(Tea Party), 뷔페와 다과를 겸하는 스탠딩 뷔페(Standing Buffet), 뷔페만 하는 시팅 뷔페(Sitting Buffet) 등 다수의 고객이 일정한 장소에서 동시에 많은 사람들에게 요리를 제공하는데 용이하도록 구성된 메뉴이다.

❻ 스낵 메뉴(Snack Menu)

아침과 점심, 점심과 저녁 사이, 저녁 후에 간단히 먹는 메뉴로 케이크, 소시지, 샌드위치, 주스, 아이스크림, 요구르트, 치즈, 커피, 차 등이 포함된다.

스낵 메뉴의 특징으로는 다음과 같다.

- 주문과 서빙이 빨리 이루어지는 메뉴이다.
- 가격이 중저가이다.
- 메뉴가 제한되어 있다.
- 좌석 회전이 빠르다.
- 고객이 분위기를 중요시하지 않는다.

(2) 제공 빈도에 따른 분류

❶ 고정 메뉴

고정 메뉴는 정식 메뉴, 일품요리 메뉴, 그리고 컴비네이션 메뉴를 포함하며 고객에게 제공할 아이템을 메뉴에 인쇄하여 일정 기간(6개월~1년)같은 아이템을 반복하여 제공하는 메뉴를 말한다.

고정 메뉴의 특징은 다음과 같다.

- 주어진 기간 동안 같은 메뉴만을 사용하기 때문에 원가가 절감되고, 생산 성이 높아진다.
- 원가와 음식 패턴의 변화에 유연성 있게 대처할 수 없다.
- 메뉴의 관리가 용이하다.
- 신속한 생산과 서비스로 좌석 회전율을 높일 수 있다.

❷ 사이클 메뉴(Cycle Menu)

주기적으로 메뉴의 품목이 바뀌며 단체급식을 하고 있는 학생 식당, 병원 구내식당, 회사 구내식당, 군 식당 등에서 많이 이용하는 메뉴이다.

(3) 제공 시간별 분류

❶ 조식(Breakfast)

조식은 아침에 잠에서 깬 후 가장 먼저 하는 식사로 동양에서는 가벼운 죽이나 국 종류를 메뉴에 포함한다. 현대에 와서는 가볍게 식사를 할 수 있고, 건강도 챙길 수 있는 것이 이용된다.

- 한국식 조식(Korean Breakfast) 집에서 가볍게 부담없이 적은 양을 먹는 것이 보편적이고, 그 외에는 밥과 함께 국물이 있는 북어국, 된장국, 콩나물국 중에서 한 가지를 먹는 것이 일반적이다.

- 미국식 조식(American Breakfast) 가장 보편적인 아침 식사로 달걀요리가 주가 되고, 토스트, 주스, 시리얼, 햄 또는 소시지, 베이컨, 커피 또는 티 등을 선택하여 먹는 아침 식사를 말한다.
- 유럽식 조식(Continental Breakfast) 미국식 조식 다음으로 많이 즐기는 조식으로 과일 또는 주스 한 가지와 코스트 빵이나 롤 빵 한가지를 선택하고, 커피 또는 티 한 가지를 선택하는 비교적 간단히 먹는 아침 식사를 말한다.
- 조식 뷔페(Breakfast Buffet) 비즈니스맨을 위하여 최근에는 많이 제공되고 있다.

❷ 중식(Lunch)

보통 12시부터 오후 2시 30분 사이에 먹는 식사로 한국인들은 된장찌개, 김치찌개, 비빔밥 등을 많이 이용하며, 서양인들은 수프와 생선요리, 육류요리 또는 샐러드, 피자, 스파게티, 샌드위치 중에서 한 가지와 후식으로 커피 정도의 가볍고 부담없는 식사를 말한다.

❸ 석식(Dinner)

보통 해가 지고 나서 먹는 식사를 저녁이라고 부른다. 세계 모든 나라가 하루의 일을 마치고 차분하게 하루를 되돌아보며 먹는 식사로 하루 식사 중 가장 중요한 식사라고 할 수 있다.

❹ **브런치**(brunch)

브렉퍼스트(breakfast)와 런치(Lunch)의 합성어로 조식과 중식 사이의 식사를 말한다. 공휴일이나 일요일에 늦게 일어나는 사람에게 제공하는 메뉴로 아침 식사보다는 메뉴가 다양하며, 인기 있는 여러 가지 음식이 제공한다. 최근에는 브런치 메뉴로 생선요리 또는 육류요리, 가금류 요리 중에서 주요리를 선택한 후에 시리얼, 빵, 잼, 과일주스, 계란요리, 파스타, 샐러드, 전채요리, 과일, 치즈, 커피 등 다양한 요리를 뷔페식으로 제공한다.

(4) 메뉴계획의 의의

- 제공할 음식의 메뉴를 결정하는 과정
- "무엇을 만들어 팔 것인가?" – 계획의 기능

(5) 커뮤니케이션이 좋지 않은 메뉴

- 책과 같은 메뉴
- 사전 없이 내용을 알 수 없는 메뉴
- 아이템을 발음조차 하기 어려운 메뉴
- 전문용어 투성이인 메뉴

(6) 커뮤니케이션이 잘 되는 메뉴

- 뷔페 레스토랑 – 진열된 음식 자체가 메뉴이다.

(7) 메뉴의 이해가 어려운 상황

- 익숙하지 않은 레스토랑

• 본인의 수준과 일치하지 않은 레스토랑(상위 수준)

• 다른 언어권에 있는 레스토랑을 방문할 때

THE CONTINENTAL (for 50 Persons and Above Only in Case of Buffet)	대륙식 조찬 메뉴 (부페일 경우는 50인 이상만 가능)
CHILLED FRUIT AND VEGETABLE JUICES	**-주스류-**
Orange	오렌지
Grapefruit	자몽
Pineapple	파인애플
Apple	사과
Tomato	토마토
CEREALS	**-시리얼류-**
Cornflakes	콘플레이크
Rice Bran	라이스 블랜
Honey Pops	허니 팝스
Served with Chilled Fresh Milk and with & Brown Sugar	신선한 우유와 설탕이 곁들여집니다.
SLICE SEASONAL FRUIT PLATTER	**-신선한 계절과일 모듬-**
ELECTION FROM THE BAKER' S BASKET	**-특선 빵류-**
Butter Croissants	버터 크로와상
Assorted Bread Rolls	여러 가지 롤빵
Danich Pasties	다양한 데니쉬 페이스트리
Muffins	머핀
Doughnuts	도넛
Butter Portion	버터
Margarine	마가린
Jan and Marmalade	잼과 마말레이드
Honey	꿀
BEVERAGES	**-음료수-**
Freshly Brewed Coffee	신선한 커피
Tea Selection	홍차류
Cold Milk	우유
Hot or Cold Chocolate	초콜릿

THE AMERICAN BREAKFAST (for 50 Persons and Above Only in Case of Buffet)	미국식 조찬 메뉴 (뷔페일 경우는 50인 이상만 가능)
CHILLED FRUIT AND VEGETABLE JUICES	**-주스류-**
Orange	오렌지
Grapefruit	자몽
Pineapple	파인애플
Apple	사과
Tomato	토마토
CEREALS	**-시리얼류-**
Cornflakes	콘플레이크
Rice Bran	라이스 블랜
Honey Pops	허니 팝스
Served with Chilled Fresh Milk and with & Brown Sugar	신선한 우유와 설탕이 곁들여집니다.
SLICE SEASONAL FRUIT PLATTER	**-신선한 계절과일 모듬-**
FROM THE PAN	**-계란류-**
The Follwing Choice of Egg Dishes	프라이
Can Be Prepared	수란
Scrambled, Fried, Poached or as an Omelette	오믈렛, 스크램블
Served with	계란요리에
Slice Ham, Bacon, Pork or Beef Sausages	햄, 베이컨, 소시지 등을 곁들입니다.
Hashbrown Potatoes	로스트 감자
SELECTION FROM THE BAKER'S BASKET	**-특선 빵류-**
Butter Croissants	버터 크로와상
Assorted Bread Rolls	여러 가지 롤빵
Danich Pastries	다양한 데니쉬 페이스트리
Muffins	머핀
Doughnuts	도넛
Butter Portion	버터
Margarine	마가린
Jam and Marmalade	잼과 마말레이드
Honey	꿀
BEVERAGES	**-음료수-**
Freshly Brewed Coffee	신선한 커피
Tea Selection	홍차류
Cold Milk	우유
Hot or Cold Chocolate	초콜릿

THE ORIENTAL BREAKFAST BUFFET (for 50 Persons and Above)	동양식 조찬 뷔페 (50인 이상 기준)
CHILLED FRUIT AND VEGETABLE JUICES	**-주스류-**
Orange, Pineapple, Grapefruit	오렌지, 파인애플, 자몽
Apple, Tomato	사과, 토마토
SLICE SEASONAL FRUIT PLATTER	**-신선한 계절과일-**
FROM THE PAN	**-계란류-**
The Following Choice of Egg Dishes	프라이
Can Be Prepared	수란
Scrambled, Fried, Poached or as an Omelette	오믈렛, 스크램블
Served with	계란요리에
Slice Ham, Bacon, Pork of beef Sausages	햄, 베이컨, 소시지 등을 곁들입니다.
SIDE DISHES	**-각종 찬류-**
Nori	김
Kimchi	김치
Sauteed Anchovies	볶은 멸치
Yellow Turnip	단무지
Woomeboshi	우메 보시
Pan Fried Fish	생선튀김
Steamed Rice	쌀 밥
Hashbrown Potatoes	로스트 감자
HOT PORRIDGE	**-죽류-**
Chicken Porridge	닭죽
FROM THE SOUP KETTLE	**-탕류-**
Miso Soup	된장국
SALADS	**-샐러드류-**
Crispy Lettuce, Slice Cucumber and Tomatoes	신선한 양상치, 썰은 오이와 토마토에
Served with Japanese Dressing	일본식 드레싱을 곁들입니다.
SELECTION FROM THE BAKER'S BASKET	**-특선 빵류-**
Butter Croissants	버터 크로와상
Assorted Bread Rolls	여러 가지 롤빵
Danish Pastries	다양한 데니쉬 페이스트리
Muffins	머핀
Doughnuts	도넛
Butter Portion	버터

Margarine	마가린
Jam and Marmalade	잼, 마말레이드
BEVERAGES	**-음료수-**
Freshly Brewed Coffee	신선한 커피
Tea Selection	홍차류
Cold Milk	우유
Hot or Cold Chocolate	초콜릿

KOREA BREAKFAST	한식 조찬
	전복죽 조찬
Cabbage Kimchi	배추김치
Water Kimchi	물김치
Namul	나물
Abalone	전복죽
Fresh Fruit	신선한 과일
	해장국 조찬
Turmip Kimchi	깍두기
Cabbage Kimchi	배추김치
Namul	나물
Ox Blood Soup	해장국
Rice	쌀밥
Fresh Fruit	신선한 과일
	생선구이 조찬
Cabbage Kimchi	배추김치
Water Kimchi	물 김치
Namul	나물
Sea Laver	구운 김
Broiled Fish	생선구이
Steamed Egg	계란찜
Rice and Soup	쌀밥과 국
Fresh Fruit	신선한 과일

COCKTAIL RECEPTION	칵테일 리셉션
(For 50 Persons and Above)	(50인 이상 기준)
STANDARD CANAPES	**스탠다드 카나페**
COLD CANAPES	**-냉 카나페류-**
Marinated Salmon with Mustard Sauce	절인 연어에 겨자소스
Chicken Medallion with Pineapple	파인애플을 겨들인 닭고기요리
Roast Beer with Horseradish	소등심구이에 서양고추냉이 소스
Cream Cheese on Crackers	크래커에 크림치즈
Lumpfish Caviar Served on Brownbread	물미거지 알젓에 호밀빵
Soked Oyster on Egg	삶은 계란에 훈제굴
TIDBITS	**-티드빗류-**
Vegetable Crubitees with	다양한 야채, 마늘과 레몬을
Garlic and Lemon Dips	조화시킨 소스
Assorted Korean Dry Snacks	마른 안주 모둠
HOT CANAPES	**-온 카나페류-**
Seafood Skewer	해물꼬치
Snails Served in a Puff Pastry	퍼프페이스트리 속의 달팽이
Mini Pizza	미니피자
Cheese Tartlettes	치즈피자
Spinach Quiche	시금치 치즈파이
SWEETS	**-디저트류-**
Fruit Slices in a puff Pastry	과일 퍼프레이스트리
Chocolate Profiteroles	초코릿 프로피테롤
Home Made Cookies	쿠키
Fresh Fruit Platter	신선한 계절과일

COCKTAIL RECEPTION	칵테일 리셉션
REFINED SELECTION	**특선 칵테일 리셉션 메뉴**
COLD CANAPES	**-냉 카나페류-**
Oysters or Mussels on Ice	얼음 위의 굴 또는 조개요리
Sandwich Roll with Cream Cheese	샌드위치롤에 크림치즈
Ham and Asparagus	햄과 아스파라거스
Air Dried Beer with Pearl Onions	쇠고기 건포에 진주 옥파
Rice Rolls	김밥
Smoked Salmon with Dill	훈제연어에 딜향을 곁들인 소스
Beef Tartar on Pumpernickel	보리빵에 쇠고기 육회
TIDBITS	**-티드빗류-**
Vegetable Crubitees with Garlic Lemon	다양한 야채와
Dips	마늘과 레몬을 조화시킨 소스
Assorted Korean Dry Snacks	마른안주 모듬
HOT CANAPES	**-온 카나페류-**
Honey Glazed Chicken Wings	꿀발리 구운 닭 날개
Fish Fingers with Tartar Sauce	생선튀김에 타르타르 소스
Snails in a Vol-Au-Vent	달팽이 볼-오-방
Ham Croissants	햄 크로와쌍
Small Bulgogi Skewer	불고기 산적
CARBING	**-카빙-**
Roastbeer with Minirolls	로스트 비프와 미니롤
SWEETS	**-디저트류-**
Assorted Rice Cakes	떡 모둠
Fresh Fruit Platter	신선한 과일 모둠
French Pastries	프렌치 페이스트리
Fruit Slices in a Puff Pastry	신선한 과일파이

INTERNATIONAL BUFFET	인터네셔널 뷔페
(for 50 Persons and Above)	(50인 이상 기준)
COLD DISHES	**-냉 요리류-**
Smoked Salmon with Horseradish	훈제 연어에 호스 래디쉬
Cooked Ham with Fruit	햄 요리에 과일 꾸미
Seafood Salad	해산물 샐러드
Assorted Tolled Sandwiches	샌드위치 모둠
Haepari Nengchae	해파리 냉채
Rice Roll	김밥
Assorted Kimchi	김치 모둠
Tuna Sashimi	참치회
GARDEN GREENS	**-샐러드류-**
Tomato	토마토 샐러드
Coleslaw	양배추 샐러드
Potato	감자 샐러드
Rice Salad	라이스 샐러드
Chioce of Dressings	다양한 드레싱
SOUP	**-수프-**
Cream of Mushroom	양송이 크림수프
HOT DISHES	**-온 요리류-**
Broiled Chicken Korean Style	닭구이(한국식)
Spaghetti Meat Sauce	스파게티에 소고기 소스
Grantimatei Mcaroni	이탈리아식 마카로니
Fried Mandoo with Soy Sauce	만두튀김

Spicy Octopus	오징어볶음
Galbigui	갈비구이
Mixed Veretables	야채볶음
Steamed Rice	쌀밥
DESSERTS	**-후식류-**
Rice Cakes	각종 떡 모듬
French Pastries	프랑스풍 페이스트리
Pies	파이
Sliced Fresh Fruits	신선한 과일
Swiss Roll Cakes	스위스 롤케이크
Persimmon Punch	수정과
Pudding	푸딩
Coffee or Tea	커피 또는 홍차

STANDING BUFFET (For 30 Persons and Above)	스탠딩 뷔페 메뉴 (30인 이상 기준)
COLD DISHES	**-냉 요리류-**
Chicken Gallantin	젤리에 든 닭요리
Smoked Fish Selection	다양한 훈제 생선
Smoked Turkey	훈제 칠면조
Rice Rolls	김밥
Vegetable Relish	신선한 야채안주
SELECTION FROM THE SALAD BAR	**-특선 샐러드류 모둠-**
Assorted Leave Salabs with A Choice of Dressing	각종 샐러드와 드레싱
HOT DISHES	**-온 요리류-**
Fried Chicken Wings Country Style	닭날개 튀김
Balls of Cuttlefish	오징어완자요리
Balls of Fishmeat	생선완자요리
Cochtail Sausages	칵테일 소시지
Mini Pizzas	미니피자

DESSERTS	**-후식류-**
Sliced Fresh Fruits	신선한 과일
Profiteroles	프로피테롤
Mini French Pastries	미니 프랑스풍 페이스트리
Assorted Pies and Cakes	여러종류의 파이와 케이크
Coffee or Tea	커피 혹은 홍차

KOREAN BUFFET	한식 뷔페
(Fof 50 Persons and Above)	(50인 이상 기준)
COLD DISHES	**-냉 요리류-**
Sliced Cuttle Fish with	오징어 초고추장
Red Pepper Vinaigrette	무침
Marinated Jelly Fish with Mustard Sauce	해파리 겨자채
Sashimi of Tuna	참치회
Sushi of Tuna	참치초밥
Sushi of Clams	새조개초밥
Korean Style Vermi Celli	잡채
Bean Jelly Salad	탕평채
Assorted Bread Rolls	롤빵 모둠과
Butter Portions, Margarine and Jam	버터, 마가린, 잼
KOREAN STYLE VEGETABLES AND KIMCHI	**-나물과 김치류-**
Doraji Seng Chae, Mussels Salad	도라지생채, 홍합채
Bomdong Moochim, Woogeji Bokeum	봄동무침, 우거지볶음
Cabbage Kimchi, White Kimchi	배추김치, 백김치
SOUP AND PORRIDGE	**-탕과 죽-**
Pumpkin Porridge	호박죽
Dried Pollack Soup	북어국
SALADS	**-샐러드류-**
Crispy Mixed Greens	상치샐러드
Tomato and Onion	토마토 양파 샐러드
Cucumber with Dill Mayonnaise	오이와 딜 마요네즈 샐러드
Carrot and Orange	당근, 오렌지 샐러드
Korean and Japanese Dressings	한식과 일식 드레싱

HOT DISHES	-온 요리류-
Broiled Mackerel with Spicy Soy Sauce	심치구이에 양념장
Octopus Cooked in Dasserole	낙지 전골
Steamed Bean Curb	두부찜
Broiled Chicken	양념 닭구이
Panfried Fish	생선전
Bulgogi	불고기
Sweet and Sour Pork	탕수육
Braised Oxtail	쇠꼬리찜
Fried Oyster with Hot Sauce	굴튀김에 초장
Steamed Rice	쌀밥
DRESSERTS	**-후식류-**
Assorted Rice Cakes	떡 모둠
Rice Punch	식혜
Persimmon Punch	수정과
Fruit Punch	과일화채
Assorted French Pastries	프랑스풍 페이스트리 모듬
Cfresh Fruit Platter	신선한 과일
Coffee or Tea	커피와 홍차

WESTERN MENU	양식 메뉴
Vegetable Cream Soup	야채 크림 수프
***	
Whole Roasted Sirloin	등심 스테이크에
Green Peppercorn Sauce	그린페퍼콘 소스와
Abked Potatoes	구운 감자 곁들임
***	
Mixed Salad with House Dressing	샐러드에 본가식 드레싱
***	
Fresh Kiwis with Vanilla Ice Cream	신선한 키위에 바닐라 아이스크림
***	

WESTERN GOURMET MENU	양식 메뉴
Sliced Smoked Duck Breast with Honey Melon	훈제오리고기에 허니멜론
***	
Wild Korean Mushroom Soup	야생 버섯 수프
***	
Timbale of Sole Accompanied by Saffron Sabayon	가지미요리에 싸프롱싸바용
***	
Lemon Sherbet	레몬 셔벗
***	
Beef Tenderloin Served with Greenp Pepper Corn Sauce Seasonal Vegetables Potatoes	소안심스테이크에 그린페퍼콘 소스 계절야채와 감자 곁들임
***	
Mixed Seasonal Salad with Sherry Dressing	계절야채 샐러드와 셰리 드레싱
***	
Blackforest Ice Cake with Berries	블랙포리스트아이스크림 케이크
***	
Coffee or Tea Nignardises	커피 혹은 홍차 프랑스 과자
***	

Sliced Smoked Duck with Honey Melon	훈제오리고기에 허니멜론
***	
Wild Koran Mushroom Soup	야생버섯 수프
***	
Timbale of Sole Accompanied by Saffron Sabayon	가지미요리에 싸프롱싸바용
***	
Lemon Sherbet	레몬 셔벗
***	
Beer Tenderloin Served with Creen Pepper Corn Sauce	소안심스테이크에 그린페퍼콘 소스 계절야채와 감자 곁들임

Seasonal Vegetables Potatoes	
Mixed Seasonal Salad with Sherry Dressing	계절야채 샐러드와 셰리 드레싱
***	
Blackforest Ice Cream Cake with Gerries	블랙포리스트 아이스크림 케이크
***	
Coffee or Tea	커피 혹은 홍차
Mignardises	프랑스 과자
***	

Prawn with Bell Pepper Vinaigrette	왕새우 요리에 신선한 야채
and Garden Greens	
***	
Green Pea Soup Served with Garlic Croutons	완두콩 수프에 마늘 크루톤
***	
Bagy Seavream on Sauteed Vegetables	도미에 야채 곁들임
***	
Pear Sherbet	배 셔벗
***	
Beef, Lamb and Veal Medallions with	쇠고기, 양고기 송아지 고기요리에
Wild Ushrooms and Cognac Sauce	야생버섯과 코냑 소스
Parisienne Potatoes	야채국수와 감자 곁들임
***	
Mixed Garden Salad Tossed with Sherry	계절야채 샐러드에
Deessigh	셰리주로 맛을 낸 드레싱
***	
Crepes Suzette and Vanilla Ice Cream	오렌지로 맛을 낸 얇은 팬케이크에
***	바닐라 아이스크림
Coffee or Tea	커피 혹은 홍차
Mignardises	프랑스 과자
***	

WESTERN GOURMET MENU	양식 메뉴
Smoked Salmon Salad with Sobster medallon on Garden Greens with Balsamic Vinaigrette	훈제연어 샐러드에 바닷가재 신선한 야채에 발삼향의 비네그레트
***	
Double Consomme Served with Three Kinds of Ravioli	콘소메 수프에 3가지 라비오리
***	
Selection of Seafood in a Puff Pastry	퍼프페이스트리 속에 채운 각종 해산물
***	
Melon Sherbet	얼음조각 위에 담아내는 메론 셔벗
***	
Roasted Beef Tenderloin with Morel Sauce Seasonal Vegetable Basket Parisienne Potatoes	소안심스테이크에 모렐소스 각종 계절야채와 파리지엔 감자 곁들임
***	
Master Pastry Chef' s Surprise	주방장특선 페이스트리
***	
Seaonal Fresh Fruit	신선한 계절 과일
***	
Coffee or Tea	커피 혹은 홍차
***	
Home Made Pralines	제과장이 손수 만든 초콜릿

WESTERN GOURMET MENU	양식 메뉴
Smoked Salmon with Sour Cream and Serruga Caviar	훈제연어와 사우어 크림 세브루가 카비아
***	
Crab Cream Soup with Basil	베이질향의 게살 크림 수프
***	
Asparagus with Jumbo Prawns Pomery Sauce	왕새우에 아스파라거스
***	
Champagne Sherbet	샴페인 셔벗
***	

Roasted Beef Tenderloin with Morel, Sauce	소안심스테이크에
Seasonal Vegetable Basket	각종 계절야채와
Parisienne Potatoes	파리지엔 감자 곁들임
Baby Lettuce with Hazelnut Dressing	상추에 헤이즐넛 드레싱
***	
Master Pastry Chef's Surprise	주방장특선 페이스트리
***	
Seasonal Fresh Fruit	신선한 계절 과일
***	
Coffee or Tea	커피 혹은 홍차
***	
Home Made Pralines	제과장이 손수 만든 초코릿
***	

KOREAN SET MENU	한정식
BIBIMBAB SET MENU	**메뉴**
(Korean Risottol in Vegetables)	(비빔밥 정식)
Cabbge Kimchi	배추김치
Water Kimchi	물김치
Salted Fish	젓갈
Sesame Oil and Chilly Paste	참기름과 고추 양념장
***	
Jelly Fish with Ustard Sauce	해파리 겨자채
***	
Assorted Vegetable Julienne	각종 야채볶음
***	
Marinated and Broiled Thin Slices of Beer	쇠고기채 양념볶음
***	
Soup and Steamed Rice	밥과 국
***	
Seasomal Fresh Fruit	신선한 과일
***	
Rice Punch	식혜
***	

KOREAN SET MENU	꼬리곰탕 정식
Cabbage Kimchi	배추김치
Water Kimchi	물김치
Thtee Kinds of Vegetables	삼색나물
Salted Fish Roe	명란젓
Panfgied Sealaver	구운 김
***	
Jelly Fish with Ustard Sauce	해파리 겨자채
***	
Two Kinds of Panfried Items	2색전
***	
Oxtail Soup and Rice	꼬리곰탕과 밥
***	
Fresh Fruit	신선한 과일
***	
Rice Punch	식혜

KOREAN SET MENU	생선구이 정식
Cabbage Kinchi	배추김치
Water Kimchi	물김치
Thtee Kinds of Vegetables	3색 기본찬
***	
Jelly Fish with Ustard Sauce	해파리 겨자채
***	
Two Kinds of Panfried Items	2색전
***	
Broiled Fish	생선구이
***	
Steamed Rice and Soup	밥과 국
***	
Seasonal Fresh Fruit	신선한 과일
***	
Persimmon Punch	수정과

KOREAN SET MENU	쇠등심 불고기 정식
Cabbage Kimchi	배추김치
Water Kimchi	물김치
Thteekinds of Vegetables	3색 나물
Seaonal Vegetables with Bean Paste	생야채와 장
***	
Jelly Fish with Mustard Sauce	해파리 겨자채
***	
Two Kinds of Panfried Items	2색전
***	
Bulgogi, Soup and Rice	불고기, 밥과 국
***	
Seasonal Fresh Fruit	신선한 과일
***	
Persimon Punch	수정과

KOREAN SET MENU	갈비찜 정식
Cabbage Kimchi	배추김치
Water Kimchi	물김치
Beanhelly Seasoning	청포묵무침
Vegetables	나물
***	
Jelly Fish with Mustard Sauce	해파리 겨자채
***	
Two Kinds of Panfried Items	2색전
***	
Braised Short Rib Beef	갈비찜
Rice and Soup	밥과 국
***	
Seasonal Fresh Fruit	신선한 과일
***	
Persimon Punnch	수정과

KOREAN SET MENU	갈비구이 정식
Cabbage Kimchi	배추김치
Water Kimchi	물김치
Beamjelly Seasoning	청포묵무침
Seasonal Cegetable with Bean Paste	생야채와 장
***	
Jelly Fish Mustard Sauce	해파리 겨자채
***	
Two Kinds of Panfried Items	2색전
***	
Broiled Ribs of Beef, Soup and Rice	쇠갈구비 구이, 밥과 국
***	
Fresh Fruit	신선한 과일
***	
Pefsimmon Punch	수정과

KOREAN FULL COURSE MENU	한식 정찬
Five Kinds of Basic Dishes	5색 기본찬
***	
Rice Porridge	흰죽
***	
Fresh Ginseng with Honey	인삼꿀
***	***
Boiled Large Octeopus with Hot Sauce	문어초장
***	***
Jelly Fish with a Mustard Sauce	해파리 겨자채
***	***
Two Kinds of Panfried Itmes	2색전
***	***
Steamed Large Prawn	왕새우찜
***	***
Broiled Rib of Beef	갈비구이
***	***

Rice and Soup	밥과 국
***	***
Fresh Fruit	신선한 과일
***	***
Rice Punch	식혜
***	

KOREAN FORMALL FULL COURSEMENUS	한식 정찬
Five Kinds of Basic Dishes	5색 기본찬
***	
Pinenut Porridge	잣죽
***	
Fresh Ginsehg with Noney	인삼꿀
***	
Boiled Octopus with Hot Sauce	문어초장
***	
Jelly Fish with a Mustard Sauce	해파리 겨자채
***	
Panfried Itmes	전류
***	
Beef Brochette	쇠고기산적
***	
Steamed Shrimps	왕새우찜
***	
Broiled Rib of Beef	갈비구이
***	
Ambrosial Set	신선로
***	
Rice and Soup	밥과 국
***	
Fresh Fruit	생과일
***	
Rice Punch	식혜
***	

CHINESE SET MENU	중국식 정찬
MENU	**중식 메뉴**
Four Kinds of Combination Dishes	4색 냉채
***	
Shark' s Fin Soup	상어지느러미탕
***	
Fried Chicken with Dried Peppers	미른 고추 닭볶음
***	
Fried Beef with Spring Onion	양파 소스 쇠고기튀김
***	
Braised Mixed Vegetables	모둠채 요리
***	
Fried Noodles Singapore Style	싱가포르식 볶음면
***	
Fried Rice Ball	찹쌀떡 탕
***	
Chilled Alond Jelly with Slychees	찬 아몬드젤리와 리치
***	
Four Konds of Conbination Dishes	4색 냉채
***	
Shari's Fin Soup with Chicken Meat	상어지느러미탕에 닭고기꾸미
***	
Braised Seafood with Vegetables	팔보채
***	
Fried Chicken and Garlic	마늘 닭볶음
***	
Fried Beef with Pimento	쇠고기 피망잡채
***	
Fish Meat in a Sweet and Sour Sauce	탕수 생선
***	
Braised Mixed Vegetables	모둠채 요리
***	
Moodle Soup or Vegetable Fried Rice	면 또는 볶음밥
***	
Chilled Musk Melon in Sago Cream	냉 머스크 멜론 사고 크림
***	

Italian Menu 이탈리아 메뉴

ANTIPASTI Appetizer **전채요리**

Bruschetta Pomodoro Salmone Tartar Asparagi
Tomato Bruschetta with Salmon Tartar and Aspagus
신선한 연어 타르타르와 아스파라거스를 곁들인 토마토 브루스케타

Verdure Grigliate Parmiggiana
Grilled Vegetables with Buffalo Mozzarella
그릴에 구운 채소에 얹은 그라탱한 모차렐라 치즈

***

INSALATA Salad **샐러드**

Insalata Caprese
Tomato and Buffalo Mozzarella Served with Seasonal Salad and Rucola
나폴리 카프리섬의 모차렐라 치즈를 얹은 토마토 샐러드

Insalata di Caesar
Caesar Salad
로마지방식 로메인 상추로 만든 시저 샐러드

Insalata Mista
Assorted Seasonal Mixed Lettuce
신선한 모듬 계절 샐러드

* * *

ZUPPA Soup **수프**

Zuppa di Funghi
Cream of Wild Mushroom Soup
버섯 크림 수프

Crema di Broccolo
Cream of Broccoli Soup
브로콜리 크림 수프

* * *

PASTA Pasta　　　　　　　　　　　　　　　　　　　　파스타

Linguine Pesto Genovese
Linguine with basil pesto and parmesan cheese
제노바 지방의 링귀니 페스토

Spaghetti alla Carbonara
Spaghetti with Bacon in Cream Sauce
밀라노 지방의 스파게티 까르보나라

Linguine Norvenese
Linguine with Shrimps, Crab Meat in Cream Sauce
시칠리아 지방의 링귀니 노베네제

Linguine alla Bucaniera
Spaghetti with Seafood in Tomato Sauce
나폴리 지방의 스파게티 부카니에라

Spaghetti alla Calabrese
Spaghetti with Onion, Ham, Basil in Tomato Sauce
칼라브리아 지방의 스파게티 칼라브레제

Spaghetti Vongole
Spaghetti with Clams in White Wine Sauce
스파게티 봉골레

Lasagne
Traditional Meat Lasagna
볼로냐 지방의 전통 쇠고기 라자냐

* * *

Secondo Meat　　　　　　　　　　　　　　　　　　　**주요리**

Pollo alla Cacciatora
Hunter Style Chicken Cacciatora
남부지방의 전통 닭고기 카차토레

Lombata Manzo Porto Con Pure Patate
Grilled Sirloin with Port Wine Sauce and Mash Potatoes and Capsicum
으깬 감자와 피망 볶음을 곁들인 쇠고기 등심 구이

* * *

Pizza	피자

Rucola Prosciutto Pizza
Fresh Tomatoes, Buffalo Mozzarella, Rucola and Prosciutto
루꼴라와 프로슈토 햄을 얹은 피자

Salame Olive Pizza
Tomato Sauce, Mozzarella Cheese Salami and Black Olives
살라미와 블랙 올리브를 얹어 구운 피자

* * *

Dolce Dessert	**후식**

Tiramisu
Traditional Mascarpone Cheese Cake
에밀리아식 지방의 전통 티라미수 치즈케이크

Zabaglione al Kahula
Ice Cream with Kahula Zabaglione
아이스크림을 곁들인 깔루아 향의 자바요네

2. 메뉴 디자인

메뉴 계획자가 메뉴에 기록할 아이템을 고려하여 선정하는 과정을 메뉴 계획이라고 말한다. 반면 메뉴 디자인은 메뉴 계획에서 선정된 아이템을 메뉴판에 옮기는 과정이라고 정의할 수 있다.

메뉴 계획에서 최종적으로 아이템이 선정되면 메뉴를 디자인하는데 잘 디자인된 메뉴란 메뉴 계획자가 의도한 대로 ① 배열(Layout), ② 설명(Copy), ③ 활자, ④ 메뉴의 크기, ⑤ 모양, ⑥ 색깔 등이 레스토랑의 전체적인 개념과 조화를 이루고, 기능적으로 메뉴의 역할을 잘 수행할 수 있도록 디자인된 메뉴를 말한다.

식음부문을 관리하는 대부분의 관리자들이 아직도 메뉴 계획과 메뉴 디자인을 별개로 취급하는 경향이 있다. 그러나 메뉴의 계획과 디자인은 동일시되어야 하고 똑

같은 중요도를 부여하여야 한다. 성공적인 메뉴의 디자인은 메뉴를 계획하는 관계자와 메뉴를 디자인하는 관계자가 긴밀한 관계를 가지고 충분한 대화를 통하여 디자인된 메뉴라고 말할 수 있다.

메뉴를 디자인하는 것 자체는 그리 어렵지 않다. 그러나 메뉴 디자인에 대한 이론적인 배경을 고려하여 성공적으로 디자인하기란 어렵다. 게다가 메뉴를 디자인하는 대부분의 디자이너가 메뉴에 대한 이론적인 배경을 고려하지 않은 채 미적인 면만을 강조한다. 그러나 과거의 메뉴는 미적인 면이 중요시되었으나 현재 메뉴는 미(美)보다 기능을 더 중요시하는 디자인이어야 한다는 사실을 메뉴관리자들은 알아야 한다.

1) 메뉴의 구성과 포맷(Formats)

메뉴판을 만드는 데 사진, 도형, 문자 등을 일정한 공간에 배열하는 것을 구성이라 한다. 즉, 그 구성 요소를 받은 측(고객)의 심리적 접촉효과를 고려해 레스토랑에서 많이 팔기를 원하는 아이템으로 고객의 시선을 끌 수 있도록 구성하는 것을 말한다.

고객이 레스토랑에 앉으면 종업원으로부터 제일 먼저 건네받아보는 것이 메뉴판이기 때문에 전체적인 외형과 내용에 동일한 중요도를 부여하여야 한다.

메뉴판의 기본 디자인은 메뉴의 포맷에 따라 결정한다. 메뉴의 포맷은 크기, 형(모양), 페이지 수, 그리고 패널(Panel)에 따라 다양하다.

어떤 모양과 크기가, 어떤 질의 종이와 컬러가 특정한 레스토랑에 적합하다고는 말할 수는 없다. 중요한 것은 특정 레스토랑의 특성에 맞는 적합한 것을 선택하거나 만들면 되지만, 너무 크거나 작아서는 안 되고, 페이지 수가 너무 많아서는 안 된다는 공통적인 원칙을 고려해야 한다.

2) 메뉴의 포맷(Formats)

메뉴판에 나열한 아이템의 수가 많으면 많을수록, 사용할 언어가 많으면 많을

수록 포맷의 선택에는 어려움이 따르기 마련인데, 공간과 글자와의 일반적인 비율(48~50:50~52), 상하좌우의 여백, 전체적인 균형과 조화 등을 고려하면 아이템의 나열 이외의 변수를 더 많이 고려하여 최종적인 포맷을 결정하여야 한다.

결국 적절한 포맷은 가독성을 높이고 전체적인 균형에 영향을 미치며, 레스토랑의 이미지를 표현할 수 있는 중요한 요소이다.

다음 [그림 5-1]은 일반적으로 많이 사용하고 있는 메뉴의 포맷(Menu Formats)을 정리한 것이다.

[그림 5-1] 메뉴의 포맷(Menu Formats)

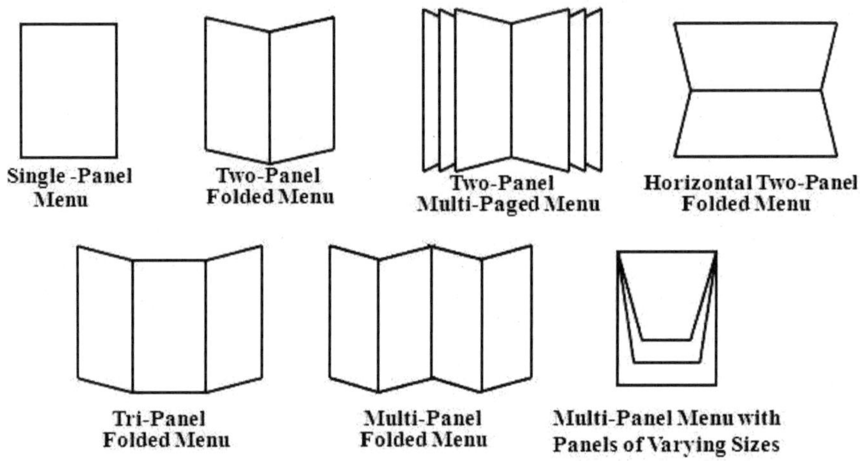

3. 레스토랑의 메뉴 품질

레스토랑 운영자와 소비자인 고객을 연결해 주는 역할을 하는 것이 메뉴이며, 메뉴는 음식의 질이 높아야 한다. 메뉴는 단순히 음식의 종류를 나열해 놓은 것이 아닌 영양 섭취, 건강식에 대한 욕구, 메뉴 선택의 중요성과 만족도 등 많은 것을 요구한다. 오늘날 레스토랑은 몸에 좋은 건강식과 고객들의 욕구를 충족시켜 줄 수 있는 차별화된 메뉴를 개발하여 제공해야 고객들은 재방문을 한다.

1) 메뉴의 품질평가

메뉴의 품질평가는 아이템에 대한 수익성과 선호도를 중심으로 이루어졌다. 즉 특정아이템에 대한 일정 기간의 매출 정도에 따라 선호도 유무를 평가하였고, 주로 단체급식을 취급하는 병원과 학교, 군대 등에서 메뉴의 계획과 영양가적인 분야에 많은 진전이 있었다. 경영의 목표가 이익 창출이듯이 경영자들은 목표한 수익을 달성하기 위하여 하나의 상품으로 만들어 판매한 음식 메뉴들은 중요한 수익 요인이라 할 수 있는데, 수익창출과 고객들의 욕구충족의 일환으로 메뉴 평가는 객관성 있게 해야 한다.

외식산업에서 메뉴 품질평가는 가장 중요한 부분으로 레스토랑 운영의 전 과정에 영향을 미칠 수 있는데, 우선 이에 대한 철저한 분석과 고객이 무엇을 선호하는지 파악해야 한다. 따라서 메뉴 품질평가는 수익의 창출과 고객만족이라는 외식업의 궁극적인 목표를 달성하기 위한 하나의 과정으로 고객선호도와 내부관리 능력을 평가하여 매출을 증대시키면서 순이익을 증가시킬 수 있는 메뉴들의 전체적인 평가라고 정의를 내릴 수 있다.

이처럼 메뉴 품질평가는 메뉴가 계획되고 디자인되는 과정, 실제의 메뉴, 일정 기간의 영업성과를 바탕으로 수익성과 선호도를 평가하고 분석하는 것이다. 또한 메뉴 품질평가는 상품 자체의 속성을 평가하는 것으로 상품평가와 유사한 개념이며, 평가를 통해 고객이 기대한 서비스의 바람이나 욕구를 충족시켜줄 의무가 있다. 그래서 메뉴 품질평가는 메뉴 품질의 일반적인 특성과 민족도, 재방문에 따른 차이를 분석하는 방법이 이루어진다.

메뉴 품질평가를 하는 방법으로는 전문가 집단의 평가와 비전문가인 고객의 평가로 나뉜다.

첫째, 전문가 집단의 평가하는 방법은 그들 나름의 표준으로 메뉴 음식 평가 시스템을 갖춰 업계 간의 풍부한 경험을 가진 전문가들이 평가를 한다. 이론과 실무를 겸비한 사람들과 조리와 식음부분에 다년간 실무 경험이 있는 사람, 디자인에 안목이 있는 사람, 수치에 밝은 사람들로 구성된 전문 팀이 필요하다.

둘째, 고객의 평가는 소비자인 고객이 직접 평가하는 방법으로 고객이 메뉴를 선택하는데 반응이 부정적이면 그 메뉴는 실패한 메뉴이다. 음식을 선호하는 태도에 영향을 미치는 요인은 본질적 요인, 비본질적 요인, 생물적 · 생리적 · 심리적 요인, 개인적 요인, 사회 · 경제적 요인, 문화 및 종교적 요인으로 분류할 수 있다. 메뉴 평가는 관리와 마케팅의 관점, 항상 고객의 입장에서 객관적이고 공정한 평가를 해야 한다.

메뉴의 품질을 구성하는 요인들은 인구통계학적 특성인 성별, 연령, 학력, 직업, 월수입에 따라 메뉴 평가가 다르게 나타났고, 이러한 결과는 고객 만족도에도 영향을 미치는 것으로 나타났다. 이는 한식당의 고객층을 다양화시키기 위해서는 다채로운 메뉴 개발이 이루어져야 하는데, 메뉴 평가에서 음식의 맛이 가장 중요한 변수로 나타났다.

메뉴 품질평가의 선두를 이루는 Miller(1992)는 테이블 서비스 레스토랑의 수익성 분석을 통해 메뉴의 계획과 디자인에 고려되는 변수와 메뉴 가격 결정이론, 분석결과의 반영 여부를 메뉴판을 검토한 후 자체 평가할 수 있도록 메뉴의 디자인, 아이템 수, 조리 방식의 다양성, 아이템의 다양성, 분석된 결과의 반영 여부, 아이템의 포지션, 마케팅 등을 포함하는 평가 항목을 개발하여 평가할 수 있는 기준을 제시하였다.

주5일 근무제 실시로 인한 여가의 증가와 삶의 질 향상 등은 식생활 변화에 지대한 영향을 미치고 있다. 이러한 변화 중에는 외식을 할 기회가 증가해 호텔이나 외식업체에서 운영하는 레스토랑을 방문할 기회가 많아지고 있다. 최근 레스토랑의 외식소비 형태는 음식의 종류별 · 국가별 특성에 따른 전문화 추세가 뚜렷해지고 있어, 외식 소비자의 욕구를 충족해 주기가 어느 때보다 어려운 상황이다.

우리나라의 레스토랑은 서양식 레스토랑이 전체 3.5%를 차지하고 있는데, 그 중에서 이탈리아 레스토랑이 차지하는 비율이 점점 증가하고 있다. 이탈리아 레스토랑은 대부분 젊은 연령대가 선호하는 업태이다. 특히 전체적으로 품질 높게 구성된 레스토랑의 분위기와 메뉴, 서비스로 고객들에게 만족을 시킬 수 있는 대표적인 이탈리아 레스토랑은 호텔 및 대기업에서 운영하고 있는 외식업체가 있다.

외식업체의 레스토랑을 방문하면 서양요리와 동양요리 등 다양한 메뉴로 구성된 음식을 접할 수가 있다. 서양요리는 미국, 프랑스, 영국, 독일, 스위스, 이탈리아 등 서구 여러 나라의 지방 음식을 말하는데, 특히 유럽을 중심으로 한 이탈리아 요리는 음식에 사용되는 식재료의 향, 색이 자연의 맛이며, 양념이나 조리방법 등이 우리나라 음식과 비교해 유사한 부분이 많아서 우리나라 사람들이 가장 많이 선호할 수 있는 계기가 된다.

이탈리아 레스토랑에서 제공하는 메뉴의 구성은 전채요리인 안티빠스토(Anti-pasto), 첫 번째 코스로 스프와 파스타, 리조토 중 선택하는 쁘리모(Primo), 생선이나 육류, 가금류 중 선택하는 쎄콘도(Secondo), 주요리 다음에 제공되는 샐러드나 야채요리인 콘토르노(Contorno), 다양한 치즈류의 쁘로마지오(Fromaggio), 디저트인 돌체(Dolce), 식후 커피로 에스프레소 등으로 이루어져 있다.

그러나 외식업체에서 운영하는 레스토랑의 메뉴 구성은 호텔 레스토랑의 메뉴 구성에 비하여 차별화된 새로운 메뉴를 개발하지 못하고 있다. 모든 메뉴의 계획과정을 살펴볼 때 대부분의 메뉴계획자나 주방 관리자들은 새로운 메뉴를 개발하기 보다는 기존의 메뉴를 수정하고 보완하거나 모방하여 사용하는 한계성을 내포하고 있는 것이 사실이다.

메뉴는 내부적인 통제도구일 뿐만 아니라 판매, 광고, 판매촉진을 포함하는 마케팅 도구로 정의할 수 있다. 그런데도 메뉴를 단지 레스토랑에서 제공하는 식료와 음료를 기록하여 고객에게 알리는 단순한 역할을 수행하는 수단으로만 생각한다. 품질이란 한마디로 정의하기는 어렵지만, 우수성으로서의 품질, 가치 중심의 품질, 제품중심의 품질, 서비스 중심의 품질과 같이 다양한 접근에서의 품질 정의가 가능하다.

과거 품질의 정의를 내릴 때에는 주로 제품의 상태에 대한 것이었으나 현재는 고객의 요구를 만족시킬 수 있는 것으로 바뀌고 있다. 메뉴라는 용어는 호텔 및 외식업체의 서비스 품질에 관한 연구에서 부분적으로 사용을 했는데, 메뉴 품질을 음식의 질, 메뉴의 다양성, 메뉴의 구성, 메뉴의 설명으로 정의하였다. 이러한 메뉴 품질의 정의를 통해 본 연구에서는 메뉴 품질을 "레스토랑에서 고객의 욕구를 만족시킬 수 있도록 제공되는 메뉴 구성과 음식의 품질 요소"라고 이론적으로 접근하여 정의를 내릴 수 있을 것이다.

레스토랑을 방문하는 고객들은 메뉴를 선택할 때 합리적으로 의사결정을 하는데, 메뉴 품질은 레스토랑의 영업 매출을 극대화하기 위한 중요한 요소라고 할 수가 있다. 그러므로 메뉴는 경쟁 레스토랑과 차별화가 될 수 있는 메뉴 구성과 음식의 질로 고객의 기호를 잘 파악하여 재방문을 유도해야 한다. 메뉴 품질은 주로 서비스 품질의 한 부분으로 다루기 때문에 서비스 산업 분야에서 널리 사용하는 서비스 품질의 개념을 도입하여 연구가 되었다

2) 레스토랑의 메뉴 콘셉트

외식산업의 중심에 있는 레스토랑 및 카페 등 외식업은 호황기를 맞이하고 있다가 코로나19와 최근 외식물가 상승으로 인하여 경제 불황에 따른 원가와 인건비 상승, 수요와 공급의 불균형, 업종 간의 경쟁 심화 등으로 인해 운영을 하는데 있어서 큰 어려움이 지속적으로 심각해지고 있는 실정이다.

고객의 욕구와 만족을 탄력적으로 충족시켜 매출액을 증대시킬 수 있는 높은 가능성을 내포하고 있는 새로운 메뉴의 콘셉트 레스토랑이 요즘 뜨고 있다. 이에 해당되는 레스토랑에서는 차별화로 경쟁력을 확보하기 위해 기존의 운영 형태에서 벗어나 고객을 유치하기 위한 큰 변화를 꾀하고 있다.

메뉴 계획은 레스토랑 운영에서 필요 불가결한 요소이다. 음식이야말로 고객이 레스토랑을 오는 가장 중요한 요인이다. 아무리 분위기가 좋고 홍보가 잘되고 서비스가 좋아도 음식, 즉 메뉴가 좋지 않으면 고객이 다시 찾기는 힘들 것이다. 기존 레

스토랑의 콘셉트을 바꿔 가성비 좋고 질 높은 형태의 레스토랑과 다양한 콘셉트의 카페를 운영하는 것도 한 방법이다. 이러한 다양하고 변화된 메뉴 콘셉트을 통해 고객들이 선호하는 메뉴를 상품화하여 다른 레스토랑과 차별화된 전략으로 고객들을 유치해야 한다.

일반적으로 세미 뷔페와 양식 업종의 레스토랑, 브런치 카페(Brunch Cafe), 베이커리 카페(Bakery Cafe), 디저트 카페(Dessert Cafe)가 있다. 특히 브런치 뷔페를 응용한 세미 뷔페의 경우 점심과 저녁 시간 사이에 운영하고 있는데 고객들에게 큰 호응을 받고 있는데, 신속한 식사는 물론 시간을 절약할 수 있으며, 가격에 비하여 다양한 요리를 즐길 수 있는 것이 장점이다.

(1) 뷔페 메뉴 콘셉트

뷔페는 서양에서 유래된 식사형태로 그 당시 식도락가들로부터 대단한 찬사를 받으며 성장했다. 호텔 뷔페 레스토랑의 개념은 일정한 요금을 지급하면 기호에 따라 마음껏 먹을 수 있는 요리이다. 지급한 가격만큼 자신의 기호에 맞는 음식을 무한으로 먹는 오픈 뷔페와 일정 고객의 수에 따라 정해진 양의 음식이 제공되는 크로스 뷔페가 있다.

일반적으로 브런치 뷔페(Brunch Buffet), 런치 뷔페(Lunch or Lunchon Buffet), 디너 뷔페(Dinner Buffet)가 있다.

기존의 뷔페 메뉴와 차별화된 스테이션 메뉴 콘셉트으로는 일식 요리, 그릴요리, 누들요리, 샐러드와 후식, 오븐에서 갓 구워낸 빵 순이다. 그릴요리에서는 차콜 그릴, 철판구이, 회전식 구이를 제공한다. 일식 요리에서는 스시, 사시미, 캘리포니아롤, 마끼를 제공하며, 누들요리에서는 면의 조리 특성상 직접 고객 앞에서 조리하여 제공하는 것이 좋다. 샐러드는 유기농 샐러드를 제공하고 신선한 과일을 차갑게 스테이션에서 제공하는 것이 좋다.

오픈 주방 형태로 오븐을 설치하여 즉석에서 구운 빵을 제공하고, 좌석규모 및 구성에서는 총 200석 규모를 기준 좌석으로 하는 것이 좋다. 200석 중에서 캐쥬얼 분위기의 테이블 160개 좌석과 알라까트(A la carte) 메뉴가 가능한 40개 좌석이 적당한 좌석 배치 비율이며, 메뉴 콘셉트는 알라까트 메뉴가 가능해야 하며, 특히 세미 뷔페 레스토랑을 운영하는 것이 좋다. 그리고 음식의 세팅 스테이션은 5개 스테이션으로 운영하는 것이 가장 좋다.

차별화된 세미 뷔페 레스토랑의 메뉴 콘셉트 내용을 제시하면 다음과 같다. 샐러드는 건강식의 욕구가 점점 커져 유기농야채 샐러드의 선호도가 증가하는 추세이다. 특히 여성고객과 높은 연령층의 고객에게 인기가 많다. 시저 샐러드(Ceasar Salad), 혼합 샐러드(Mixed Salad) 등은 가장 인기 있는 샐러드 상품이고, 육류 음식을 먹을 때에는 꼭 야채를 곁들이는 한국인들의 습관으로 그린 샐러드에 필요한 다양한 오일 드레싱을 준비하여 세팅한다.

찬 음식에서는 해산물을 넣어 만든 요리를 가장 선호하며 고급 음식으로 생각을 한다. 특히 내세, 새우, 굴, 바다가재 등은 계절적으로 이용하기에 적당한 해산물로 고객들의 눈길을 끌 수가 있어 좋다. 예를 들어 신선한 굴은 라이브 스테이션에서 조리사가 직접 고객들에게 제공해 주는 오픈 서비스로 인기가 많다. 하지만 우리나라에서는 계절에 따라 사용할 있는 해산물이 제한되어 있어 이 점을 유의해야 한다.

이탈리아 음식의 전채요리, 샐러드, 파스타, 피자, 그리고 원가에 큰 영향을 미치기는 하지만 건강식이며, 가장 선호하고 있는 초밥과 신선한 사시미, 캘리포니아 롤은 가장 인기 있는 메뉴이다.

육류에서는 그릴(Grilled)이나 브로일(Broiled)된 소고기를 선호하고 있는데, 특히 양고기는 아직까지 익숙하지 않은 사람들이 대부분이지만 양고기 특유의 냄새를 없애는 향신료와 소스를 이용하여 조리를 하면 양고기를 맛있게 즐길 수가 있다.

생선류는 건강식으로 생각하기에 특히 연령이 높은 고객일수록 선호도가 높으며, 생선을 그릴(Grilled)이나 스팀(Steamed)의 조리법으로 요리를 하는 것이 좋다.

가금류(Poultry)는 소고기보다 싼 음식으로 인식하기 때문에 주변에서 쉽게 접할 수 있는 음식이다. 닭고기 요리는 가장 평범하게 접할 수 있는 요리이므로 인기가 가장 많다.

국수의 선호도는 점차 확대되는 추세로 다양한 음식을 먹은 후에 약간의 국물과 면으로 마무리하는 것이 일반적이며 인기가 많은 음식이다. 국수 메뉴는 알라미닛(A la minute)으로 제공하는 것이 고객들의 만족도를 높이고 다른 뷔페 레스토랑과도 차별될 것이다.

치즈는 선호하는 고객들이 늘어나고 있으나 아직은 일반적인 치즈 이외에는 그리 인기가 많지 않다. 인기 있는 치즈로는 까멩베르 치즈, 그레어 치즈, 모짜렐라 치즈, 체다 치즈 등이 있으며, 브리 치즈는 아직 인기도가 적은 편이다. 치즈 스테이션에서는 기본적인 품목만을 갖추고 특화할 필요는 없는 아이템이다.

(2) 이탈리아 메뉴 콘셉트

이탈리아 요리의 메뉴 구성은 전채요리인 안티파스토(Antipasto), 첫 번째 요리로 전채요리 다음에 먹는 쁘리모(Primo)라고 하는데 스프와 파스타, 라자냐, 리소토 등이 있다.

두 번째 요리인 쎄콘도(Secondo)는 주요리라고 하는데, 생선이나 육류와 가금류 요리, 야채요리가 있으며, 주요리 다음의 메뉴인 다양한 종류의 샐러드를 콘토르노(Contorno)가 있다. 여러 가지 다양한 치즈의 쁘로마지오(Fromaggio), 디저트인 돌체(Dolce), 커피인 에스프레소(Espresso)로 구분할 수 있다.

흔히 말하기를 정통 이탈리아 요리는 호텔의 이탈리아 레스토랑이나 규모가 큰 외식업체의 이탈리아 레스토랑을 제외하고 대부분의 이탈리아 레스토랑은 메뉴에 대한 이해 부족으로 인한 음식에 대한 정체성이 없다. 또한 주방장의 짧은 조리경력으로 인한 조리법의 변형으로 인하여 메뉴 콘셉트을 제대로 설정하기에는 부족한 현실이다.

예를 들어 인건비와 식재료 원가를 절감하기 위해서 무분별한 완제품 사용, 파스타의 소스 농도, 리소토의 질기 정도, 부정확한 메뉴의 명칭및 표기법 등 메뉴 콘셉트에 맞는 개선이 필요하다.

(3) 브런치 메뉴 콘셉트

브런치 카페의 메뉴 콘셉트은 메뉴 기획 시 어떤 형태의 콘셉트으로 할 것인지 운영자의 의도를 고객들에게 잘 전달해야 한다. 건강식 메뉴를 지향 할 것인지? 유러피안 스타일을 재해석한 콘셉트, 다이닝 위주의 콘셉트, 캠핑 콘셉트, 유채꽃이 있는 정원의 노랑색 카페 콘셉트, 공간을 활용한 내외부의 인테리어가 아름다운 콘셉트, 모던 스타일의 편안한 콘셉트, 반려견 동반이 가능한 콘셉트, 식물원 콘셉트 등이 있다.

브런치 메뉴에는 플레이터, 샐러드, 수프, 샌드위치, 피자, 파스타, 커피와 음료 등이 있다. 특히 새로운 메뉴를 계절별로 개발하는 동시에 대표할 수 있는 시그너처 메뉴도 필요하다.

기존 메뉴의 문제점을 파악하고 시대의 흐름에 따른 의견 내용을 파악해 방안을 제시하여 새로운 콘셉트에 따라 수정하고 보완해서 성공적인 브런치 레스토랑을 운영해야 한다.

(4) 베이커리 메뉴 콘셉트

영업 시간 전에 갓 구운 다양한 종류의 빵을 제공하고 있는 베이커리 카페가 증가하는 추세이다. 주요 메뉴로는 크루아상, 호두호밀빵, 양파크림치즈베이글, 크림빵, 소보루, 단팥빵, 베이글, 오징어먹물빵, 깜빠뉴, 스콘, 도넛, 페스츄리, 파이, 치아바타, 깜빠뉴, 포카치아, 치즈케익, 티라미슈, 스콘, 커피와 음료 등 다양한 종류가 있다.

최근에는 베이커리 카페마다 소금빵, 연탄빵, 감자빵, 고구마빵, 사과빵, 대파빵, 육쪽마늘빵 등 시그니쳐 메뉴를 개발하여 그 지역을 대표할 수 있는 핫 플레이스로 유명한 곳이 많이 있다.

베이커리 카페를 운영하는 운영자는 항상 트렌드의 변화와 고객의 욕구를 충족해 줄 수 있는 방법을 모색하여 연구하고 개발하여 성공적인 브런치 카페가 되도록 노력해야 한다.

(5) 디저트 메뉴 콘셉트

최근 창업 아이템 중 하나 중에서 카페 창업으로 특히 뜨고 있는 창업 아이템이 디저트 카페 창업이다. 디저트 카페는 주 고객층이 MZ세대부터 50대 이후 중년층까지 폭넓은 호응을 받고 있다.

디저트 카페의 주 메뉴로는 휘낭시에, 마들렌, 스콘, 애플망고 쿠키슈, 티라미슈, 무스, 케이크, 빙수, 아이스크림, 과일, 커피와 음료 등이 있으며, 가능한 한 낱개 형태로 포장이 되어 디저트와 커피를 제공하고 있다. 최근에는 과일의 경우 차별화를 위해 열대 과일을 제공하는 곳도 많다.

소비자의 욕구가 다양하고, 개성적이기 때문에 고객의 입장에서 디저트 카페는 기존의 카페 운영 방법을 탈피하여, 보다 차별화 된 전략으로 운영을 해야 한다.

자율학습

1. 메뉴의 기능과 중요성에 대하여 설명하시오.
2. 메뉴 계획에 있어서 고려해야 할 사항을 설명하시오.
3. 외식업에서 메뉴의 가격이 왜 중요한가?
4. 성공하는 외식업에서 대박이 나는 메뉴 개발의 비법은 어떻게 이루어 지는가?
5. 지역의 핫 플레이스로 뜨고 있는 브런치, 베이커리, 디저트 카페 중에서 메뉴가 어떻게 구성되어 있는지 메뉴를 한글, 영문으로 작성 해 보시오.

제6장

레스토랑 평가

외식산업의 이해

제6장
06

레스토랑 평가

1. 외식업체의 레스토랑 평가

주5일 근무제의 실시는 경제, 사회, 문화적으로 지대한 영향을 미치고 있다. 많은 전문가들은 가장 전망 있는 분야로 서비스 산업에서 외식산업을 꼽고 있는데 그 중에서도 특히 외식업에 관심이 많다. 특히 관광객들을 위한 관광 코스에는 음식점을 방문하여 음식을 맛보기 위한 음식관광 체험 코스를 실시하고 있는데, 호응도가 좋아 관광객이 증가하고 있는 추세이다.

우리나라의 외식산업은 패밀리 레스토랑과 패스트푸드점을 비롯하여 외국의 프랜차이즈 식당이 들어와 외식산업의 급성장기를 맞이하였다. 또한 소득증대, 여성의 사회 진출, 맞벌이 세대의 증가, 건강식에 대한 욕구 증대, 노동 시간의 감소로 여가의 증가 등으로 외식 비중이 늘어나고 있다.

이러한 외식 비중의 증가로 레스토랑을 선택할 때 중요하게 생각하는 만족과 재이용 의도를 정확하게 예측하여 대비해야 한다. 즉, 레스토랑 속성의 평가를 통해서 내외적 환경 변화에 따른 문제 해결을 위한 다각적인 접근이 필요하다.

외식업체의 레스토랑 평가는 음식의 질, 물리적 환경, 서비스의 질 등을 종합적으로 고려하여 평가한다. 고객이 여러 요소들을 종합하여 평가할지라도 이중에서 음식 품질이 최우선의 평가 요소로 작용한다는 것에는 이견이 없을 것이다. 음식의 품질은 안전성, 음식의 맛과 향, 모양, 성분 등을 포함하는 요소이며, 물리적인 요소는 실내 온도, 소음 정도 그리고 조명 등을 포함하는 요소이다.

이러한 요소들을 기준으로 레스토랑을 평가할 경우에는 일반적으로 가장 중요한 음식의 내형성 요인, 외형성 요인, 위생 요인, 서비스 요인으로 구분하여 전체적으로 평가를 한다.

첫째, 음식의 내형성 요인 내용으로는 음식의 맛, 간, 온도, 양, 신선도와 조미료의 사용 등이 있다.

둘째, 음식의 외형성 요인 내용으로는 식기의 세련미, 음식의 조화(외관, 장식, 색)와 가짓수, 메뉴의 다양성과 가격 등이 있다.

셋째, 위생 요인 내용으로는 음식의 청결, 식당의 위생 상태 등이 있다.

넷째, 서비스 요인 내용으로는 메뉴의 주문에서 서비스 시간, 종사원의 메뉴 지식, 메뉴판 비치, 종사원의 친절도, 식당의 분위기 등이 있다.

실제로 레스토랑 방문객을 대상으로 레스토랑을 평가한 것을 보면, 음식점의 분위기(위생 및 청결), 음식을 담는 그릇, 음식의 맛, 메뉴판의 제작, 종사원의 유니폼, 종사원의 서비스, 다양한 후식 개발 등의 순으로 개선해야 한다는 결과가 나왔다.

[그림 6-1] 레스토랑의 평가 순서도

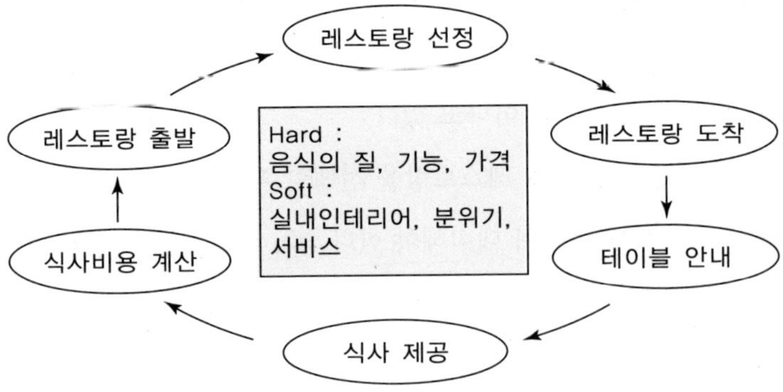

2. 레스토랑 평가 문항

1) 평가 문항의 예

(1) 레스토랑을 1년에 몇 회 방문하는가

(2) 레스토랑에서 외식을 하는 월 회수

(3) 레스토랑 방문 시 외식비용

(4) 레스토랑을 방문한 이유

❶ 음식의 맛 때문에

❷ 음식의 양과 질에 비하여 가격이 적당해서

❸ 레스토랑의 명성

❹ 반찬의 종류가 많아서

❺ 본인의 기호 때문에

❻ 동반자의 기호 때문에

(5) 레스토랑 방문 시 동반 형태

❶ 혼자서

❷ 가족끼리

❸ 친구끼리

❹ 직장동료끼리

(6) 레스토랑에 대한 정보는 주로 어디에서 얻는가

❶ 신문/잡지

❷ 인터넷

❸ TV/라디오

❹ 구전으로(친구, 동료 등)

(7) 현재 레스토랑의 문제점은 무엇이라고 생각하는가

❶ 특별한 맛의 차별성이 없다　　❷ 복잡한 조리방법

❸ 상품화가 안 되었다　　❹ 홍보 부족

(8) 레스토랑을 재방문할 의사가 있는가

❶ 전혀 방문하지 않겠다　　❷ 방문하지 않겠다

❸ 보통이다　　❹ 방문하겠다

❺ 꼭 방문하겠다

2) 레스토랑 메뉴 평가 항목의 예

음식의 맛, 음식의 간, 음식의 가짓수(종류), 음식의 외형(외관, 장식, 색)의 조화, 음식의 온도, 메뉴의 주문에서 서비스 시간, 음식의 청결, 메뉴의 다양성, 메뉴의 가격, 음식의 질과 양, 테이블 세팅, 음식점의 메뉴판, 종사원의 메뉴 지식, 식당의 분위기, 메뉴판의 제작, 우리 농산물 사용 여부, 식재료의 신선도, 어린이나 노인층을 위한 메뉴 개발, 전통적인 조리법의 고수와 전수, 시대의 흐름에 맞는 요리법 개발, 다양한 후식의 개발, 비슷한 종류의 반찬 수 제한, 반찬의 다양성, 천연 조미료의 사용, 조리할 때 설탕 등의 사용 제한, 음식을 담는 그릇(용기), 종사원의 서비스 친절도 개선, 주방의 청결 및 위생 상태, 종사원의 유니폼 등

3) 레스토랑 평가 기준표의 예

(1) 메뉴 관리

❶ 메뉴 품질의 일관성　표준조리법의 비치 및 활용, 음식의 질과 양, 맛의 일정 유지

❶ 메뉴의 다양성, 전문성　여러 메뉴를 취급할 때 다양성을, 단일메뉴를 취급할 때 전문성을 평가

❸ 제공메뉴 온도의 적절성　적온배식 기기 구비 및 온도관리 상태 등

❹ 메뉴 양의 적정성　적정 1인 분량의 제공 여부

❺ 메뉴의 외국어 표기

(2) 위생 관리

❶ 식당 내부의 전반적인 청결도　식당 입구, 테이블, 벽, 바닥, 천장 등

❷ 저장시설의 청결도 및 관리 상태　건조 창고, 냉장 · 냉동고 등의 관리와 청결 상태, 유통기한 준수 상태 등

❸ 주방(조리장)과 조리시설의 청결도　주방의 벽, 바닥, 천장, 조리대, 조리기기 등의 청결

❹ 조리종사원의 위생 상태　위생모, 위생복, 위생화, 위생장갑의 청결 상태 및 착용 여부 등

❺ 쓰레기 처리　고객이 남긴 음식의 폐기 여부, 쓰레기의 분리수거 및 음식물쓰레기 처리방법 등

❻ 화장실의 청결도와 관리 상태　화장실과 주방의 분리 여부, 남녀 분리사용, 수세식 사용, 손 씻는 시설 구비(1회용 종이 타올 혹은 에어타올 비치) 등

(3) 인력과 서비스 관리

❶ 단정한 용모와 복장　종사원의 두발, 면도, 손톱 등의 청결 상태, 명찰패용 여부, 유니폼 착용 등

❶ 전문 조리사와 적정 인력 확보　조리사 자격증 소지, 동종업계 경력, 외국에서의 조리연수 등

❸ 근무자세(접객 태도)　친절 및 정중한 태도, 종업원을 호출했을 때의 반응 등

❹ 종사원의 의사소통 능력　외국어 구사 정도, 메뉴에 대한 지식보유 등

❺ 서비스 상태　메뉴별 · 단계별로 식음료, 식기 등을 적시에 적절한 방법으로 제공

(4) 시설 관리

① **주차시설 구비** 대형버스 주차 가능, 주차요원 배치 여부 등

② **식당 내부시설** 냉 · 난방 시설 구비, 공간 활용 상태, 식당 유형에 적합한 인테리어 등

③ **환기 및 급 · 배수시설** 시설구비 및 관리 상태

④ **식당의 접근성**

레스토랑에서 종사원에게 바라는 고객의 기본적인 생각

- 밝은 미소와 웃음으로 맞이하기를 바라고
- 환영받고 싶어 하고
- 즉시 좌석에 안내되기를 바라고
- 중요한 사람으로 인식되기를 바라고
- 편안한 마음으로 식사하기를 바라고
- 음식이 빨리 제공되기를 바라고
- 음식의 맛이 좋으냐고 물어봐 주기를 바라고
- 좋은 대접을 받고 싶어하고
- 분위기를 즐기고 싶어하고
- 편안하고 여유 있는 시간을 보내고 싶어 한다.

이와 같이 레스토랑에서 외식을 하는 고객은 원하는 것도 많고, 바라는 것도 많기 마련이다. 그러나 불가능한 것을 바라지는 않는다. 고객들에게 따뜻한 마음가짐으로 친절하게 서비스를 받고 싶어 한다.

[표 6-1] 레스토랑 평가표

레스토랑 평가표

■식 당 명 : ■연락처 :

■평가일자 :

■평 가 자 : (인) ■채점결과 : 점

평가 내용	평가 결과	비고
가. 음식 관리 1) 음식 품질의 일관성 ※ 표준조리법의 비치 및 활용, 음식의 질과 양, 맛 등 항상 일정하게 유지		
2) 메뉴의 다양성 / 전문성 ※ 여러 종류의 메뉴를 취급할 때의 다양성을 평가, 단일메뉴를 취급할 때의 전문성 평가		
3) 제공 음식 온도의 적절성 ※ 적온 기기 구비 및 온도 관리 상태 등		
4) 음식 양의 적정성 ※ 적정 1인 분량의 제공 여부		
5) 메뉴의 외국어 표기		
나. 위생 관리 1) 식당 내부의 전반적인 청결도 ※ 식당입구, 테이블, 벽, 바닥, 천장 등		
2) 저장시설의 청결도 및 관리 상태 ※ 건조 창고, 냉장 · 냉동고 등의 관리와 청결 상태, 유통기한 준수 상태 등		
3) 주방과 조리시설의 청결도 ※ 주방의 벽, 바닥, 천장, 조리대, 조리기기 등의 청결		
4) 조리 종사원의 위생 상태 ※ 위생모, 위생복, 안전화, 위생 장갑의 청결 상태 및 착용 여부 등		
5) 쓰레기 처리 ※ 고객이 남긴 음식의 폐기 여부, 쓰레기의 분리수거 및 음식물 쓰레기 처리방법 등		
6) 화장실의 청결도와 관리 상태 ※ 화장실과 주방의 분리 여부, 남녀 분리 사용, 수세식 사용, 손 씻는 시설 구비(1회용 종이타올 또는 에어타올 비치) 등		
다. 서비스 관리 1) 단정한 용모와 복장 ※ 종사원의 두발, 면도, 손톱 등의 청결 상태, 명찰패용 여부, 유니폼 착용 등		

2) 전문 조리사와 적정 인력 확보 ※ 조리사 자격증 소지, 동종업계 경력, 외국에서의 조리연수 등		
3) 근무자세(접객 태도) ※ 친절 및 정중한 태도, 종업원을 호출했을 때의 반응 등		
4) 종사원의 의사소통 능력 ※ 외국어 구사 정도, 메뉴에 대한 지식보유 등		
5) 서비스 상태 ※ 메뉴별 · 단계별로 식음료, 식기 등을 적시에 적절한 방법으로 제공		
라. 시설 관리 1) 주차시설 구비 ※ 대형버스 주차 가능, 주차요원 배치 여부 등		
2) 식당 내부시설 ※ 냉 · 난방 시설 구비, 공간 활용 상태, 식당 유형에 적합한 인테리어 등		
3) 환기 및 급 · 배수시설 ※ 시설구비 및 관리상태		
4) 식당의 접근성 ※ 관광코스 진행상 적정성 등		
총점 100점	점	
매우 우수(5점), 우수(4점), 보통(3점), 미흡(2점), 매우 미흡(1점)으로 평가		

3. 레스토랑의 평가에 대한 제언

레스토랑을 평가하기 위해서는 평가의 기준과 항목을 작성하여 실시해야 한다. 예를 들어 언론매체에서 하는 평가인 맛집 소개, 6시에 내고향에 소개된 집, 1억 원의 식당을 찾아라, 맛 기행 등은 평가의 기준이 없어 신뢰성이 결여된다. 그러므로 평가의 기준과 결과에 대한 객관성, 평가기관의 인지도가 있어야 한다. 이러한 평가는 한 나라의 식문화 수준을 높일 수 있는 기회가 될 것이며 수준 높은 고객을 유치하기 위한 기회가 될 수 있다.

자율학습

1. 맛집 레스토랑을 직접 방문하여 레스토랑 평가 요인을 기준으로 고객의 입장에서 평가 해 보시오.

Understanding Foodservice Industry

제7장

외식 마케팅

외식산업의 이해

제7장
07

외식 마케팅

1. 외식 마케팅의 개념

마케팅이라는 개념을 이해하기 위해서는 우선 한 단어로 정의할 수 있는 '마케팅(Marking)'이라는 단어를 이해할 필요가 있다. 'Marketing'은 'Market+ing'가 결합한 단어로 Market의 어원은 라틴어 Mercari(거래하다)에서 유래되었는데, 12세기에 영어에 포함되어 처음에는 거래되는 물건, 거래를 의미했으나, 13세기부터 거래되는 물건이 있는 장소나 건물, 즉 시장을 의미한다. 그리고 시장을 의미하는 명사형 단어 Market에 현재 진행형을 의미하는 단어 ing가 결합하여, Marketing이 되었다.

마케팅은 시대와 함께 변화하여 현대에 이르기까지 우리 일상 생활에서 많이 사용되고 있는 용어로서 마케팅의 정의는 학자에 따라 다양하게 정의되고 있다.

우리나라의 한국마케팅학회인 KMA(Korean Marketing Association)에서는 마케팅이란 조직이나 개인이 자신의 목적을 달성하기 위한 교환을 창출하고 유지할 수 있도록 시장을 정의하고 관리하는 과정이라고 하였다. 경영학자 코틀러(P. Kotler)는 "개인이나 집단이 제품과 가치를 창출하고 이를 타인들과 교환함으로써 자신들의 욕구와 욕망을 충족시키는 사회적 또는 관리적 과정"으로 정의해 현재 가장 많이 인용되고 있다.

이러한 코틀러의 정의를 근간으로 하여 1985년 미국의 마케팅 학회인 AMA (American Marketing Association)에서 새로운 정의를 제시하였다. 즉 마케팅이란 "개인 및 조직의 목표를 만족시키는 교환을 실현하기 위해 아이디어, 재화, 서비스 개발, 가격설정, 판매촉진, 유통을 계획하고 실행하는 과정"이라고 정의하였다. 그리고 20세기 경영학자 피터 드러커(Peter Drucker)는 마케팅이란 '고객을 잘 알고 이해하여 제품과 서비스를 그들에게 맞춤으로써 저절로 판매되게 만드는 것이다'라고 정의하였다.

이와 같이 마케팅의 정의를 이해하는데 있어서 정의를 내리는 것은 방대한 내용을 압축해서 전문 용어로 정의를 내리기 때문에 일반적으로 쉽게 이해하는데 있어서 조금은 어려울 수가 있다. 그리고 마케팅은 과거에는 공급자(사업자) 중심에서 이루어졌는데, 현대에서는 소비자 중심에서 이루어져야 한다는 것을 알아야 한다.

필자는 외식 마케팅을 다음과 같이 정의하고자 한다. 외식 마케팅이란 외식업의 목표를 달성하기 위해 시험구매를 통하여 상품 및 서비스, 아이디어를 사용해서 반복구매(충성고객)가 되도록 만드는 활동이다.

2. 마케팅 믹스

제2차 세계대전 이후 1950년대의 미국은 경제적인 호황을 누렸다. 중산층이 증가하고 소비자 구매력이 좋았던 시기에 소비자들은 보다 나은 제품을 구매하기 원했을 때 기업들은 소비자의 이러한 니즈를 충족시키려고 마케팅 전략을 세우기 시작하였다.

이때 정립된 개념이 마케팅믹스로 현재까지 마케팅의 핵심으로 활용되고 있는데, 기업이 고객들로부터 원하는 반응을 얻을 수 있도록 사용하는 통제 가능한 마케팅 변수의 집합을 뜻한다. 흔히 4P로 불리는데, 제품(Produce), 가격(Price), 유통(Place), 판매촉진(Promotion)을 말한다.

제품(Produce)은 소비자가 그 제품을 받았을 때 제품의 포장상태, 배송, 디자인 등 제품에 관련된 전체를 의미한다. 요즘은 가성비만 따지고 소비자들이 제품을 구매하지 않기 때문에 제품의 겉과 속까지 면밀히 신경을 써야한다. 그래야 소비자들은 구매하고 싶은 욕구가 생길 것이다.

가격(Price)은 판매가와 할인가로 이해하는 것이 아니라 금액을 측정하는 기준점을 정리하는 개념으로 소비자가 느끼는 제품의 가치에 비해 낮은 금액으로 보이지 않도록 가격 결정이 필요하며, 생산단가에 비해 높게 책정해야 업종에 따른 수익을 낼 수 있다.

유통(Place)은 제품을 판매하는 유통경로를 의미하는데, 장소의 개념보다는 모바일과 온라인에 초점을 맞추는 것이 현재의 시점에서 더 잘 맞는다고 할 수 있다.

판매촉진(Promotion)은 판촉이라고도 부르는데, 어떤 방법으로 소비자에게 접근해서 소통할지에 대하여 다양한 이벤트나 프로모션 등을 통해 지속적으로 전략을 구성하는 일을 말한다. 마케팅 믹스는 마케팅 목표를 효과적으로 달성하기 위해 기업이 강구할 수 있는 수단(Tool)이 된다.

3. 마케팅의 종류

1) 관계 마케팅

관계의 사전적 정의를 살펴보면 둘 이상의 사물, 현상, 동작 등의 사이에서 서로 맺어지는 연관, 서로 얽혀진 관계로 나타나고 있다. Berry는 고객관계를 수립하고, 유지하며, 강화하는 것으로 관계 마케팅을 정의하고 있다.

따라서 이러한 관계의 개념을 마케팅에 적용하여 해석할 경우, 관계 마케팅은 기업의 매출액을 증대시키거나 고객의 만족을 극대화시키기 위한 중요한 수단이다. 기업의 마케팅 시스템 내의 각종 기관, 현상, 행동들을 연계시키거나 이들의 관계를 강화시키는 마케팅 활동이라고도 할 수 있다. 즉, 관계 마케팅이란 기업의 마케팅 시스템 내의 각종 기관들을 좋은 관계로 결부시키고자 하는 마케팅 활동이라고 할 수 있다.

2) 원투원 마케팅

원투원 마케팅(One to One Marketing)은 돈페피즈(Don Peppers)와 마사로져스(Martha Rogers)가 만들었다. 두 사람이 1993년 발행한 "ONE TO ONE FUTURE"란 저서에서 one to one이라는 말이 알려져 사실상의 표준이 되었다. "고객식별 마케팅, 퍼스널 마케팅", "고객데이터베이스 마케팅", "고객 로열티 마케팅" 등으로 쓰인 책도 있다. 이것은 거의 one to one과 동의어로 조금 다른 명칭을 사용한 것에 불과하다.

one to one 마케팅이란 한 번에 한 고객이라는 비즈니스를 구축하기 위해서 정보기술을 사용한다. 이 수법은 종래의 고객이라는 매스 마케팅 제품 지향적인 것에 고객 지향형을 기본으로 하고 있다. 제품, 서비스가 포화 상태가 되면서 고객의 욕구에 세세한 부분까지 대응하는 상품개발이 붐을 일으키고 이에 따라 종래의 매스 마케팅을 대신하는 원투원 마케팅이 등장한 것이다. 많은 사람에게 품질 좋은 제품을 많이 판매하여 가게와 손님이 서로 득을 보는 것이 매스 마케팅 전략이었다. 그런데 현재의 상황을 보면 인구 증가는 멈추었고, 소비자의 가처분소득은 기업의 구조 조정과 실질 소득의 저하에 따라 큰폭으로 감소되고 있다.

노동력의 공급은 수치적으로는 줄고 있지만 기술혁신에 의한 기계화가 훨씬 상회하고 있기 때문에 현재는 완전히 과잉상태라고 할 수 있다. 이것은 매스 마케팅의 기본 전략의 전제가 이미 붕괴되고 있다는 말이다. 여기에 대신할 수 있는 새로운 마케팅 전략은 한 사람 한 사람의 고객과의 Personnal Communication을 통해서 기업과 '개별 고객'과의 관계성을 확립해서 기업과 개별 고객 모두에게 이득이 되는 마케팅 활동을 전개하는 일이 one to one 마케팅 전략이다.

관계 마케팅이 기업과 고객과의 관계를 관리하고 획득한 고객을 유지, 관리하는 것이라면, 원투원 마케팅은 여기서 한걸음 나아가 기업이 한 사람 한 사람의 고객과의 관계를 확립하고 유지, 활용하는 것까지를 의미한다. 이것의 목적은 신규 고객을 확보하고, 확보한 고객을 유지하며, 기존 고객의 관련 욕구를 도출해 내는 일이다.

원투원 마케팅의 본질은 한마디로 Personal Communication, Direct Relation-ship, Mass Marketing 이라고 표현할 수 있다.

Personal Communication이란 기업과 고객이 일대일 즉, 원투원의 커뮤니케이션을 의미한다. 한 사람, 한 사람의 고객과의 대화를 통해서 개별 욕구를 파악하거나 불만 사항이나 의견을 듣고 여기에 적절하게 대응하는 것이 원투원의 기본이다.

3) 버즈 마케팅

버즈(Buzz)란 단어 그대로 상품 등에 관해 떠도는 입소문이다. 따라서 입소문 마케팅이라고도 한다. 이것이 최근에 마케팅 전술의 도구로 사용되면서 주목을 받고 있다. 어떤 이유에서인지 사람들은 자신이 체험(최근에 점심식사를 했던 식당, 주말에 봤던 영화, 새로 장만한 컴퓨터 등)을 남들과 이야기하고 싶어 하고 좋은 경험은 자랑하고 싶어 한다. 그것들이 좋은 경험이라면 눈덩이처럼 불어나면서 상품 혹은 업소는 벼락치기 성공으로 이어질 수 있다. 하지만 나쁜 경험이라면 스트라이커가 되어 나쁜 소문으로 이어져 격심한 매출 하락으로 이어지기도 한다. 따라서 사업의 성패가 버즈에 따라 좌우된다고 해도 과언이 아닌 만큼 버즈를 이용한 마케팅의 중요성이 점차 부각되고 있다.

실제 미국 경제의 3분의 2를 약간 웃도는 부분이 버즈 현상을 받아왔다. 미국 경제 평가에 의하면 전체의 54%는 부분적으로 버즈 현상을 받고 있고 그 업종은 금융,

호텔 및 숙박업소, 전자제품, 인쇄 및 출판업, 담배, 자동차, 약품 및 건강관리, 수송, 농업, 식품 및 음료 등이며, 장난감, 스포츠용품, 영화, 방송, 오락 및 휴식, 서비스 패션 등의 전체의 13%는 버즈 현상에 큰 영향을 받고 있다고 평가하고 있다. 석유, 가스, 화학제품, 철도, 보험, 공익사업 등의 나머지 33%는 대체로 버즈 현상으로부터 영향을 받지 않는다고 평가하고 있어 버즈의 위력을 실감나게 하고 있다. 결론적으로 외식업의 성공에는 반드시 버즈 현상이 있다.

4) 타킷 마케팅

과거 기업들은 불특정 다수들을 대상으로 마케팅 활동을 벌였지만, 요즘은 고객 성향을 정확히 파악하여 좀 더 구체적인 마케팅 전략을 세워야 한다. 최근 외식산업 분야에서도 타킷 마케팅이 하나의 마케팅 유형으로 자리 잡았다고 보인다. 어린이는 물론 가족 집단, 청소년 집단 등 특정 고객층을 겨냥한 틈새 상품의 개발이 활발하다. 특히 여성고객, 신새대 등은 새로운 소비 집단으로 자리 잡고 있다.

레스토랑에서 여성 고객들을 위해서 마련하고 있는 요리교실이나 테이블 세팅 강좌, 와인 강좌 등은 타킷 마케팅에 착안한 전략이라고 볼 수 있다. 이러한 문화 강좌를 통해서 외식기업은 해당 매장의 레스토랑 이미지와 함께 새로운 여성 고객들을 확보할 수 있는 장점이 있다. 또한 키즈 메뉴와 어린이 놀이방을 완비하여 음식에서부터 놀이까지 안심하고 즐길 수 있는 눈높이에 맞는 서비스를 기획하여 어린이들이 미래의 주요 고객이 될 수 있도록 타킷으로 한 마케팅은 장기적인 전략으로 활용할 수 있다.

5) 가격 마케팅

가격 마케팅은 이익을 적게 보고 많이 파는 박리다매(薄利多賣) 형태의 가격인하 방법과 고소득층을 겨냥한 가격인상이라는 두 가지 형태로 나타난다. 레스토랑에서 가격인하를 실시하는 주된 목적은 기존 고객의 만족과 더불어 내점횟수를 늘리고 객단가 상승, 신규고객을 창출한다는 점에 있다. 그러나 과다하게 가격파괴를 실시하는 것은 단기간 고객들이 관심을 끌어모을 수 있지만, 오히려 상품의 가격이 싸게 이미지화되어 심각성이 나타나기도 한다. 따라서 가격파괴보다는 원재료와 물류비용, 구입원가, 운영비용 등을 조절해 가격인하를 꾀하는 것이 바람직하다.

6) 연계 마케팅

연계 마케팅이란 공동으로 판촉을 하는 방법으로 비용 절감과 동시에 시너지 효과를 발휘할 수 있어 외식산업에서 많이 사용하는 프로모션의 한 방법이다. 예를 들어 백화점과 연계해 백화점에서 문화 강좌를 듣는 소비자들에게 레스토랑을 이용할 때에 할인 혜택을 준다거나 특정 이동 통신 고객 카드를 지참하고 레스토랑을 방문하는 고객에게 음료제공 및 각종 혜택을 주는 것은 연계 마케팅의 한 가지 예이다.

연계 마케팅으로 외식업체는 프로모션 운영비와 프로모션 진행에 필요한 물품 등을 지원받아 매출 상승과 함께 내점 고객을 늘릴 수 있는 이점이 있으며, 외식업체와 프로모션을 함께 실시하는 업체도 연계 마케팅을 통해 고객들에게 알려지는 홍보 효과를 얻게 된다.

7) 인터넷 마케팅

최근 들어 활발하게 이용되고 있는 인터넷 마케팅은 정보 통신 분야뿐만 아니라 일반제조업, 유통업, 서비스업체들도 인터넷의 효과를 실감하면서 광고매체와 마케팅의 도구로 인기를 더해 가고 있다.

외식기업들은 자사만의 홈페이지를 만들어 각종 행사 홍보를 통해 고객의 방문을 유도하고 있다. 또한 홈페이지에서 할인쿠폰을 프린트해 레스토랑을 방문했을 때 할인 혜택을 제공하는 등 적극적인 마케팅으로 고객에게 다가가고 있다.

현재 인터넷 마케팅이 다른 광고 매체에 비해 광고 및 홍보효과가 떨어지는 감이 있지만, 인터넷을 활용한 마케팅이 일반화될 것으로 보인다.

8) 쿠폰 마케팅

쿠폰 마케팅은 쿠폰을 이용한 고객 창출 기법이라고 할 수 있다. 각종 할인쿠폰은 물론 무료시식 쿠폰, 쿠폰 북 등을 DM(Direct Mail)으로 발송하거나 레스토랑을 방문한 고객들에게 제공해 재방문을 유도하고 새로운 잠재고객들을 창출할 수 있다. 그러나 무리한 쿠폰 마케팅은 오히려 고객들에게 나쁜 이미지를 심어 줄 수 있다는 점을 명심해 다른 마케팅과 병행하여 적절하게 사용해야 한다.

9) 스포츠 마케팅

스포츠 마케팅이란 스포츠의 결과를 가지고 프로모션을 진행하는 마케팅의 형태를 말한다. 월드컵과 박찬호, 박세리 등의 돌풍이 부른 스포츠 마케팅은 IMF 체제의 경제 상황 아래 기업들의 마케팅 활동에 다소 활력을 주는 계기가 되었는데, 외식업계에서도 그 가능성이 엿보이고 있다.

실제로 월드컵 축구에서 국가대표팀의 선전을 기원하는 의미에서 월드컵 8강 진출이라는 것을 내세워 프로모션을 진행하였는데, 8강에 진출했을 경우에 기업에서 내세웠던 다양한 혜택을 고객들에게 제공해 주게 되었다. 스포츠 마케팅은 소비자들의 관심 분야에 현금 또는 현물을 걸고 진행하는 경우가 많기 때문에 고객유치와 함께 기업의 홍보를 가능하게 해준다. 또한 스포츠 마케팅이 현금을 가지고 진행해 위험 부담이 있긴 하지만 대부분의 기업들이 보험사와 연계하여 실시하고 있기 때문에 위험 요소를 줄일 수 있다.

10) 포인트 마케팅

포인트 마케팅이란 매출 증대와 고정고객 확보를 위해 시행하는 것으로 이용 금액당 포인트 점수를 적립시켜 고객들에게 환원해 주는 방식을 말한다. 이용 실적에 따라 특전을 제공하는 보너스 카드는 이미 항공사 및 신용카드 업계에서 일반화되었으며, 외식업계에서도 보너스 포인트 카드 등을 발급해 주고 있다. 이러한 포인트 마케팅은 고객의 재방문 유도로 단골고객을 확보할 수 있어 매출을 증대시키는 데 효과가 있다.

[표 7-1] **외식 마케팅의 주요 내용**

구 분	개 요	기대 효과
고객분산 마케팅	특정시간대에 집중되는 고객을 전체적인 영업시간대로 분산하기 위한 전략으로, 해당시간대에 방문하는 고객에 한해 가격을 할인해 주거나 무료서비스 제공 등 특별 혜택을 주는 방법	- 아이들(Idle) 타임의 매출 증대 - 인적자원의 효율적인 운용 - 향상된 서비스 제공 - 시간대 가격할인으로 매출 증대 및 신규고객 창출
약속 마케팅	정해진 일정 시간에 서비스를 제공하지 못하면 그에 합당한 대가를 제공하는 제도	- 고객의 호기심 유도와 고객들로부터 신뢰성 확보 - 매출 증대 및 신규고객 창출
가격 마케팅	박리다매 형태의 가격인하와 고소득층을 겨냥한 가격인상 중 패스트푸드점은 가격인하 정책에 집중	- 매출 증대 및 신규고객 창출 - 경쟁사와의 경쟁대응
연계 마케팅	경쟁자가 아닌 같은 지역 또는 연관사업자와 공동으로 판촉하는 판촉전략	- 매출 증대 및 신규고객 창출 - 상호 간 승승(win/win)효과 기대
인터넷 마케팅	인터넷과 PC통신, 자사 홈페이지 등을 통해 잠재고객에게 마케팅 도구로 적극 활용	- 네티즌 등 신규고객 확보 - 잠재고객 내점 유도 - 고객과의 커뮤니케이션으로 신속한 고객불평, 불만처리
쿠폰 마케팅	신문, 잡지, 쿠폰북, 홈페이지 등에 쿠폰을 제작 배포하는 마케팅	- 고객감소에 대한 대응 - 신규고객층 창출 - 광고효과와 매출 증대 효과
포인트 마케팅	이용금액당 포인트로 점수를 적립시켜 그 실적에 따라 고객에게 보너스를 주는 제도	- 매출 증대 - 고객의 재방문 유도로 단골고객 확보
나라사랑 마케팅	로얄티가 해외로 지급되는 외국브랜드의 약점에 대응하기 위하여 신토불이, 애국심 등에 호소하는 전략	- 해외 유명브랜드와 대응전략 - 불황극복 효과 - 기업의 이미지 쇄신 효과
서비스 마케팅	훌륭한 서비스를 통한 고객만족 실현 전략	- 비용이 들지 않고 광고효과 기대
보고 마케팅	물건을 하나 사면 하나를 덤으로 끼워 주는 방식(BOGO : Buy One Get One)	- 소비자의 구매욕구 촉진으로 매출 증대 - 저렴한 비용으로 제품홍보
타깃 마케팅	고객층 성향을 정확히 분석하고 타깃을 정한 후 시행하는 마케팅	- 내점 고객이 적은 고객층을 타깃으로 신규고객 유치 - 기존고객 유지 대책수립

스타벅스 벤치 마케팅	세계유명 체인인 커피전문점 스타벅스의 브랜드구축의 성공사례 베끼기	– 내 · 외부고객 만족 실현과 그로 인한 가치 창출
문화 마케팅	외식업소에서 영화, 음악회 입장권을 제공함	– 우수고객 관리대책 – 신세대 소비층을 공략 – 저렴한 비용에 비해 유인효과 큼
선행 마케팅	자선단체 등이 추진하는 좋은 일과 연계한 마케팅으로 주로 카드를 이용한다.	– 판매 신장 – 업소 이미지 신장 – 고객들에게 자선의 마음을 갖게 하는 상생효과
스포츠 마케팅	월드컵, 프로야구 돌풍이 부른 스포츠 마케팅으로 대형 스포츠행사와 연계한 마케팅	– 신규고객 창출 – 매출 신장
영수증 마케팅	백화점, 극장 등의 영수증 뒷면에 할인쿠폰이나 우대권이 들어있는 홍보물을 제작하여 고객을 유입하는 마케팅	– 신규고객 창출 – 매출 증대 – 판매업체, 소비자, 외식업체 3자 모두의 윈윈 전략 – 조세 부분의 투명화에 일조
감성 마케팅	보고 듣고 냄새맡는 등 인간의 삼각 또는 감성에 호소하는 판촉기법	– 피곤한 고객에게 활력을 불어넣어 매출 증대에 기여 – 업장의 이미지업 효과 극대화
짝짓기 마케팅	순두부와 순두부찌개, 양념 등 식품 관련 상품들을 묶는 마케팅	– 매출 증대 – 비인기상품의 매출 증대 및 홍보 – 소비자 기호 충족
게릴라 마케팅	지하철, 운동장이나 공연장 등 고객이 많이 결집하는 장소를 택하여 공략하는 마케팅	– 신상품 홍보 효과 극대화 – 끼워 팔기, 교환판매, 공동전시, 보상판매 등의 다양한 전략에 사용
쪽집게 마케팅	PCN세대, Y세대 등 특정 소비계층을 겨냥한 Pin–Point 마케팅	– 특정계층의 신규고객 증대 – 매출 증대
요일 마케팅	요일마다 한가한 요일에는 가격을 할인해 주는 마케팅	– 고객 분산효과 – 매출 증대 – 인력관리의 효율화
one–number 마케팅	1588–5588 등과 같이 한 전화번호로 전국에서 동시에 사용할 수 있는 마케팅	– 고객들이 기억하기 쉬움 – 주문 매출 증대
세트메뉴/번들링 마케팅	여러 메뉴를 묶어서 세트/번들링하여 시행하는 마케팅	– 매출 증대 – 소비자 기호충족 및 할인효과
즉석복권 마케팅	고객들에게 즉석복권(스크래치 카드)을 제공하고 가격할인이나 경품을 제공하는 행운 마케팅	– 고객유입 증대 – 매출 증대

4. 외식업 마케팅 전략

외식업 마케팅 전략에는 시장 세분화(지리적 세분화, 인구 통계적 세분화, 심리도식적 세분화, 행동적 세분화 등)와 표적시장 선정(비차별적 전략, 차별적 전략, 집중적 전략)과 차별적 우위(핵심 전략)로 구분하고 있다.

전통적인 매스 마케팅은 패스트푸드업과 같은 전국적인 대단위 규모의 외식업소에서 시행되어 왔지만 어떤 종류의 마케팅이 어떤 업종에 좋다라고는 단정 짓기 어렵다. 나름대로의 장단점을 가지고 있기 때문에 장점들을 활용한 마케팅으로 자기 업소에 맞게 다듬어야 한다.

관계 마케팅은 원투원 마케팅을 지원하는 것으로 정의하기도 한다. 그만큼 고객은 10인 10색에서 1인 10색으로 다양한 Needs와 Wants로 나타나기 때문에 한 가지 틀(Format)로 모든 고객을 관리하는 데는 한계가 있다고 보는 것이다.

[그림 7-1] 마케팅의 흐름도

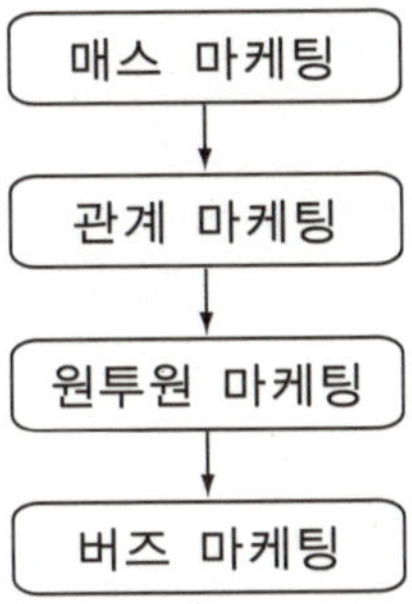

외식업 특성상 매스 마케팅보다는 입소문에 의한 버즈 마케팅이 가장 효과적인 마케팅으로 떠오르는 것도 원투원 마케팅을 바탕으로 하고 있기 때문이다. 고객 한 사람 한 사람(원투원)의 만족이 중요하고 만족한 고객의 입에서부터 버즈는 시작되기 때문이다.

따라서 버즈로 인한 성공을 위해서는 무엇보다도 "기본이 잘 되어 있다"는 전제로 시작한다. Q, S, C의 레벨업으로 고객에게 V, A, T를 제공하여 고객만족으로 이어지는 것이 핵심 포인트라 할 수 있다.

자율학습

1. 외식업체 운영자 입장에서 코로나19 이후 매출 향상을 위한 마케팅 전략에 대해서 학습해 보시오.

제8장

주방관리

외식산업의 이해

제8장
08

주방관리

1. 주방환경의 개념

사람은 누구나 주어진 환경에 적응하고 살아가기 마련인데, 인간이 환경을 어떻게 보느냐에 따라 자연환경이 인간생활에 미치는 영향은 크다고 할 수 있다. 환경(Environment)을 사전에서는 "생활체를 둘러싸고 그것과 일정한 접촉을 유지하고 있는 외부의 조건"이라고 정의하고 있다. 이러한 일반적인 환경의 의미로부터 환경의 중요한 개념적 요소를 발견할 수 있는데, 다른 하나는 그러한 외부의 조건은 관심의 중심이 되는 일정한 접촉을 유지하고 있다는 것이다.

다시 말해서 환경이란 "자연의 상태인 환경과 사람의 일상생활과 밀접한 관계가 있는 재산의 보호와 동 · 식물의 생육에 필요한 생활환경"을 말한다. 환경은 우주를 형성하는 실체이며, 상대적 의미로 어떤 주체를 둘러싸고 있는 유형 및 무형의 객체를 의미한다. 즉, 환경이란 인간을 둘러싼 유 · 무형의 외부 조건에 대한 모든 것을 가리키며, 여기에는 자연환경뿐만 아니라 사회 문화적인 측면도 포함된다. 우리나라의 환경정책기본법 제3조의 용어 정의에 의하면 환경이라 함은 자연환경과 생활환경을 말한다.

자연환경이라 함은 지하 · 지표(해양을 포함한다.)와 지상의 모든 생물과 이를 둘러싸고 있는 생물적인 것을 포함한 자연의 상태를 말한다. 생활환경이란 대기, 물, 폐기물, 소음, 진동, 악취 등 사람의 일상생활과 관계되는 환경을 말한다라고 규정하고 있다.

인간은 자연환경 속에 제각기 독특한 조리법을 개발 · 전승해 오고 있는데 현대적 의미의 조리(Cooking ; Cuisine)를 "The Art of preparing dishes and the place (kitchen) in which they are prepared"라고 조리는 맛을 승화시키고 먹기 쉽게 하는 인류만의 독특한 기술이라고 설명할 수 있으며 장소적 의미와 기술적 의미를 내포하고 있음을 알 수 있다.

조리란 "법적 기술을 가진 사람이 식용 가능한 식품군들을 선별 · 검수하여 물리적 · 화학적 · 기술적 방법을 통해 새로운 형태의 상품으로 만드는 일련의 과정"이라 한다. 즉, 일정한 자격을 갖춘 전문 조리사가 식품을 위생적으로 처리하여, 사람이 소화되기 쉽게 인위적인 열과 화학적인 각종 양념을 첨가하여, 조리기구를 이용하여 굽거나 조리거나 끓이고 볶는 행위이다. 따라서 조리는 주방 안에서 이루어지는 조리사의 행위이며, 일련의 과정으로 이에 따른 작업 환경 또한 수반된다.

작업환경의 정의는 일반적으로 작업을 수행하는 환경요인으로 설명되는데, 인간이 작업을 수행할 때 사용하는 물리적 수단을 작업수단이라 하고, 인간이 작업을 수행하는 환경을 작업환경이라 정의하였다.

작업환경 요인인 열 · 온도 · 습도 · 광선 · 소음 등이 작업자의 피로, 건강, 작업태도 등에 영향을 주어 제품과 서비스의 품질과 생산성이 떨어질 수 있다.

수방환경이란 "호텔주방 내의 조리사와 관련자들에게 미칠 수 있는 영향으로 이는 근무의욕이 떨어질 수 있는 사항과 주방조직 관리에 어려움을 줄 수 있는 여러 조건이다." 또는 "조리작업환경으로 주방 내에서 행해지는 조리업무를 수행하는데 주방의 조리사와 관련자들에게 영향을 미치는 내 · 외적 작업 환경적 요인으로 근무의욕과 작업 생산성 등에 영향을 미치는 여러 조건"이다. 즉, 주방 내에서 직 · 간접적으로 유형, 무형의 영향을 받는 여건을 말한다.

2. 주방환경의 종류

주방환경에 대한 평가 구성요소에는 주방의 인적자원, 주방의 시설, 주방의 안전 · 위생 등이 있으며, 외적 환경과 내적 환경으로 구분하면 외적 환경으로는 정치 · 경제 및 법률적인 환경을, 내적 환경으로는 자체적으로 보유하고 있는 각종 물적 · 인적 · 재정적 자원과 이들의 활용 방법 및 활용 능력을 볼 수가 있다.

주방환경의 종류는 크게 외적 주방환경과 내적 주방환경으로 구분할 수 있다. 외적 환경이란 주방 내에서 관리하고 통제할 수 없는 외부 형태의 환경으로 국민소득의 향상, 사회인식의 변화, 고객층의 다양한 변화, 기업의 사회 참여성, 경영주의 경영이념, 사회 · 경제 요인, 문화 관습, 지역 특색을 말한다. 내적 환경이란 주방 내에서 자체적으로 관리와 통제가 가능한 요소로 주방근무자인 조리사들에게 직접적으로 관계가 있으며, 업무수행에 능률이 저하되고, 불협화음이 일어날 수 있으며, 더 나아가 직장을 옮기든지 퇴직할 수 있는 사항이 발생한다. 여기에는 주방의 크기와 규모, 주방의 시설물과 기물의 배치, 주방 내의 인적 구성요인, 임금 및 후생복지시설을 말한다.

1) 주방환경의 외적 영향

(1) 국민의 소득수준 영향

여가산업의 수익발생률이 형태는 국민의 소득수준이 향상됨으로써 다양한 여가활동을 가져다주었다. 이에 따른 식문화산업도 소비자의 취향에 맞는 다양한 레스토랑 시설의 이용빈도가 높게 나타나고 있다. 다양한 요구에 대응하기 위하여 레스토랑의 시설뿐만이 아니라 생산라인이라 할 수 있는 조리작업 환경도 다양하게 변하기 마련이다.

(2) 사회인식의 변화

헌법 제 35조에서는 「모든 국민은 건강하고 쾌적한 환경에서 생활할 권리를 가지며, 국가와 국민은 환경보전을 위하여 노력하여야 한다.」고 규정하고 있다. 이는 인간은 누구나 쾌적하고 안락한 분위기에서 여행할 권리가 있다는 관광환경권 문제가 대두되어 국가와 사회 그리고 관광 관련 업계 중 특히 호텔을 찾는 고객들에게 물적 · 인적 · 서비스 환경조성을 이루어야 한다.

따라서 호텔을 이용하는 이용자뿐만 아니라 모든 국민이 긍정적인 인식으로 전환되어 주방에서 종사하는 조리사의 사회적인 지위가 한층 상승되게 될 것이다. 조리사에 대한 사회적 인식의 변화는 곧 직업에 대한 직무만족도가 상승되어 활기차고 능동적인 근무욕구로 최상의 상품을 창출할 수 있는 성과를 얻을 수가 있다.

(3) 고객층의 다양한 변화

고객이라 하면 불특정 다수의 사람에게 제공되는 상품에 가치의 평가에 따라 그 대가를 지급하는 사람을 가리킨다. 이는 판매자 중심의 시대에서 소비자인 고객 중심의 시대로 바뀌면서 고객은 제품뿐만 아니라 서비스의 욕구도 다양해졌다. 고객층은 지역별 특성, 욕구의 다양성, 국적별 이용 형태의 변화로 인해 최상의 상품과 서비스의 제공에 주방의 조리환경은 고객층의 다양한 변화 형태에 따라 지속적으로 변화한다.

(4) 레스토랑의 사회적 참여성

레스토랑은 다른 산업과 비교해서 종사원들에 대한 인적 의존도가 매우 높게 나타나는 기업이다. 고객들과 직접 대변하면서 그들의 다양한 욕구를 충족시키기 위해 직 · 간접적인 방법으로 서비스를 제공하기 때문에 사회 전반에 걸쳐 참여한다는 인식이 필요하다.

특히 사회 · 문화적인 측면에서 볼 때, 그 지역의 사회 · 문화적인 공간, 예술적인 공간, 커뮤니케이션의 공간에 어떻게 참여하느냐가 매우 중요한 역할을 한다. 레스토랑 기업이 기업 형태에 따른 참여의 정도는 제공되는 조리상품에 변화를 가져와 결국 조리환경에 커다란 영향을 미친다.

(5) 기업 경영주의 경영이념

레스토랑도 일반기업처럼 경영주의 경영이념 방향 설정의 내용에 따라 현저한 차이로 기업이 형성된다. 특히 레스토랑은 최고 경영자, 총지배인, 총주방장 등이 고객과 밀접한 의사소통이 잘 이루어져야 전체 수익에 민첩하게 대처할 수 있다. 따라서 경영주의 경영 방침은 판매방식과 더불어 생산라인이라 할 수 있는 조리작업환경에도 많은 변화를 일으킬 수 있다.

(6) 사회 · 경제 요인

한 나라의 사회환경과 경제 발전으로 인해 가장 크게 영향을 받는 곳이 여가사업과 서비스 산업이라 할 수 있으며, 여기에는 먹거리 문화인 식문화는 반드시 동반된다. 따라서 사회 · 문화 요인으로 인하여 식문화가 변함에 따라 조리작업환경도 변한다.

(7) 문화 관습과 지역 특색

관습이란 의식주 · 관혼상제, 가족이나 친족 관계, 남녀교제의 관례 등이 포함되는데, 도덕 · 법과 더불어 사회규범으로 오랜 역사를 내려오면서 습득한 시대나 지역에 따라 다르다. 따라서 역사적으로 볼 때 직업에 대한 귀천이 뚜렷한 요인으로 직업과 직업에 따른 사람의 평가에서도 직업 선택에 영향을 미친다 할 수 있다.

2) 주방환경의 내적 영향

(1) 주방의 규모와 크기

조리작업 공간이라 할 수 있는 주방의 규모나 공간확보의 비율은 레스토랑의 규모나 종류에 따라 상이하나, 주방의 표준치를 설정하려면 우선 조리사 한 사람이 서서 일할 수 있는 공간확보 비율에 기준을 두어야 한다.

보통 특급호텔 주방의 경우 조리사 1인당 작업할 수 있는 공간은 1.39㎡가 기본적인 표준설정 공간이다. 남자의 경우 168cm인 경우 작업대의 길이는 182cm, 작업대의 높이는 76cm가 이상적인 작업 공간의 비율이다. 주방의 크기나 규모는 식당에 비해 호텔은 40~50%, 레스토랑은 26~30%, 병원 50%, 사무실이 있는 주방은 37~40% 정도로 배분한다.

(2) 주방시설물의 장비 배치

주방의 모든 조리업무에 직접적인 환경 조건은 주방 규모와 위치에 맞게 주방시설이나 조리기구와 장비 등을 배치하는 것이다. 이는 조리업무가 진행되는 과정의 근본적인 제1차적인 단계로 주의할 점은 주방시설에 직선배치방법은 가능한 한 피하는 것이 좋다. 조리업무량의 파악을 기초로 필요한 도구와 재료는 주방업무를 효율적으로 수행할 수 있게 배치하여야 한다.

(3) 주방 내의 인적 구성

모든 기업조직의 경영목표를 달성하기 위해서는 인적자원(Manpower), 물적 자원(Material), 재정적 자원(Money)의 3M과 그리고 최근에는 정보적 자원(Impormation)의 4가지 요소를 갖추어야 한다.

서비스 산업에서는 인적자원의 의존도가 높은 산업이다. 레스토랑 주방 역시 인적 의존도가 높으며, 구성원들 또한 전문성을 갖추어야 한다. 관광진흥법에 의한 국가가 요구하는 법정 자격을 갖추어야 하기 때문에 종사원을 적재적소에 배치하지 않으면 경제적인 손실뿐만 아니라 종사원 간의 불협화음이 생겨 조리업무에 커다란 영향을 받게 된다.

(4) 임금 및 후생복지시설

기업의 내적 환경요인에서 임금과 직무 간의 관계, 후생복지시설의 영향이 이직 결정 과정에서 1차적인 원인이 된다, 기업들의 전체적인 경영과정에서 근본적으로 중요시하여 해결할 부분이 바로 종사원들에 대한 적정수준의 임금 책정과 후생복지시설 문제이다. 이는 조리사들의 개인적인 근무 조건이 어떠한 환경에 있는가와 대한 직접적인 관계를 가지며, 또한 대체 직업을 선택하는데 가장 큰 영향을 미친다.

(5) 기타 요인들

내적 영향으로는 근무시간, 휴식시간, 진급, 동료관계, 중간간부에 대한 불만족, 업무 자체에 대한 흥미와 만족도, 업적에 대한 인정도, 작업공간의 환경(실내 온도, 환풍 장치, 습도, 안정성), 관리자와의 인간적인 관계 등이 있다.

[표 8-1] 주방환경의 종류

영향 요인	내 용
주방환경의 외적 영향	· 국민소득의 수준 향상 · 고객층의 다양한 변화 · 기업경영주의 경영이념 · 문화 관습과 지역 특색 · 사회인식의 변화 · 레스토랑의 사회적 참여성 · 사회 · 경제 요인
주방환경의 내적 영향	· 주방의 규모와 크기 : 1인당 1.39㎡, 168㎝ 키의 작업대 길이는 182㎝, 높이는 76㎝, 호텔은 40~50%, 레스토랑은 26~30% 배분 · 주방시설물의 장비배치 · 주방 내의 인적 구성 · 임금 및 복리시설

- 갈등요인 부서 간의 갈등, 동료와 선배 간의 갈등, 상사와의 갈등. 커뮤니케이션의 결여, 리더십의 부재, 미래에 대한 불확실성
- 업무요인 과중한 업무, 근무시간

- **근무요인** 복리후생, 급료수당, 순환근무, 노조, 승진, 각종 수당
- **환경요인** 온도, 습도, 잡음
- **시설요인** 주방시설, 동선, 안전설비
- **사회요인** 조리사에 대한 시각, 사회적 직위

3. 주방의 시설관리

주방의 시설관리에는 설계관리, 설비관리, 기물관리가 있다. 설계관리는 주방실무자와 설계자 간의 충분한 협의 후 과학적으로 설계해야 하며, 생산할 때의 불편과 업장과의 거리(최단의 동선), 주방기기의 배치, 주방의 면적 등을 고려해야 한다. 설비관리는 주방의 냉·난방시설과 환기배수시설, 기물관리에는 조리기구의 확보, 유지, 보수 등을 고려해야 한다.

주방의 시설관리는 주방의 모든 업무가 가장 능률적이고 효과적으로 수행될 수 있도록 관리해야 하며, 주방의 규모와 위치에 맞게 조리기구와 장비 등을 배치해야 한다.

주방의 시설은 기능 위주로 설치를 해야 하며 조리과정의 다양한 작업을 합리적으로 수행하여 조리사와 고객에게 즐거움과 만족을 주어야 한다.

주방의 설계는 시공이 끝나면 보수가 불가능하므로 통풍문제, 조명, 작업공간, 주방과 저장창고(냉장고, 냉동고)의 거리, 음식 생산의 작업대(working table), 기물의 배치 주방, 기물의 유지와 보수가 잘 이루어져야 한다.

1) 주방 시스템

❶ **인적 구성 요소** 지원주방(Support Kitchen), 영업주방(Business Kitchen)에서 근무하는 종사원, 부서장(In Charge)

❷ **물적 구성 요소** 식재료, 주방시설과 장비, 조리기구, 위생도구

❸ **기능적 구성 요소** 조리사의 능력, 조리장비 및 기물의 성능

2) 주방의 바닥과 벽

주방의 바닥과 벽은 주방에서 일하고 있는 종사원의 위생관리와 작업의 효율성을 높이고 재해를 미연에 방지할 수 있도록 적절한 구조로 되어 있어야 하며, 위생적 · 경제적 · 능률적으로 설비해야 한다.

주방의 바닥과 벽면은 항상 물과 식재료를 직접 바닥에 놓아 사용하기 때문에 청소하기에 용이해야 하며, 기름기와 수분을 직접 흡수하지 않아야 한다. 또한 균열이나 틈새가 생겨 세균과 해충이 서식할 우려가 있는 것은 제거해야 하고, 반복적인 물세척 등으로 불규칙한 바닥면이 없어야 함과 동시에, 저항성이 높아야 한다. 주방 바닥은 유공성(수분흡수력)이 적고, 탄성(충격에 견디는 정도)이 좋은 에폭시(Epoxy)가 바닥재로 사용되고 있다.

주방바닥의 배수구는 1/100의 경사로 시공해야 바닥청소를 할 때 물의 고임이 없이 자연스럽게 빠져 나갈 수 있다. 또한 바닥에 배수구를 직접 관으로 묻는 방법으로 직선 설치와 곡선 설치가 있는데, 배수구의 폭은 20cm가 바람직하다. 미끄럼을 방지하기 위해서는 식재료의 반입구, 냉장 · 냉동고의 바닥, 주방바닥 등의 높이가 일정하게 시설되어야 한다.

반면에 벽재는 청소의 용의성과 소음을 최대로 흡수할 수 있어야 하며, 밝은 색상의 타일을 설치해 조명을 밝게 해 주어야 한다. 주방의 내벽은 바닥에서 1.3cm까지 내수성이 있는 자재를 사용해야 하고, 또한 벽재는 세라믹 타일과 스테인리스 스틸(Stainless Steel)재로 구분하여 사용하는 것이 매우 바람직하다.

(1) 천장

주방의 천장은 전기기구의 배선과 기구 등이 부착되어 있어서 화재의 위험성이 높으므로 관계로 주방 바닥에서 천장까지의 높이를 적절하게 설정해야 한다. 또한 주방의 시설과 장비를 배치할 때 천장 높이 제한으로 인한 어려움을 최소화해야 한다.

일반적으로 천장의 시설 소재는 내열성과 내습성이 강한 소재로는 내화 보드나 코팅처리된 불연성 석면재가 좋다. 주방 천장의 높이는 바닥으로부터 2.5m 이상이 적당하다.

(2) 환기

주방의 환기시설이란 주방 내부에서 발생한 각종 불순공기를 주방 밖으로 배출시키는 시설을 말한다. 예를 들어 연기, 발열, 분진, 유해가스, 증기 등은 비위생적이고 위험성을 증대하며 생산력을 감소시키는 원인이 된다. 좋은 주방의 환기시설은 고객의 편안함과 종사원의 작업 조건에 직접적으로 영향을 주어 생산력을 높여 준다.

(3) 온도와 습도

인간은 기계와 다르기 때문에 온도에 매우 민감하다. 계속적으로 높은 온도, 높은 습기, 뜨거운 기계의 방열에 노출되면, 불쾌감을 느끼게 된다. 주방에서 근무하는 종사자들이 효율적으로 조리작업 능률을 높이기 위해서는 이러한 요소들을 일정 범위 내로 맞게 만들어 주어야 한다.

예를 들어 일반 작업장 온도는 겨울엔 18.3℃~21.1℃ 사이, 여름엔 20.6℃~22.8℃를 권장한다. 이 권장 온도는 종업원들의 나이와 성에 의해 변화하는데, 특히 나이 많은 여성들은 좀 더 높은 온도를 선호한다. 그러나 몇몇 사람들은 별 어려움 없이 이 범위 밖의 온도에도 잘 적응한다.

방열에 의한 영향은 종사원들이 매우 뜨거운 또는 차가운 표면에 노출되었을 때 몸 주위 온도가 적당한 수준이어도 발생한다. 오븐 근처에 있는 조리 도구와 기계

근처에서 일하게 되면 이러한 현상이 발생한다. 뜨거운 표면에 계속 노출되면 몸과 피부의 온도 증가로 불편을 느끼게 된다. 또한 차가운 표면에 지속적인 노출은 몸의 열을 빼앗아 추위를 느끼게 한다. 적정한 상대습도는 40~60% 정도가 매우 적당하다. 높은 습도는 정신이상(Thermal Discomfort)를 일으키고, 낮은 습도는 피부와 코의 건조를 일으킨다.

온도 환경의 조절은 기본적으로 전체 내부의 온 · 냉방 및 환기 시스템과 일치한다. 특히 조리실같이 뜨겁고, 습기를 많이 내는 기계가 있는 곳은 특별히 고려해야 한다. 주방기계에서 발생한 열과 습도는 잘 전열된 기구나 추가 전열체를 사용해 최소화한다. 기계에 수증기나 뜨거운 물을 공급하는 파이프들도 절연해야 한다. 기계의 적절한 배출구 또한 중요하다.

일반적으로 중노동을 하는 작업자는 온도가 약 20℃(80°F)가 넘으면 피로도가 빨리 오게 되며 작업 능력이 떨어진다. 사무작업이나 정밀작업처럼 경노동에 종사하는 사람은 온도가 30℃(90°F)를 넘으면 오류의 발생률이 높아진다. 따라서 조리작업 장소를 마련할 때에는 작업의 경중에 유념하여 작업하기에 알맞게 온도조절을 할 필요가 있다.

주방은 온도가 높더라도 습도가 낮으면 체감 온도는 낮게 느껴지기 때문에 일반적으로 조리주방의 온도는 습도에 따라 차이가 있지만 16℃에서 24℃ 사이가 적당하다.

(4) 조명

조명은 효율적인 서비스 제공의 보조역할을 하며, 청결함을 더욱 돋보이게 하고, 작업 능력을 향상시킨다. 일반적으로 주방에 필요한 권장 조도는 160~215lux이며, 조리작업이 복잡하고 공간이 넓은 주방의 작업 공간에는 320~430lux가 필요하다. 대부분의 주방에는 백열등이나 색깔이 향상된 형광등이 사용되는데, 흰 형광등은 색감각을 둔화시켜 음식에 영향을 준다. 백열등은 여러 종류를 사용할 수 있고 설계 시 유연하게 할 수 있다. 형광 시스템은 백열등보다 비싸지만 더 오래 사용할 수 있다.

작업장의 직접 눈부신 빛과 반사된 눈부신 빛을 제거할 수 있도록 조명 시스템을 설계할 때 각별한 주의가 필요하다. 직접 눈부신 빛은 가시로 주의에 위치한 발광체, 광원에서 발생한다. 가시로 윗부분으로 30° 내에 위치한 발광체는 스크린을 쳐주어야 한다. 반사 눈부신 빛은 반짝이는 물체에 빛이 반사되어 발생한다. 스테인리스로 된 작업테이블이나 기계와 같이 반짝이는 기구는 작업장의 눈부심에 문제를 일으킨다. 이런 눈부심은 종사자들의 작업에 직접적으로 방해와 불편함을 줄 수 있으며, 피로를 유발시킨다. 조리작업장의 조명 시스템은 충분한 조도를 유지시켜 조리종사자들이 조리업무를 효율적으로 할 수 있게 해 주어야 한다.

(5) 소음

주방의 소음은 50데시벨(Decibel) 이하의 수준을 권장할만하다. 다소 높은 수준은 짧은 시간은 참을 수 있으나 높은 소음 수준이 계속되면 참을성이 없고, 싸우기 좋아하며 불만족스러워하는 인성을 만들어 버린다.

주방에서 소음은 구조적으로 전달되는 소음과 음의 전도를 줄이는 것이 효과적이다. 소음의 전도는 소음 원천 · 주위를 고요한 봉합에 설치하거나 방향 음의 양을 줄이기 위해 표면에 소리 흡수기를 사용해 조절할 수 있다.

소음이 크면 인체에 소음성 난청, 소화기관 장애, 정신신경 장애, 혈압상승, 호흡수의 증가, 작업능률의 저하 등의 영향을 준다. 소음(騷音)은 청각피로뿐만 아니라 사람의 마음을 어지럽게 하여 실수나 사고를 유발시킬 수 있다. 소음의 크기는 보통 데시벨(Decibel)로 표시되는데, 여러 가지 소음 현상을 데시벨로 표시하면 다음과 같다.

[표 8-2] 소음 현상에 따른 데시벨의 크기

소음 현상	데시벨(db)
100피트 떨어진 제트 엔진소리	130
기계톱	110
펀치 프레스	100

교통이 번잡한 거리, 선반가공	80
속기용 타자기가 집합된 장소	70
대형 사무실	60
조용한 사무실	40
속삭이는 소리	20

3) 주방시설의 배치

주방시설의 배치는 업장별 주방과 주방과의 거리, 조리업무 속성을 위한 충분한 작업동선, 식재료의 반입거리, 기물장비의 적재적소 배치 등 공간배열이 적절하게 이루어져야 한다. 각 주방업장별 시설은 장비의 효율성과 조리상품의 질을 높일 수 있도록 설정한다.

❶ 직선형 배열 주방의 효율성은 적으나 이탈리아 레스토랑처럼 소규모 주방, 특별요리나 다양한 요리 업무에 적합하다.

❷ L자형 가장 편리한 배치방법으로 직각은 이동량을 절감시키며, 직선형 배열에 적합하지 않은 경우에 주로 이용하며, 조리 기구들을 분리하여 배치할 수 있다.

❸ U자형 주방기구 시설을 많이 놓을 수 있으며, 넓은 면적의 주방에 적합하다.

❹ 병렬형 주방의 면적이 클 경우 서로 마주 보는 두 벽에 작업대를 나누어 배열하며, 작업동선이 짧아 조리 작업이 효율적이다.

4) 주방시설의 설계와 배치가 비합리적일 경우 파급효과

❶ 주방 시스템(장비, 시설)은 고객에게 불편을 준다.

❷ 질 좋은 서비스가 지연된다.

❸ 조리사의 비생산적 활동범위를 유발할 수 있다.

❹ 음식을 생산하여 운반하는 장소와 고객의 식탁 간의 합리적인 설계와 배치는 종사원의 생산성과 음식의 질적 가치를 높일 수 있다.

5) 주방시설물 관리의 효과

호텔 및 일반외식업체의 주방은 경영 콘셉트 과정에서 종사원의 활동 동선의 의미를 가장 강조해야 하는 부서로 기능적 · 공간배분적 · 업무분담적인 역할을 분명하게 규정해야 한다. 이처럼 업무의 특성과 배분된 공간에서 행해지는 메인주방(Main kitchen) 종사원의 기능과 활동역할은 주방공간 내에 배치되어 있는 시설의 내용에 따라 많은 차이를 가져올 수 있다. 만약, 호텔 주방시설의 설계와 배치가 비합리적일 경우 파급되는 효과는 다양한 형태로 확산될 것이다.

또한 주방의 종사원이 음식을 만들어 운반하는 장소와 고객이 이용하는 식탁 간에 저리할 수 없는 많은 일거리를 발생시키게 된다. 주방시설과 장비(Equipment)의 인간공학을 중심으로 한 합리적인 설계는 종사원의 생산성과 음식의 질적 가치(Food Quality)를 높일 수 있지만, 잘못 설계 · 배치된 장비와 시설은 시스템적 관점에서 여러 가지 문제를 파생시킨다.

이러한 측면에서 주방의 장비 및 시설의 운영설계(Operation Design)와 배치(Lay Out)는 결국 주방시설 장비의 이윤창출 가능성 등을 결정짓기 때문에 주방의 경영관리자는 이러한 제반 요인에 직접적으로 관심을 가져야 한다.

주방시설물 관리의 기준에서 보면 비합리적인 시설관리 방향은 결과적으로 관리시스템적 시설설계와 장비 배치과정에서 투입되는 직접비라고 할 수 있는 자본비용에도 큰 영향을 미친다. 결국 주방시설 설계과정에서 많은 공간 수요가 요구되면 될수록 더 많은 자본비용(Capital Costs)과 노무비(Labor Costs)가 발생된다는 것이다.

난방시설이나 환기, 냉방, 청소 등 호텔 부대시설 및 시설유지 등과 같은 시설부문에서도 불필요한 비용을 초래하게 될 수 있는 경우가 많다. 이러한 맥락에서 볼 때, 음식시설 운영자가 설계 및 배치에서 지켜야 할 준수사항을 한시적으로 생각하여 처리하면, 호텔시설 전체에 큰 문제가 될 수 있다.

호텔 식음료시설(Food Service Facility)은 한번 설계하여 배치하면 시설자체가 상품성을 내포하고 있기 때문에 시설이 노후하더라도 가능한 한 장기간 사용하는 경우가 대부분이다.

그러나 각 업장에서 판매하는 여러 메뉴를 한시적으로 메뉴변경을 한다든지, 주방시설을 교체하고자 하는 대체시기점을 결정지었을 때는 경우에 따라 새로운 형태의 장비와 시설을 갖출 필요가 있다. 그러므로 시설의 설계와 배치는 유연성(Flexibility)을 지니도록 주방시설 시스템을 설계하여야 한다.

현재 호텔 주방에서 운영하는 시설은 단기적인 측면에서 볼 때는 재설계와 새로운 장비를 배치할 필요는 없다고 볼 수 있지만, 경우에 따라서는 새로운 모델링 프로젝트(Modeling Project)를 수행해야 할 경우가 때때로 나타난다. 그러므로 조리 상품을 위한 생산 장비나 업장별 식당의 테이블 등 단순한 재배치(Rearrangements)도 일정한 원칙에 따라야 함은 매우 중요하다. 결국 호텔주방시설관리 시스템과 각 업장별 식당과의 역할 및 관련성을 충분히 고려한 배치가 이루어져야 한다.

6) 주방시설물 관리자의 역할

주방시설물 관리자 "통제"와 "관리"에 중점을 두어야 주방운영 전반에 걸쳐 효율성을 발휘할 수 있다. 또한 주방시설 관리자는 특히 주방 시스템의 설계와 배치에 관한 사전지식이 충분할 때만이 주방에서 생산되는 다양한 상품이 원할하게 유통되도록 할 수 있다.

[그림 8-1] 주방시설물 관리자의 역할

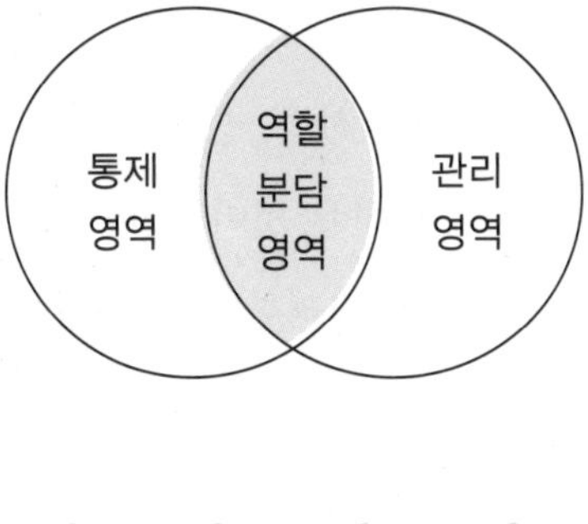

주방의 장비 및 설비에 합리적이고 인간공학적인 시설배치의 기본목적은 생산 시스템이 만든 가치를 고객에게 최상으로 제공하고 기계와 장비, 식자재, 인적자원 및 서비스 제공을 최적화하는데 있다. 그런 과정에서 관리자의 역할 분담 내용이 가시화되어 세분화된 체계가 확립될 수 있다.

즉, 호텔 주방의 종사원과 주방시설과의 관계는 주방장비 및 설비와 그에 따른 배치의 상관관계와 기능적 관계를 고려하는 것이 원칙이지만, 시설관리자의 능력 정도에 따라 주방의 단위생산 효율성과 안전성을 높일 수 있다.

시설관리자의 기능적 관계를 통한 주방시설물의 최적배치에서 나타날 수 있는 역할과정은 상당한 차이를 보인다.

주방시설물 관리의 역할 분담

❶ 주방시설 자재 운반의 최적화
❷ 조리상품 생산 공정의 균형 유지
❸ 주방시설물 활동공간의 효과적 활용
❹ 시설물 배치계획에 대한 유연성
❺ 인력의 효과적인 이용
❻ 주방장비 및 설비의 효과적인 이용
❼ 조리작업의 안전성
❽ 조리상품 생산의 경제성 등의 기본목적을 추구할 수 있는 동시에 역할과정에서 이루어져야 한다.

7) 주방시설물 관리의 일반원칙

주방장비와 시설계획은 음식상품의 생산량, 생산방식, 설비의 능력, 공정의 체계 등 모든 요인을 고려한 일반원칙을 수립하는 것이 결코 쉽지 않다. 그러나 주방작업 활동공간의 시설이라는 상대적 중요성을 고려한다. 효율성을 실현할 수 있는 일반적인 원칙을 따라야 한다. 그러므로 주방장비 및 시설의 배치계획은 전략적 계획의 성격을 지니고 있을 뿐더러, 전략적 계획을 통해 대안을 설정할 수 있다.

주방시설의 전략적 운영은 주방 시스템의 효율성과 경쟁력을 높이기 위한 장기적 측면에서 보면, 주방장비 및 시설의 기능적 효율성을 향상시키고 있다. 합리적이고 효율적인 주방시설 관리 시스템 기법의 방식은 주방운영의 생산성과 상품의 품질향상 등을 접목한 상품의 전략적 우위를 달성하기 위한 과정이라 할 수 있다.

이러한 측면에서 주방장비 및 시설은 주방 시스템의 전략적 우위와 전략적 우위 상품의 생산을 위해 전략적 관점의 사고가 절실히 필요하다.

주방장비 및 시설배치 계획에서 시설관리를 위한 일반적인 원칙의 기준은 다음을 포함해야 한다.

❶ 식음료 상품에 대한 새로운 아이디어 창출과 선별 능력
❷ 새로운 조리식품의 개발과 시험 및 적용결과 흡수
❸ 판매의 최종설계
❹ 체계적인 상품화 계획단계와 생산 및 판매 등의 과정에서 전략적 우위를 지닌 계획의 원칙이 수립되어야 한다고 본다.

호텔 주방은 고객의 요구에 대응하는 상품을 생산하는 생산접점으로써, 상품의 질적 가치를 극대화할 수 있다. 주방시설의 합리적인 활용으로 불특정 다수의 고객들에 의한 호텔 수익을 극대화할 수 있다.

호텔 경영부서의 특성 중 기능적 공간의 성격을 띠고 있는 곳이 바로 주방이므로 주방장비 및 시설배치에 호텔상품을 적절히 공급해야 하고, 상호 경쟁분석을 통한 시장기회 포착을 위한 독특한 시설을 갖추기 위해서 시스템적 관점에서 따른 주방 시스템 구축이 절실히 필요하다.

관리구축의 목표

❶ 주방시설의 종합적 조화의 원칙(Principle of Overall Integration)

❷ 단기 운반거리의 원칙(Principle of Minimum Distance Moved)
❸ 식재료의 원활한 흐름의 원칙(Principle of Flow)
④ 공간 활용의 원칙(Principle of Space)
⑤ 종사원의 안전도와 만족감의 원칙(Principle of Satisfaction and Safty)
⑥ 관리운영의 융통성 원칙(Principle of Flexibility) 등을 통해 실현될 수 있다.

8) 주방시설 관리의 구성요소

호텔 주방이나 일반 레스토랑 및 외식기업체의 주방은 일련의 특성화된 구성요소들이 기능적으로 연계된 복합적이고 체계적인 시스템이라 할 수 있다. 그러므로 주방 시스템을 구성하는 요소는 물적 요소뿐만 아니라, 인적 구성요소의 종합적 관리방식 기능도 포함되어 각각의 분담 성격을 명확하게 설정하여 하나의 생산 시스템 라인을 구축해야 한다.

구성요소 세분화

❶ 인적 구성요소는 지원주방(Support Kitchen)과 공급주방(Buessen Kitchen)에서 근무하고 있는 종사원과 각 업장별 부서장을 중심으로 구성된 조리사들이다.
❷ 물적 구성요소는 품목별 식재료, 주방시설과 장비, 조리기구, 위생도구 등 일련의 식품조리 과정에 사용되고 활용되는 요소들이다.
❸ 기능적 구성요소는 인적 구성요소와 물적 구성요소를 통합관리 과정에서 나타날 수 있는 요소이다. 즉 조리사의 능력, 주방조리장비와 성능 등이다. 주방시설이 본래의 의미를 구축하고 그 의미를 활용하는 목적과 주방기능을 최적화하기 위해서는 물리적 요소의 최적화뿐만 아니라, 인간공학적 측면에서 인적요인인 종사원들의 기능을 최적화할 필요가 있다.

인적 구성요소와 물적 구성요소들이 종합적인 기능을 수행해야 주방시설 관리 시스템의 운영을 통해 얻을 수 있는 생산성과 안정성을 충분히 발휘할 수 있다. 고객지향적인 주방운영 시스템을 개발해 질 좋은 식음료 상품을 공급할 수 있는 기틀을 마련한다.

4. 주방위생 관리

식품위생이란 좋은 음식 즉, 병균이 없고 위생적으로 처리된 안전한 음식, 병균을 지닌 세균이나 위험한 성분이 제거된 상태를 말한다. 위생관리의 고객의 정신적 · 신체적인 안전을 위해서 조리사의 개인위생, 교육, 청결의 생활화가 필요하다. 그러므로 위생관리는 식용 가능한 식품을 이용하여 조리 과정에서 조리사가 기구, 기물, 기기를 인체에 영향을 미치지 않도록 관리한 후 음식(상품)을 고객에게 제공하는 과정에서 발생할 수 있는 식품 위생상의 위해를 방지하는 것을 말한다.

1) 주방위생 관리

식품과 관련된 기계, 기기의 청결, 조리시의 청결과 위생처리, 조리사 개개인의 교육 등의 관리와 점검이 필요하다.

❶ 식품위생 관리 식품, 첨가물, 기구, 포장을 대상으로 하는 식품에 관한 위생관리를 말한다.

❷ 시설위생 관리 주방 공간에서 식품을 다루는 모든 기구, 장비의 위생관리를 말한다. 청결관리라고 할 수 있다.

㉠ 주방청소 매일 1회 이상

㉡ 냉장고, 냉동고 내부는 항상 깨끗이 사용, 온도를 적절히 유지

㉢ 기기류는 사용 후 물기를 제거

㉣ 소도구는 물기 제거 보관 일광소독 또는 자외선 소독

ⓜ 쓰레기 분리 수거, 뚜껑은 항상 덮어둔다.

ⓗ 후드 필터(Food Filter)와 덕트(Duct)는 청결히 → 이물질이 떨어짐

ⓢ 주방 내의 온도는 25℃, 습도 70% 적당, 15℃(Cold Kitchen)

ⓞ 청소, 쓰레기 및 배수처리, 기구와 기물 보관

③ 개인위생 관리- 내적 · 외적 위생

2) 개인위생 관리 – 건강진단

건강진단은 연 1회 또는 6개월에 1회를 실시하는데, 해당 업장에서는 보건증(건강진단 수첩)을 휴대해야 하며, 일반적으로 각 회사에서 인사부나 의무실에 일괄적으로 보관하며, 위생 검열 시 이를 제시해야 한다.

5. 주방의 안전관리

주방의 안전관리란 주방에 설치된 위험한 설비자재에 안전장치를 설치하고 종사원의 안전 교육 확립으로 상해나 화재 등의 인적 · 물적 사고 피해를 방지하기 위한 자재관리 활동이라고 할 수 있다.

주방에서 안전관리는 가스, 전기, 화기와 주방기물의 취급 등으로 분류할 수 있다. 주방은 불을 사용하는 곳이 많으므로 각종 안전사고의 발생 위험이 있기 때문에 안전 관리에 유의해야 한다.

주방에서의 일반적인 안전사고와 화재의 원인으로는 다음과 같다.

❶ 안전 설비가 불안전한 경우

❷ 주방기물 및 시설에 조리사의 사용 부주의와 안전지식 결여

❸ 전기, 가스, 화기에 의한 화재

❹ 일상적인 안전점검 소홀 등

안전사고 방지를 위해서는 정기적인 점검과 교육이 이루어져야 하며, 관리자와 주방 구성원인 조리사들이 안전 관리 세부 사항들을 준수해야 한다.

❶ 자격 있는 안전점검자에게 정기적으로 안전점검을 받아야 한다.

❷ 모든 장비, 기계와 시설물의 점검 상태를 작성하고, 과거에 발생했던 안전사고를 기록해야 한다.

❸ 바닥은 항상 건조하고 미끄러지지 않는 자재를 사용해야 한다.

❹ 소화장비가 설치된 장소와 사용방법을 모든 종사원들이 숙지하도록 해야 하며, 정기적인 검사와 교육을 실시해야 한다.

❺ 규정에 맞는 유니폼을 착용해야 한다.

❻ 불이나 전기를 사용하는 기계나 기물은 화상을 입지 않도록 주의해야 하며, 분쇄기나 고기 써는 기계 등은 사용하는 방법을 숙지하여 사고가 발생되지 않도록 주의하여야 한다.

❼ 주방 내에 설치된 전화기에는 경찰서, 구급차, 병원 등의 비상 연락처를 부착해야 한다.

❽ 응급 상황이 발생하면 어떻게 처리해야 하는지 기본수칙을 숙지해야 한다.

[표 8-3] **시설 위생 평가표 1**

일 자 : 20 년 월 일부터 월 일까지
평가자 : (인) 주방 :

1. 건물 일반 환경유지

진단기준	세부기준	평가항목	실시 여부
청결도 및 방충/방서 구제	1. 청결상태	1. 양호	
		2. 비교적 양호	
		3. 보통	
		4. 다소 불량	
		5. 불량	
	2. 식당 전체 방충 시설	완비	
	3. 구제작업	1. 계획에 의한 구제작업 실시	
		2. 비계획에 의한 구제작업 실시	
	4. 쥐, 해충의 서식 흔적	1. 있다	
		2. 없다	

2. 배기후드 오일스크린 청소			
청소상태	1. 청소 여부	1. 양호	
		2. 먼지가 약간 끼어 있음	
		3. 기름때가 있음	
		4. 기름때가 굳어 있음	
		5. 전혀 관리가 안 됨	
3. 시설 체크			
안전위생표의 정검체크	안전위생표의 점검 여부	1. 양호	
		2. 비교적 양호	
		3. 보통	
		4. 다소 불량	
		5. 불량	
4. Hall			
홀의 위생 관리	1. 양념기 및 내용물 청결 상내 여부	1. 양호	
		2. 비교적 양호	
		3. 보통	
		4. 다소 불량	
		5. 불량	
	2. 식탁, 의자바닥 등의 청결 여부	1. 양호	
		2. 비교적 양호	
		3. 보통	
		4. 다소 불량	
		5. 불량	
5. D.K관리			
Dry Kitchen율	1. Dry지역과 Wet지역의 구분 여부	1. 구분한다	
		2. 구분하지 않는다	
	2. D.K율	1. 70% 이상	
		2. 50% 이상	
		3. 30% 이상	
		4. 30 이하	
		5. D.K율 개념이 없다	

6. 식기류 청결 보관			
보관/건조 청결상태	1. 보관고에 의한 보관	1. 보관고에 의한 별도 보관	
		2. 보관고에 의한 별도 보관 및 덮개로 보관	
	2. 건조상태	양호	
	3. 이물질 완전제거 여부	완전 제거	
	4. 보관시설의 청결상태	양호	
7. 식수관리			
대장균 검사와 식수통의 청결	1. 대장균검사 결과	1. 양성	
		2. 음성	
	2. 식수통의 매일 세척 여부	한다	
	3. 식수통의 소독	1. 매일 소독	
		2. 주 3회 소독	
		3. 주 1회 소독	
8. 칼/도마/행주의 소독			
소독방법	1. 행주	1. 열탕(약품)+일광　건조(자외선 소독고)	
		2. 열탕(약품)+그늘 건조	
		3. 세제 세척+그늘 건조	
	2. 칼/도마	1. 열탕(약품)+일광　건조(자외선 소독고)	
		2. 열탕(약품)+그늘 건조	
		3. 세제세척+그늘 건조	
	3. 세균검수 등급	1. A등급	
		2. B등급	
		3. C등급	
		4. D등급	

[표 8-4] **개인 위생 평가표**

일 자 : 20 년 월 일부터 월 일까지
평가자 : (인) 주방 :

1. 개인 착용구

진단기준	세부기준	평가항목	실시 여부
위생장갑 구분 사용	1. 구분 사용 여부	1. 식품용/세정용을 명확히 구분 사용	
		2. 식품용과 세정용을 미구분 사용	
		3. 조리용/전처리용 장갑을 구분 없이 사용함	
	2. 세균 검사 결과	1. 세균검사 결과 A등급	
		2. 세균검사 결과 B등급	
		3. 세균검사 결과 C등급	
장신구 착용 여부	1. 장신구 착용 여부	1. 장신구 및 매니큐어 사용자 없음	
		2. 손에 장신구 착용자 없음(시계, 팔찌, 반지, 메니큐어 등)	
		3. 손에 장산구 착용한 조리사 있음	
개인의 청결 상태 및 복장	1. 복장 착용 여부	1. 규정복장 착용	
		2. 일부 인원 미착용	
	2. 청결상태	1. 청결상태 양호	
		2. 청결상태 보통	
		3. 다소 불결	
		4. 불결	

2. 기타

진단기준	세부기준	평가항목	실시 여부
손 씻음	1. 세면 시설 유무	1. 주방 내 세면시설 완비	
		2. 별도 세대는 없으나 일정 구역에 비누, 페이퍼 타올 구비	
		3. 세면시설 미비	
	2. 손 씻는 법 숙지사항	1. 손 씻는 법과 손을 씻어야 할 시기를 잘 알고 있음	
		2. 손 씻는 법과 손을 씻어야 할 시기, 잘 모르고 있음	
개인위생 관리	1. 체크리스트 유무, 체크 횟수, 실질적 실행 여부	1. 개인위생 체크표에 의한 매일 체크	
		2. 개인위생 체크일이 일정치 않음	
		3. 개인위생에 대한 일일 점검	

위생교육	1. 교육 횟수	1. 월 2회 실시	
		2. 월 1회 실시	
		3. 비정기적 위생교육 실시	
	2. 교육 프로그램의 다양성	1. 교육도구의 다양성(포스터, 비디오, 사진)	
		2. 위생포스터의 활용	
		3. 구두 교육	
	3. 기록관리 여부	1. 교육일지 비치	
		2. 기록보존 미흡	

6. 조리사의 고용 활성화

1) 현행 조리사 관련법의 문제점

❶ **시험제도의 차별성** 식품위생법 제8장 37조에 의하면 영양사의 면허와 관련하여, 영양사가 되고자 하는 자는 대학 또는 전문대학에서 식품학 또는 영양학을 전공한 자, 외국에서 영양사면허를 받은 자, 외국의 영양사 양성학교 중 보건복지부 장관이 인정하는 학교를 졸업한 자는 영양사 면허에 응시할 수 있는 자격을 부여한다. 그러나 식품을 취급하는 차원에서는 업무기준이 동등하나 조리사 자격을 취득하기 위한 자격조건에는 학력제한을 두지 않는다. 즉, 전문대 식품영양과 출신 학생은 조리사 시험에 응시 가능하나 조리과 출신 학생은 영양사 시험을 볼 수가 없다. 예를 들어 행정고시, 사법고시에는 학력제한을 두지 않고 동등한 기회 부여한다. 이러한 시험제도에 문제점이 있다.

❷ 조리사에게 식품관리의 모든 책임이 주어지지 않았는데도 식중독 발생 시에는 책임을 져야 하는 부당성이 있다.

❸ 식품조리 업무를 직접 담당하는 조리사의 직무명시가 되어 있지 않다. 영양사는 식단의 작성, 검식과 배식관리, 구매한 식품의 검수 및 관리, 급식시설의 위생적 관리, 운영일지 점검, 종사원에 대한 영양지도 및 위생교육 등의 직무

를 담당한다. 그러나 종사원의 영양지도와 위생교육 대상자는 영양사와 조리사를 제외한 종사원이다.

❹ **급식관계법규의 조리사 역할이 모호하다** 급식인원이 50인 이상인 경우에는 영양사를 의무적으로 고용해야 한다. 그러나 조리사는 의무 고용제가 아니다. 또한 모든 업무가 영양사의 지도와 감독을 받아야 한다.

[표 8-2] **외국의 의무 고용제도 사례**

	일 본	미 국	중 국
조리사 관련법	조리사법 설치	식품위생법에 조리사를 포함	식품위생법에 조리사를 포함
면허 부여	• 지정된 조리사 양성기관에서 1년 이상 조리과정 수료자 • 조리경력 2년 이상 경력사로서, 도지사가 실시하는 조리과정 교육 이수자 • 조리경력 2년 이상자로서 조리사 시험에 합격한 자	• 인가된 조리학교 이수자 또는 지정된 조리사 기능과정 수료자 • 조리경력이 있는 자로서 조리사 시험에 합격한 자	• 인가된 조리학교 이수자 또는 지정된 조리사 기능과정 수료자 • 조리경력이 있는 자로서 조리사 시험에 합격한 자
고용관계	의무고용제 : 음식물 조리는 면허가 있는 조리사만 취급	자율고용제 : 음식물 조리는 면허가 있는 조리사가 취급함을 원칙으로 함. 국민의식 형성됨(음식물 조리=조리사)	지정고용제 : 면허가 있는 조리사를 국가에서 지정하는 고용제, 의무고용제보다는 더욱 강화된 의미

7. 공유주방

우리나라 많은 사람들은 돈을 벌기 위해서 젊은 세대들이 외식업 창업을 준비하거나 퇴직 후 새로운 도약을 준비하는 경우가 많다. 그 중에서 가장 많이 뛰어드는 분야가 외식업이다. 그렇지만 외식업의 성공률은 생각보다 어려운 분야이며, 철저한 준비 없이 창업을 하게 되면 실패와 손실의 맛을 볼 수가 있다.

이러한 창업을 위해서 새롭게 공유주방이 등장하게 되었는데, 이에 대해서 알아보고자 한다.

1) 공유주방 도입 배경

공유주방은 1980년대 미국에서 처음 등장했는데, 최근 코로나19로 인한 외식문화의 변화로 비대면을 의미하는 언택트(untact) 문화의 확산과 편리함을 중시하는 트렌드는 음식 배달 앱의 보편화로 홀 영업을 하지 않고 배달을 전문으로 하는 영업자가 증가하면서 이에 대한 관심이 높아지는 요인이 되었다.

공유주방의 도입 배경은 정부의 규제개혁 및 양질의 일자리 창출을 늘리기 위해 2019년 식품의약품안전처에서 규제 샌드박스 추진을 허용하게 되었다. 여기에서 '샌드박스'라는 것은 새로운 서비스가 출시될 때 일정 기간 기존 규제를 면제해 주거나 유예시켜주는 제도를 말하는데, 시장진출의 기회를 주거나, 시간과 장소, 규모에 제한을 두고 실증테스트를 허용하는 '혁신의 실험장'이다. 다시 말하면 국민의 생명과 안전에 위해가 되지 않는 범위 내에서 마음껏 도전하고, 새로운 시도를 해볼 수 있도록 기회를 부여하기 위한 제도이다.

공유주방의 시초는 2015년 한국농수산식품유통공사에서 청년 지원사업으로 시작한 청년 키움식당으로 외식창업을 희망하는 청년들에게 주방임대는 물론 메뉴개발, 법률과 세무, 외식 창업에 필요한 기본적인 교육을 제공한 바가 있다.

2) 공유주방의 정의

공유주방이란 식품 조리시설이 갖추어진 1개의 주방을 2명 이상의 사업자가 함께 사용하여 영업할 수 있도록 허용한 영업시설을 말한다. 그런데 공유주방은 1개의 주방에 1개의 영업만 가능한 현행법령에서는 공유주방의 운영이 불가능하며, 주방을 칸막이로 분리하고, 조리시설을 갖추는 개별 주방 형태로 운영이 되고 있다.

식품위생법에는 1개의 주방에 1명의 사업자만 신고가 가능하고, 하나의 주방에 여러 사업자를 등록할 수 없다. 큰 공간에 마련한 작은 주방들을 업체들에 할당하고 있는 실정이다. 특히 공유주방은 배달업에 용이한 형태로서 배달에 최적화된 메뉴를 제공하고 있다. 소비자들이 좋아하는 메뉴를 선택하여 구독 서비스를 신청하면 맛있는 음식을 정기적으로 배송해 주는 시스템이다.

외식 창업을 하는 사람들은 공유주방이 지속적으로 잘 운영되려면 하나의 공간을 다수가 활용할 때 상호간에 배려와 인내가 필요할 것으로 예상되며, 공유주방에 대한 앞으로의 남은 과제는 공유주방에 특화된 창업과 경영 프로그램 개발이 필요한 시점이다.

3) 공유주방의 장점

(1) 창업비용이 비교적 적게 든다

일반적으로 매장을 직접 임대하게 되면 임대비부터 설비, 인테리어 등 들어가는 초기 비용이 크게 발생하게 된다. 그에 비해 공유주방은 필요한 공간만 임대하고 설비 대여가 가능하고, 인테리어에 신경을 쓰지 않아도 되기 때문에 초기 창업 비용이 적게 드는 것이 장점이다.

(2) 초보 자영업자도 가능하다

자영업을 처음 시작하시는 사람들이라면 홍보, 영업방식, 재료구매 등에서 많은 어려움이 있기 때문에 공유주방 업체에서 어플이나 배달(라이더) 콜 등 초기세팅을 도와주고, 같은 공간에서 자영업들과 서로의 노하우나 정보공유 등 다양한 도움을 받을 수 있다.

(3) 제휴 혜택이 많다

공유주방 브랜드가 배달 앱, 배달 대행업체 등과 제휴되어 있다면 그에 따른 혜택을 기대해볼 수 있다.

4) 공유주방의 단점

(1) 공간의 문제

공유 공간이라서 공간이 한정되어 있어 동선이나 수납 공간에 불편한 점이 발생할 수 있다.

(2) 보증금이나 월세가 비싸다.

상권에 따라 보증금이나 월세 등이 지나치게 높을 가능성이 있으며, 창업 초기 비용은 적지만 매월 지출되는 비용이 오히려 더 많을 수 있다.

(3) 타 업체와의 경쟁

타 업종의 업체들과 한 공간에서 일을 하기 때문에 경쟁을 해야 하는 상황이 있을 수도 있고, 장사가 잘 되는지, 안 되는지를 눈으로 바로 확인할 수 있어 치열한 배달 경쟁이 이루어진다. 그리고 공유주방 업체에서 매장만이 가지고 있는 고유 레시피나 정보 등을 유출 당할 우려가 있다.

자율학습

1. 공유주방을 이용하면 소비자 측면에서는 어떤 점이 좋으며, 공유주방이 활성화되기 위해서는 어떠한 노력이 필요한가?
2. 공유주방의 향후 전망과 문제점에 대하여 논하시오.

Understanding Foodservice Industry

제9장

식자재 관리

외식산업의 이해

제9장
09

식자재 관리

1. 식자재 관리의 개념

식자재 관리는 영업활동에 필요한 식자재를 효율적으로 관리하기 위한 과학적인 관리기술이라 할 수 있으며, 영업활동에 필요한 품목을 명확히 파악하는 것부터 시작된다.

식품은 제철에 나온 것이 영양가에서 우수하고 가격 면에서도 유리하기 때문에 각 지방에서 생산, 출하되는 농수산물의 작황을 인지하고 구매하는 것이 중요하다. 물가변동에 따라 식재료관리 업무에 영향을 주기 때문에 계절, 기후의 변화, 농수산물의 변동 상황 등을 잘 파악하여 가격을 설정하고 식재료와 선택 기준을 설정해야 한다.

외식업체의 식자재 관리는 식자재의 구매, 검수, 저장, 출고 등과 관련된 모든 업무를 의미한다. 식자재는 매입 부서의 인적 구성원에서부터 체계적이고 효율적인 물자관리에 이르기까지 조직적으로 관리해야 한다. 식자재는 치밀한 시장조사를 통하여 구매하고 취급업체를 주기별로 평가하여 우수업체를 선정하고 납품시간, 기일에 알맞도록 관리한다. 각 식자재의 유효기간, 포장상태 등 보존 특성을 잘 파악하여 저장기간, 반품처리 등을 모색하는 등 구매관리 활동을 총체적으로 통제하고 관리해야 외식산업의 영업 이익에 크게 기여한다.

- 공급업체의 선정과 구매의 합리화　식단의 기간 또는 요리의 종류, 발주 시기에 따라 공급업체 선정
- 발주업무　납품의 일시와 가격, 발주방법을 정하여 재고 확인 후 발주
- 정확한 검수의 책임　검수 담당자가 납품전표에 따라 식재료의 양과 질의 확인
- 보관과 입고 및 출고　보관기준에 따라 식재료의 입 · 출고량을 통제
- 식재료비 예산의 통제　계획된 예산에 맞춰 식재료비를 관리

2. 구매관리

구매란 돈을 지급하고 사는 것을 말하는데, 구매하려는 품목보다 조달이 잘 되어야 한다. 이를 위해서는 구매관리가 필요하다. 구매관리란 생산 활동에 필요한 품질 높은 식자재를 최소비용으로 얻기 위한 관리 활동으로, 합리적이고 원활한 생산 활동을 위하여 적절한 품질의 자재구매, 적정량의 구매, 적정한 시기의 구매, 적정한 가격의 구매, 적절한 공급처의 선정 등을 목표로 하고 있다. 즉, 외식업체의 운영에 필요한 모든 물품을 적당한 메이커와 구입처를 파악하여 교섭을 거쳐 발주하여 사용처에 공급하는 일이다.

특히, 식자재의 구매관리는 아직도 체계적인 연구개발이 이루어져 있지 않기 때문에 언제, 어디서, 어떻게, 누가 구입하느냐에 따라 업소별 품질과 가격이 다르다. 따라서 식자재를 합리적으로 구매하려면 식자재에 관한 정보, 유통시스템, 식품규격, 가격변동 추이 등에 관한 다양한 정보를 얻는 것이 중요하며, 더불어 납품업자의 선정, 구매방법, 접수, 식품감별에 대한 해박한 지식을 갖추어야 한다.

구매관리 활동은 적정한 물품을 적절한 시기에 구매하는 것만이 아니라, 업장에

서 필요한 시기에 최소한의 비용으로 최적의 상품을 구입하는 경영활동이다. 식재료의 구매는 계절의 변화, 물가의 변동 등 경제적 요인이 직접 작용하므로 식재료의 구매와 선정에 더욱더 세심한 주위가 필요하다. 특히 구매담당자는 유통구조의 관한 지식, 식품의 감별법, 식재료 구매 시 고려사항 등을 인지해야 하며, 그 식품이 가지고 있는 특성, 보존기간과 변질에 관한 전반적인 지식을 습득해야 한다. 구매담당자는 식재료의 구매활동을 원활하게 수행하기 위해서 식재료의 생산과정에서부터 조리, 판매에 이르기까지 많은 경험과 끊임없는 연구가 필요하다.

합리적이고 효율적인 식재료의 구매관리를 위해서는 정기적이고 치밀한 시장조사와 구매품목의 특성을 고려하여 구매절차를 거쳐야 한다. 그러기 위해서는 구매품목의 품질, 규격, 무게, 수량, 기타 특성을 세부적으로 기술한 표준구매명세서를 작성하여 검토하는 것이 기본적인 단계이다.

1) 5W · 1H

Who 구매 전 → 예상고객

Where 어디서 → 구매시점

How 수 → 접근방법

What 구매

Why 용도

When 언제 구매하나? 시기

구매의 경우 과거에는 경제적인 측면에서 중요하게 생각한 가격에만 초점을 맞추어 구매했는데, 현재의 추세는 기업경영 측면에서 이윤을 창출하고 증대시키는데 목적을 두고 있다. 구매는 경영의 한축이다. 구매방침, 계획, 계약, 시기는 머리부터 이루어져야 한다. 전문화된 요원이 필요하다.

2) 4Is

4Is란 지식(Intelligence), 성실(Integrity), 관심(Interest), 식재료에 대한 정보(Information about Food)이다.

구매자는 구입할 품목을 전화로 통보하여 발주업무를 수행하는 단순한 주문자가 아니기 때문에 상당히 중요한 위치에 있는 직원으로 식재료에 관한 전문적 지식과 숙련된 구매업무 수행능력을 보유하여야 한다. 식자재 구매자는 다음과 같은 지식과 태도를 갖추어야 한다.

❶ 식재료의 주산지 및 계절적 변동요인
❷ 표준 구매명세서 내역
❸ 구매방법 및 발주 절차
❹ 식재료의 특성과 저장 조건 및 시간
❺ 식재료의 산출률 및 관련 음식
❻ 긴급구매, 가치분석과 창조적 구매의 수행능력
❼ 정직, 성실한 인품
❽ 불법행위 배척(뇌물, 사기, 횡령)
❾ 무편견의 내외적 인간관계

3) 구매과정

주방의 식재료를 적정한 시기와 필요한 양, 최소의 비용으로 최상의 상품을 구입한다는 것은 결코 쉽지 않다. 그렇기 때문에 구매담당자와 주방관리자는 구매관리를 위해 공동으로 노력할 필요가 있다.

구매관리를 위한 집행과정은 조리목적에 따라 필요한 식재료를 적절한 납품예정자와 구매처를 탐구, 파악하여 교섭과 발주과정을 거쳐 관련 주방이나 창고에 입고시키는 일련의 과정을 말한다.

주방에서 사용하는 식재료는 그 품목의 종류와 사용 시기가 현저한 차이를 두고 있는 품목이 많아 구매담당자는 구매수행 과정의 업무를 적절하게 조절하는 기능을 발휘해야 한다.

식재료의 대한 구매수행 과정은 일반적으로 수행되는 구매과정과 동일시하는 경향은 그리 바람직하지 못하다는 점을 감안한다면 다음과 같은 내용으로 요약할 수 있다.

(1) 적정 재고량의 파악

호텔 업장이나 레스토랑의 주방장에서는 필요한 만큼의 품목별 식재료의 적정재고량을 항상 유지하여야 한다. 따라서 구매담당자는 신속하고 정확한 재고량을 파악하여 구매를 의뢰해야 한다.

과소한 재고량의 경우에는 특정 음식을 제공하지 못해 서비스의 질이 떨어질 수도 있으며, 반대로 과잉재고량의 경우에는 불필요한 원가비용의 발생요인이 된다. 그런 이유로 식재료의 적정재고량을 유지하는 것은 주방 고유의 업무를 수행한다는 입장에서 진행해야 한다.

(2) 구매량 결정 : 메뉴의 확정

구매량을 결정하는 것은 외식업체의 수익에 커다란 영향을 미치는 중요한 결정이다. 구매담당자는 업장의 주방이나 레스토랑에서 사용한 식재료의 품목과 수량 등을 파악하여 식재료 제공자에게 의뢰해야 한다.

구매의뢰자는 조리를 위해 필요한 식재료량을 충분하게 검토해 구매량을 결정한다. 이때는 구매청구서를 작성하여 특정품목이나 총괄적인 물품소요량은 서류로 작성한다. 구매량을 너무 많이 확보하면 식자재를 구매하는데 필요한 자금, 저장하는데 필요한 공간, 부패할 가능성이 높아진다. 따라서 구매량을 결정하는 데는 다음과 같은 요인들을 고려해야 한다.

❶ 특정 기간 동안의 이용률
❷ 주문에서 받기까지의 시간과 일수
❸ 안전한 수준의 구매량, 또는 최소구매량
❹ 새로 주문할 시점 또는 재고
❺ 최대 저장 수준과 최대량
❻ 저장재고를 위한 공간
❼ 재고를 위해 이용 가능한 자금

(3) 품질기준 설정

구매담당자는 필요한 구매품목과 양이 결정되면 각각의 구매품목에 대한 품질을 설정하여 납품업자를 선정한다. 품목별 품질의 정도는 결과적으로 납품업자를 선정하는 평가기준의 역할을 한다.

(4) 납품업자 선정

적정한 기준에 따라 구매할 식음료 품목이 선정되었을지라도 지속적으로 믿을만한 납품업자와 업체를 선정하는 것은 결코 쉬운 일이 아니다. 거래를 위해 작성한 견적서의 내용과 실제 납품되는 내용의 일치 여부를 확인하는 작업이 필수이다. 일정 기간 거래관계를 유지했더라도 납품업자의 신뢰성은 곧 상품의 질과 수량에 미칠 수 있는 요인이라는 점을 감안한다면 품목선정보다도 신뢰성과 진실성을 겸비한 납품업자를 선정하는 것이 더 중요하다.

(5) 구매가격 결정

구매하는 물품의 품목별 가격을 결정하는 단계로, 우선 생산성과 수익성을 고려한다. 최소의 비용으로 최고의 상품을 구매하는 것이 구매담당자가 기본적으로 갖춰야 할 구매업무의 목적이다.

(6) 결제조건과 납품시기 결정

구매담당자와 납품업자는 상호협상의 결과에 따라 결제조건과 시기를 결정한다. 이러한 과정의 흐름은 계약서의 내용에 구체적으로 포함되어 납품업자가 납품이 끝나더라도 계약서 내용과 일치 여부를 확인하는 자료가 되어야 한다. 특히 반품에 대한 조건을 결정하는 것도 매우 중요하다.

(7) 송장의 점검

구매담당자는 구체적이고 세부적으로 기록된 구매조건의 내용과 송장의 기록내용을 비교하여 물품의 내역과 가격결정에 따라 일치 여부를 확인하여 물품을 받는 과정이다. 구매를 위한 송장은 현금과 같다는 인식으로 검수에 앞서 철저하게 점검한다.

(8) 검수작업

구매주문서에 따라 현물을 확인하고 대조하여 주문내용에서 발견할 수 있는 반품의 처리방법을 해결하는 과정이다. 특히 검수작업 과정에서 일어날 수 있는 예기치 못한 사항에 대처할 수 있는 대안을 마련하는 것도 마찬가지로 중요하다.

(9) 기록 및 기장 관리

주문서 사본, 구매청구서, 물품인수 장부, 검사 또는 반품에 대한 보고기록서를 작성하여 비치, 보관한다. 구매주문 관련 업무에 필요한 서류들은 곧바로 구매의뢰 과정상 절대적으로 참고해야 할 자료가 된다.

4) 식재료 구매 시 주의사항

식재료를 구매하는 과정에서 다음과 같은 몇 가지 주의할 점이 있다. 특히 구매하고자 하는 식재료의 종류와 특성에 따라 특별히 주의해야 할 점이 많은 것은 결과적으로 호텔의 수익결정 요인과 직결되며 나아가 국민보건과 건강에도 직접적으로 영향을 미치기 때문이다.

(1) 신선할 것

식재료가 신선할 때 맛이 가장 좋을 뿐만 아니라, 영양가도 높다. 이렇게 신선한 식재료를 선택해야 하는 것은 결국 양질의 서비스를 제공하여 수익증대에도 영향을 주기 때문이다.

(2) 위생적일 것

구매하고자 하는 모든 식재료는 항상 신선하고 위생적으로 처리된 재료를 구매하는 것이 원칙이다.

(3) 안전할 것

주방에서 쓸 식재료는 위해하거나 변질될 위험성이 내포된 식품을 사용해서는 안 된다. 특히 농약이나 중금속, 유해첨가물은 허용기준치를 초과한 상태로 사용할 경우 사회적으로 커다란 물의를 일으킬 염려가 많다는 사실을 인식해야 한다. 또한 유해색소는 없는지 무허가 식품은 아닌지 품질표시는 제대로인지 등 일반적인 내용이 대체적으로 안전해야 한다.

(4) 적정 가격일 것

소비시장 구조의 가격변동은 상황에 따라 급격한 변화를 가져온다. 어떠한 식재료이든 가격은 적정한 선에서 구매계약이 이루어져야 한다. 필요 이상의 높은 가격으로 구매비를 지불한다든지 또는 실제 가격보다 낮게 책정해 식재료를 구매한다면 원가 상승률에 영향을 끼치는 요소로 변한다.

5) 구매방법

(1) 계약에 따른 방법

❶ 경쟁입찰

자격을 갖춘 희망자 사이에 상호경쟁을 통해 발주자에게 유리한 내용을 표시한 사람과 계약할 조건으로 가장 적당한 조건을 내세운 사람을 낙찰자로 정하는 입찰이다. 입찰을 위해서는 시간 여유를 두고 공고해야 하며, 입찰공고에는 품명, 수량, 입찰장소와 일시, 납품장소와 시기, 보증금 관계, 등록마감일, 계약조건, 품질보증서, 입찰조건 등을 명시한다.

❷ 수의계약

경쟁을 붙이지 않고 계약을 이행할 가격을 가진 업체와 계약을 체결하는 방법이다. 복수견적과 단일견적으로 나누며, 일반 소규모 영업점에서는 복수견적을 통하여 가격과 품질을 비교하고 가장 계약조건이 좋은 납품업자에게 납품을 받는다.

6) 구매기간에 따른 방법

(1) 수시구매

각각의 식재료를 구매의뢰서에 따라 필요할 때마다 수시로 구매하는 방법이다.

(2) 정기구매

식재료의 기간별 소모량을 파악하여 정기적으로 구매하는 방법이다.

(3) 장기계약구매

쌀과 같이 계속적으로 대량 필요한 경우, 장기적으로 계약을 체결하고 일정 기간마다 일정량을 납품받는 방식이다.

(4) 위탁구매

구매하고자 하는 식재료가 종류는 다양하고 소량일 경우, 구입단가를 명백히 책정하여 특정업자에게 일괄적으로 구매하는 방법이다.

7) 구매에 따른 방법

(1) 공개시장구입(Open Market Buying)

변질되기 쉬운 식품은 공개시장에서 구입한다. 한 명 이상의 상인으로부터 받은 견적서를 보고 품질과 서비스가 철저하고 가장 낮은 가격을 제시한 사람에게 주문한다. 공개시장구입은 보통 전화로 하지만 외판원과 직접 접촉하거나 혹은 사장을 방문해서 직접 구매하는 방식을 취할 수도 있다.

(2) 비밀입찰구매(Sealed Bid Buying)

필요한 상품의 목록을 입찰신청서와 함께 업자들에게 보내면 업자들은 거기에 가격을 기입해서 봉함우편으로 다시 우송한다. 일반적으로 업자들은 입찰신청서와 함께 보증수표나 계약보증금을 우송하도록 되어 있다. 입찰자가 낙찰되지 않을 경우 수표를 돌려보내고, 낙찰되었을 경우에는 그의 계약을 만족스럽게 완수하였을 때 되돌려 보낸다. 공개입찰을 할 경우에는 최저 가격의 입찰자에게 낙찰된다.

(3) 계약구매(Contract Buying)

매일 혹은 일주일에 몇 번씩 배달해야 할 식료품은 보통 특정한 기간을 정하지 않고 공식적인 혹은 언약에 의한 계약에 따라 구매하는데 이것을 계약구매라 한다.

(4) 예매구매(Future Buying)

대규모 업체에서는 주문할 당시의 고정된 가격으로 앞으로 납품될 상품의 구입을 계약한다. 어떤 상품시장에서는 가격변동에 대한 투기로 예매하기도 한다. 그러나 근래에는 식당업계에서 잘 사용하지 않으며 대개 최대한 90일 단위로 구매한다.

3. 검수관리

검수관리는 구매명세서에 의해서 납품된 물품의 품질, 규격, 성능, 수량 등이 주문한 요건에 맞는지, 또는 불량품이 있는지를 견적서와 비교하여 확인하고 관리하는 것을 말한다.

주방 업장에서 사용될 식재료가 검수 절차에 의해서 완료가 되면 업장으로 유입되거나 창고에 보관한다. 이러한 검수업무가 제대로 실행되기 위해서는 우선 검수담당자의 충분한 검수 지식이 필수적이다. 업소에서 주문하는 식품의 개별적인 특성은 물론 부주의한 처리로 발생할 수 있는 식품의 화학적 변화, 부패로 인한 위험, 저장 시설과 부서별 요구에 맞는 식자재의 적절한 배치 등 검수에 필요한 여러 가지 전문 지식을 갖추고 있어야 한다.

1) 검수관리의 절차

❶ 구매 주문서(발주서, 견적서)에 의하여 배달된 식재료의 수량, 가격을 점검하고 표준구매 명세서를 넘겨받는다.

❷ 표준구매 명세서를 근거로 하여 주문 물품의 내용(수량, 규격, 품질)을 검수하고 확인 · 대조한다. 불일치할 경우 반품한다.

❸ 식재료에 대한 1일 검수보고서를 작성한다.

❹ 검수원은 반드시 사인을 한다.

❺ 식재료는 신선도를 유지할 수 있도록 옮긴다.

❻ 검수 내용을 기록한 1일 검수 보고서를 작성하여 관련 부서에 송부한다.

ex) 조리부의 경우 총주방장이 1일 검수 보고서를 확인하고 사인한다.

❼ 주문서에 있는 품목이 도착하지 않으면 구매자에게 보고한다.

2) 검수방법

(1) 송장 검수법(Invoice Receiving)

가장 널리 사용하는 검수 방법으로, 구매명세서의 송장에 기록한 내용에 따라 수량, 품질, 특성, 가격 등을 검수하여 입고시키는 과정이다. 검수원은 구매명세서와 송장을 비교하여 정확하게 확인을 한다.

(2) 표준순위 검수법(Standing Order Receiving)

송장 검수법과 거의 비슷한 방법이나 송장 검수법에 견주어 느슨한 점이 있다. 송장 대신 배달 티켓이 물품과 함께 검수원에게 보내지는 방법으로 동일한 물품을 정기적으로 보낼 때 사용한다.

(3) 우편배달 검수법(Mailed Deliveries Receiving)

주문한 물품이 우편이나 항공에 의해 배달되는 경우에 화물표가 송장 대신 역할을 하기 때문에 신뢰성을 유지하는 거래업자와의 관계에서 이뤄지는 검수법이다.

(4) 대금상환 검수법(Code Deliveries Receiving)

검수원이 배달원에게 물품을 직접 받는 동시에 대금을 지불하는 방법으로 검수원은 배달원과 함께 물품을 비교하여 일치하는지 확인을 한다.

(5) 무표식 검수법

송장에는 물품의 이름 외에 다른 정보가 제시되지 않으며 물품의 이름과 가격,

수량, 품질 특징 등의 모든 정보를 담고 있는 정식 송장이 배달되기 하루 전에 경리 부서로 보내진다.

4. 저장관리

1) 저장관리의 의의

식재료 저장관리는 재료관리 측면에서 중요한 요소이다. 저장관리란 식재료의 사용량과 일시가 결정되어 구매를 통해 구입한 식재료를 철저한 검수과정을 거쳐 출고할 때까지 손실 없이 합리적인 방법으로 보관하는 과정을 말한다. 이렇게 식재료를 본래의 의도대로 사용할 수 있도록 보존하는 상태를 저장(Storing)이라고 한다.

저장된 식재료는 언제 어디서나, 누구든지 쉽게 찾을 수 있도록 질서 정연하게 정돈하고, 깨끗하게 보관한다. 물품들을 혼잡하게 보관하거나, 비위생적으로 보관해서는 안 된다.

해당 식재료명과 규격별로 분류하거나 식재료의 특성에 따라 손쉽게 분류하여 식재료의 손실을 적게 한다. 또한 관리자가 무엇이 있는지를 알 수 없어 낭비하거나 폐기하는 일이 없도록 한다.

2) 저장관리의 목적

식재료는 누구나 손쉽게 식별하고 그 위치를 확인할 수 있도록 종류별, 특성별, 사용용도별 등 다양한 분류방법으로 저장관리할 수 있다. 식재료를 합리적으로 저장한다는 것은 결국 합리적으로 보존한다는 것과 마찬가지로 재료별로 식별하기 쉽고 온도, 습도, 통풍 등 여러 여건을 충분히 고려하여 저장해야만 저장관리의 목적을 수행할 수 있다.

❶ 폐난, 폐기, 발효에 의한 손실을 최소화해 적정재고량을 유지하는데 있다.
❷ 식재료의 손실을 방지하기 위해 출고관리를 철저히 한다.
❸ 출고된 식재료는 날마다 그 총계를 내어 관리하도록 한다.
❹ 식재료의 출고는 사용 시점에서 바로 이루어지도록 관리한다.

3) 저장방법

(1) 식품창고에 저장

야채, 과일, 버섯, 생선, 육류 등의 통조림 식품과 과일, 야채, 전지분유와 탈지분유, 건조 계란 등의 탈수 건조 식품은 일반식품 저장창고에 저장한다.

(2) 냉장고에 저장

0℃~5℃ 정도의 온도에서 식품을 냉장 저장할 경우에, 미생물과 효소의 활동을 단기간은 정지시킬 수 있다. 야채와 과일을 비롯한 염장 식품과 절임 식품의 대부분은 냉장으로 저장한다.

식재료별 저장 온도로는 주식류(쌀, 밀가루, 보리쌀, 라면 등)는 15℃~25℃, 육류(쇠고기, 돼지고기 등), 생선류(고등어, 꽁치, 삼치 등)는 5℃, 엽채류(배추, 양배추, 시금치, 상추, 콩나물 등)와 근채류(무, 양파, 감자 등)는 씻은 상태가 5℃, 자연상태는 15℃~25℃가 적당하다.

(3) 냉동고에 저장

식품의 영양, 맛, 조직, 색 등은 -52° C 이하에서 저장할 경우에 거의 변질이 없다. 식품을 냉동할 경우라도 박테리아나 미생물 또는 해충이 침입하지 않도록 포장을 해야 하며, 플라스틱 백으로 진공포장을 하기도 한다. 그러나 일반적으로 식재료별 냉동 저장 온도는 약간의 차이가 있으나 -18° C가 적당하다.

5. 출고관리

식자재 관리의 마지막 단계로 식음재료를 청구하고 내주하는 업무를 말한다. 매일 적정한 재고량을 유지하고, 출고품목을 조정하고, 원가산출을 위한 근거자료가 된다. 식재료의 출고는 검수 지역에서 직접 조리부서로 배달되는 직접 출고와 저장실에서 중간부서로 유통되는 저장 출고로 구분할 수 있다.

1) 출고관리 방법

(1) 선입선출법(First-in, First-out)

먼저 입고되었던 순서에 따라 식재료를 출고하는 방법이다. 이는 구매과정에서부터 출고되기 전까지 생산날짜, 구입일이 빠른 식재료를 선별하여 출고해 식재료의 부패, 유통기한의 초과 방지 등 모든 식재료를 신선하고 안전하게 소비 할 수 있다. 대부분의 식재료 출고방법은 선입선출법을 사용한다.

(2) 후입선출법(Last-in, First-out)

선입선출법의 반대 개념으로 나중에 입고된 물품이 먼저 출고되는 방법이다.

2) 식재료 이동관리

(1) 이동전표(Inter Kitchen Transfer)

창고에서 나온 식자재 중에서 주방의 요구로 주방끼리 전용(轉用 Transfer)할 때 사용하는 전표를 말한다. 3매 1조로 되어 있으며, 구매부(Purchasing), 재정부(Cost control), 해당 부서에서 보관한다. 지나치게 전표를 만드는 것은 원가관리 업무를 복잡하게 하므로 필요 시에만 활용하는 것이 좋다.

[그림 9-1] 이동전표

FBC-6/20

Seoul Hilton

식음재료 이동 인수증

INTER- ☐ KITCHEN ☐ BAR TRANSFER

DATE ______________________

FROM ______________________

TO ______________________

FOR ______________________

Q'TY ORDERED	UNIT	ARTICLE & DESCRIPTION	Q'TY OR WT-ISSUED	UNIT COST	AMOUNT
		TOTAL COST			

ORDERED BY ISSUED BY RECEIVED BY HEAD OF DEPT

6. 원가관리

1) 원가관리의 개념

원가란 경영관리 활동을 수행하면서 소비된 유 · 무형의 재화 또는 용역의 가치를 금액으로 수치화한 것이라 할 수 있다. 즉 기업에서 상품을 생산할 때 발생하는 소비된 가치를 말한다. 원가관리는 식재료의 구매, 검수, 저장, 출고의 관리활동 단계에서부터 주방에서 음식을 조리하여 판매에 이르기까지 모든 업무에 적용되는 특별관리 활동이다. 그러나 원가관리(Cost Control)는 기업경영의 목적이라고 할 수 있는 이익의 극대화에 큰 영향을 미치기 때문에 경영관리 측면에서 접근하여야 한다.

식음료 부서에서 소비되는 모든 식재료의 원가를 효율적으로 관리하기 위해서는 관리자의 권한과 책임으로만 한정할 수 없다. 반면에 관련 부서의 누구를 막론하고 함께 협조관계를 유지하면서, 경제적 의미의 가치로 인식전환이 중요하게 작용되는 독특한 경영기법이다.

2) 레스토랑의 원가관리

외식업체를 경영하면서 지속적이고 체계적인 시스템을 개발하여 적용해야 하는 경우가 바로 레스토랑의 식음료 원가관리 시스템이다.

레스토랑의 원가관리 시스템은 계획(Planning)과정, 비교(Comparing)과정, 수정(Correcting)과정, 개선(Imporving)과정의 단계를 끊임없이 순환시킬 수 있는 관리시스템이 되어야 한다.

주방에서 사용 · 소비되는 식재료는 구입에서 저장 및 조리하여 판매에 이르기까지 원가소비 점유율이 상당히 많이 발생한다. 그러기 때문에 4단계 관리 시스템의 원가관리 기능이 계속적으로 활동과정을 거쳐야만 효과적으로 원가를 절감할 수 있다.

레스토랑 식음료 부문의 원가관리는 원가의 표준을 설정하고 실제원가와 비교하여 그 차이를 분석해 원가 능률을 높이기 위한 것이다. 그리고 원가는 판매량과 수익의 차이이며, 원가절감의 여부는 수익에 큰 영향을 미친다.

레스토랑 식음료의 원가관리는 메뉴작성, 시장조사, 구매, 검수, 입고, 조리, 서비스(판매), 재고관리 등에서 이루어지며, 이러한 원가관리는 개별 단위로 이루어지는 것이 아니라 전 과정이 하나의 개념으로 이루어져야 한다.

3) 원가관리 방법

레스토랑의 주방에서 만들어지는 모든 음식의 원가관리 방법은 식재료를 이용한 판매수익과 원가를 각 재료에 따라 부문별로 원가요소를 계산하고, 부문별로 원가분석을 하여 관리하는 것이다.

음식의 원가관리는 단위생산 원가를 계산할 수 있어 특정품목의 판매일지라도 재료비는 그 재료의 양을 결정할 수 있다. 실질적으로 음식에 소비된 식재료를 세부항목별로 구분하여 원가를 관리하기란 그리 쉬운 일이 아니다. 그러나 이 방법이 원가관리의 기초적인 정보관리이기 때문에 효과적으로 원가를 절감할 수 있어 널리 이용하고 있다.

(1) 수요예측에 따른 원가관리

식자재를 구매하기 위한 여러 가지 과정에서 강조해야 하는 부분은 고객의 정확한 수요예측에 따른 식자재 불량을 파악하는 것이다. 식자재는 특성상 일정 기간이 지나면 부패하거나 변질되기 쉽고 유통기한이 지나 사용할 수 없기 때문에 구입단계 전에 정확한 고객의 수요예측으로 식자재 구입비용은 물론 식자재의 신선도 및 저장공간 등의 효율성이 이루어져야 한다.

(2) 조리 종사자에 따른 원가관리

호텔 및 외식업체의 조리업무에는 단순히 음식을 생산해 내는 것이 아니라, 여러 가지 다양한 기술과 경험을 바탕으로 식음료 서비스를 고객에게 제공하는 것이다. 따라서 식음료 상품의 판매를 위해서는 많은 경험과 기술을 요구하는 주방업무의 특성상 유능한 조리 종사자들을 확보해야 한다.

즉, 식자재를 신선하게 보관하여 식품의 본래 영양성분이나 질이 손실되지 않도록 관리하고 유지한다. 이로 인하여 불필요하게 낭비되지 않도록 하는 것 또한 조리 종사자들이 갖추어야 할 기본 업무이며 의무이다. 이것은 곧 식자재 원가관리의 원천이 되기도 한다.

특히, 양목표(Standard Recipe)에 따라 원가관리를 해야 한다. 음식의 단위별, 품목별 가격과 수량이 정확하게 명시되어 있는 명세서는 원가분석의 기초자료가 되며 판매가격을 결정할 수 있는 유일한 원가자료가 된다.

1인분 요리에 따라 원가계산은 많은 양의 재료를 가지고 만들 때의 원가를 계산하여 상품 개수로 나누면 1개 혹은 1인분의 재료비 원가를 산출할 수 있다.

예를 들어 어떤 스테이크를 만들어 원가계산을 한다고 가정할 때, 고기와 야채의 기준양을 정하여 단가를 곱하여 주고, 그 외의 재료들은 단위당 개별원가를 산정하여 재료비 원가를 산출하는 것이다.

이처럼 양목표에 따라 원가관리를 하는 것은 조리사들의 조리업무를 합리적으로 수행할 수 있게 하고, 재료 소모량을 계산할 수 있는 이점이 있다.

(3) 구매담당자에 따른 원가관리

식자재 구매담당자는 식재료의 계절과 기후의 특수성을 잘 알고 있어야 하며, 다양한 식자재의 선택요령, 유통환경의 구조와 표시기준법 등의 세부적이고 자세한 지식을 갖추어야 한다. 따라서 식자재의 전반적인 전문지식이나 경험에 따른 노하우가 필요하다.

(4) 검수에 따른 원가관리

검수란 구매요청서에 의해 주문한 배달된 물품이 구매하려는 해당 식자재와 일치하는가를 검사하고 받아들이는 관리활동이다. 검수담당자는 모든 식재료에 대한 분류별 지식과 유통과정, 냉동 · 냉장 온도, 유통기한 등 식자재에 관련된 사항을 정확히 판단할 수 있는 전문 지식과 식재료에 대한 표준 구매명세서를 숙지하여 철저하게 검수해야 한다.

(5) 저장관리에 따른 원가관리

저장관리는 식자재의 적정량을 유지하고 품질을 최상의 상태로 보존하여 부패와 악성 재고를 최소화해야 한다. 식자재 상태를 최적의 조건으로 유지하고 관리하여 최소의 재고로 품질을 최상의 상태로 유지하여 손해 발생을 최소화하고 유지비용 및 발주에 따른 재비용을 최소화해야 한다.

(6) 표준원가에 따른 관리

표준원가 관리란 미리 표준이 되는 원가를 과학적 · 통계적인 방법으로 정해 놓은 표준원가(Stand Costs)와 실제원가(Actual Costs)와의 차이를 비교분석하기 위하여 실시하는 원가관리 방법이다.

표준원가를 설정할 때에는 원가요소별로 직접재료비, 직접노무비, 제조간접비 등으로 구분하며, 식재료의 원가절감, 식재료 품목별 표준원가의 계산, 표준 레시피에 의한 표준원가 카드 작성, 변동원가에 대한 계산, 노무비의 합리적인 계산, 원가 보고서 작성 등 표준원가 관리가 필요하다.

자율학습

1. 식자재 관리가 왜 중요한지 설명하시오.
2. 식재료 관리의 효율적인 업무 순서는 무엇인가?
3. 식재료 관리방법 중에서 가장 많이 사용하고 있는 출고방법으로 먼저 입고되었던 순서에 따라 식재료를 출고하는 관리 방법은?
4. 박테리아의 성장 조건은?
5. 선호하는 메뉴 한 가지를 선택하여 식재료 원가를 계산하고, 가격 결정을 해 보시오.

Understanding
Foodservice
Industry

제 10 장

음식의 맛과 멋

외식산업의 이해

제10장

10

음식의 맛과 멋

음식은 태초부터 인간이 삶을 살아가는데 가장 기본적이고도 필수적인 요소이며, 각 나라의 음식에는 그 나라의 문화가 담겨 있다. 따라서 과거와 현재는 물론, 미래에도 음식의 중요성을 새삼 말할 필요는 없을 것이다. 필자는 음식에 대한 오랜 경험을 토대로 음식의 맛과 멋의 개념은 다음과 같다.

음식의 맛이란 음식의 섬세하고 깔끔함, 즉 조화의 미(美)에서 나오는 맛(味), 음식을 정성을 다하여 조화롭게 잘 만들어 느낄 수 있는 고유의 맛이라고 정의를 내릴 수 있다. 그리고 음식의 맛은 씹는 촉감, 입에서 느껴지는 냉 · 온 감각, 코로 스며드는 후각 등에 의해서도 영향을 받으며, 음식에 들어가는 재료와 양념, 조리법의 어울림이 이루어져야 예로부터 전해져 내려오고 있는 본래의 맛을 느낄 수 있다.

실례로, 한식에서의 된장은 묵은 된장, 고추장은 햇고추장(햇고추장은 음식, 묵은 고추장은 장아찌를 무칠 때 좋으며, 고추장은 묵을 수록 맛이 없다), 햇간장은 국 끓일 때, 묵은 간장은 나물을 무칠 때 사용하는 맛이 좋다.

음식의 멋이란 음식을 만드는 사람과 그 음식을 먹는 사람의 마음에 들어 있는 무형의 아름다움을 말한다. 음식에 들어가는 색상(Color), 고명(Garnish), 그릇(Plate), 식공간 의 조화는 음식의 멋을 증가시키는 요인이 된다. 음식의 멋은 눈, 코, 입으로 느낄 수 있어야 하며, 눈으로 봐서 먹음직스러워야 하며, 입에서 씹어 먹으면서 참맛을 느낄 때, 재료를 담는 손놀림 그 자체가 음식의 멋이다.

1. 한식

우리나라는 사계절이 확연하고 여름엔 고온 다습한 한반도의 기후 특성과, 삼면이 바다로 둘러싸여 있고 전 국토의 70% 이상이 산이다. 이러한 지리적 환경이 우리의 식생활에 그대로 반영되어 한국 음식의 특징을 잘 나타내고 있다.

기존의 연구 자료를 보면 한식을 정의하는 공통 기준은 식자재와 조리 방법이다. 식자재는 한국에서 생산되는 식재료 또는 이와 유사한 식재료를 사용하여야 하며, 조리 방법은 고유의 방법 또는 이와 유사한 방법으로 음식을 만들어야 한다.

한식의 정의 범위도 점차 확장되고 있는데, 과거에는 한식의 정의를 대부분 전통음식에 국한하였으나 최근에는 고유의 방식 외에 "이와 유사한" 식자재와 조리 방법을 포함시키고 있다. 그러므로 한식(韓食) 또는 한국 음식(韓國 飮食)이란 한국에서 생산되는 식재료 또는 이와 유사한 식재료를 가지고, 전통적으로 이어져 내려온 조리방식 또는 이와 유사한 방식으로 조리된 음식이라고 정의할 수 있다.

한식은 우리나라 고유의 음식으로 우리 민족의 얼굴이라고 할 수 있다. 음식의 형성은 그 민족이 처한 지리 · 기후 · 풍토 등의 자연 환경과 정치 · 경제 · 사회 여건에 따라 다르게 형성된다. 따라서 한 나라의 식문화는 바로 그 민족이 걸어온 발자취이며, 삶의 흔적이다.

근래에 와서 한식의 우수성에 대한 관심이 날로 높아가고 있는데, 요구르트, 올리브유, 렌즈콩, 낫토와 함께 김치가 세계 5대 건강식품으로 선정될 정도로 한식은 수천 년의 전통과 역사와 함께 발전해온 우리나라뿐만 아니라 세계적인 대표 건강음식이라고 할 수 있다.

세계는 지금 식생활이 원인이 되어 당뇨병, 고혈압, 콜레스테롤 과다 등의 성인병으로 어려움을 겪고 있는데, 건강지향 추구 현상이 증가하면서 음식의 선호도 패턴이 과거의 'Fast Food'에서 'Slow Food'로 바뀌며 유기농, 건강식, 자연식 등의 건강 음식이 인기를 끌고 있다.

1) 한국 음식의 특징

식문화에 따른 한국 음식의 특징은 다음과 같다.

첫째, 주식과 부식을 구분하고, 국물이 있는 음식을 즐긴다. 밥과 찬을 한데 차린 상을 밥상 또는 반상이라고 하는데, 우리나라 사람들은 쌀을 위주로 하여 보리, 콩, 수수, 조 등의 잡곡을 섞거나 보통 쌀만으로 지은 흰쌀밥을 주식으로 한다. 때로는 국수, 죽, 만두, 수제비 등을 주식으로 먹기도 하는데 주로 주식을 통하여 우리 몸의 에너지를 얻는다. 육류, 어류, 채소류 등의 다양한 재료로 만든 반찬을 부식으로 먹는데, 국이나 찌개 같은 국물 있는 음식과 김치를 기본으로 영양학적으로 합리적이고 조화롭게 활용하고 있다.

둘째, 음식의 종류와 조리법이 다양하다. 한국 음식은 밥, 국, 탕, 찌개, 찜, 구이, 조림, 나물인 숙채 및 생채류, 장아찌, 젓갈, 김치, 전 등 종류가 다양하다. 이러한 음식은 습열조리인 찌기, 굽기, 조림, 볶음, 데치기, 끓이기 등 다양한 조리법을 사용한다.

셋째, 조미료와 향신료를 풍부하게 사용하여 맛이 다양하다. 한국음식에는 갖은 양념이라 하여 깨소금, 파, 다진 마늘, 고추가루, 고추장, 간장, 된장, 참기름, 들기름 등 종류가 많은데, 양념은 음식을 만들 때 적절하게 사용해서 음식 맛을 증가시킨다. 특히 다른 나라의 음식과 비교하여 맵고, 달고, 고소하며 자극적인 맛과 향이 강한 편이다.

그리고 음식을 완성하려면 고명을 사용하는데, 한국 음식에서 고명의 역할은 음식을 아름답게 꾸며 먹고 싶은 마음이 일어나도록 하는 것으로, 맛보다 모양과 색을 장식하는 재료를 말한다. 고명은 오방색인 청색, 백색, 적색, 흑색, 황색으로 천연 식품의 색을 한 가지 음식에 배합하거나 오색 고명을 음식에 장식한다. 예를 들어 지단, 잣, 버섯, 은행, 고추, 깨소금, 실파 등을 고명으로 하여 음식을 아름답게 장식하여 우리 음식의 멋을 다채롭게 할 수 있다.

넷째, 상차림과 식사 예법은 유교의 영향을 많이 받았다. 한국 음식은 유교사상의 영향을 받아서 가부장적인 반상 차림과 의례 상차림을 중하게 여긴다. 통과의례의 돌, 혼례, 회갑, 상례, 제례 때 차리는 음식과 병과 품목이 정해져 있다. 특히, 조선시대에 규범이 확립된 3첩, 5첩, 7첩, 9첩, 12첩의 반상에 따른 상차림이 정해졌다.

반상은 반드시 어른이 먼저 들고 나서 아랫사람이 먹는데 수저의 사용법과 식사 예법이 정중해야 한다.

다섯째, 지역과 계절에 따른 음식이 발달했다. 각 지역을 대표할 수 있는 향토음식은 그 지역 문화와 함께 발달했으며 각 계절마다 음식의 특징이 있다. 여름에는 삼계탕이나 콩국으로 단백질을 보충하고 겨울에는 김장 김치로 비타민을 공급하는 지혜를 가졌다. 그리고 계절마다 장담그기, 젓갈 담그기, 채소와 포 말리기 등의 저장식품을 만들었으며 정월 초하루, 대보름, 단오, 추석, 동지 등의 절기에는 그 시기에 알맞은 음식을 만들어 먹었다.

2) 한국식 식사 예절

❶ 여러 사람과 같이 식사를 할 때에는 항상 손윗사람이 수저를 든 다음에 식사를 시작해야 한다.

❷ 숟가락과 젓가락을 한 손에 다 같이 들고 사용하지 않도록 하며, 젓가락을 사용할 때에는 숟가락을 놓고 사용해야 한다. 젓가락을 사용할 때마다 상위에서 젓가락의 끝을 맞추는 소리를 내지 않도록 주의한다.

❸ 숟가락이나 젓가락을 국그릇이나 반찬그릇 위에 걸쳐놓지 않도록 하고, 밥그릇이나 국그릇을 손으로 들고 먹지 않도록 한다.

❹ 입속에 음식을 넣을 때에는 적당한 양을 넣고 씹으며 입속에 음식을 넣은 채 말을 하는 일은 삼가야 한다.

❺ 김칫국물이나 국 국물을 마시기 위하여 그릇째로 들이마시는 것은 좋지 않으며, 숟가락으로 떠서 마시되 소리를 내지 않고 마신다.

❻ 식사 중에 기침이나 재채기가 나면 머리의 방향을 빨리 돌리고 손이나 손수건을 대어 남에게 침이 튀거나 지저분한 것이 보이지 않도록 한다.

❼ 밥이나 반찬을 뒤적거리거나 해치는 것은 좋지 못하며 한 쪽에서부터 먹도록 한다. 또한 젓가락으로 반찬에 붙은 고명을 털어가면서 먹는 일이 없도록 해야 한다.

❽ 숟가락을 유난히 빨거나 젓가락으로 이 사이에 낀 음식을 쑤셔서 빼는 일은 하지 않는다.

❾ 멀리 떨어져 있는 음식이나 양념은 팔을 길게 뻗어 집어오지 않고 옆사람 에게 집어주기를 청하여 받도록 한다.

❿ 음식을 먹다가 돌이나 가시가 있을 때에는 옆사람에게 보이지 않게 조용히 뱉거나 종이에 싸서 버린다.

⓫ 숭늉은 대접에 엄지손가락이 빠지지 않도록 하고 들이마시거나 입속을 양치하듯이 소리를 내어 마시는 일이 없도록 한다.

⓬ 이쑤시개를 사용할 때에는 남에게 보이지 않도록 입을 가리고, 사용한 이쑤시개는 아무데나 버리지 말고 남이 보지 않게 처리한다.

⓭ 음식을 다 먹은 후에는 숟가락을 오른편에 가지런히 놓고 냅킨을 적당히 접어서 소반 위에 놓는다.

⓮ 식사를 즐겁게 한다는 것은 생활을 즐기는 한 방법이며, 가족 간의 유대를 높고 유쾌한 이야기를 나누는 자리이기도 하다.

3) 한식의 세계화

대부분의 젊은 세대들은 음식에 대한 인식과 선호도가 많이 다르기 때문에 편의

성과 간편성을 추구하려고 한다. 그리고 패스트푸드 전문점이나 서양식 패밀리 레스토랑이 많아서 젊은 세대들의 외식 비중도 지속적으로 증가하고 있다.

이러한 경향에 비해 세계인들이 선호하고 있는 음식은 과거의 패스트 푸드에서 슬로우 푸드로 바뀌고 있고, 유기농, 건강식, 자연식 등의 웰빙 푸드가 인기를 끌고 있다. 이러한 식문화의 변화 추세는 외국인들이 한식에 관심이 많아지고, 인식이 높아지는 현상으로 한국 음식의 우수성을 널리 알리고 세계화하기에 매우 좋은 여건이다.

그러나 오랜 역사와 전통을 가진 한국 음식은 세계적으로 우수한 식품임에도 한국 음식에 대한 외국인의 인지도는 매우 낮은 실정이라는 의견이 지배적이다. 또한, 한국 음식은 맛과 영양 면에서 우수한 음식인데도 해외에서 한국 음식의 인지도는 매우 낮은 실정이다.

해외 현지의 경우 한식낭은 대부분 교포들이 생업을 위해 소규모로 가족 중심의 경영을 하고 있으며, 주로 한국 관광객이나 교포가 주요 고객이어서 한식 세계화에 대한 경영자의 인식도 부족한 상황이다. 국내외에서 한식의 관심과 인지도가 높아지고 있는 것은 사실이지만, 한식의 인지도 향상 수준은 해외에서 특정 국가별로 차이를 보이고 있다. 그러므로 해당 국가 국민들이 우리나라 음식의 이해가 선행되어야 한다.

정부는 한식의 세계화를 위해 2009년 관련 부서인 농림수산식품부가 한식의 세계화 추진 전략을 발표하여 2010년을 한식 세계화의 원년으로 삼고, 2017년까지 해외 한식당을 4만 개로 늘리는 등 한식을 세계 5대 음식으로 육성시킨다는 비전을 발표한 바 있다.

정부가 한식 세계화에 관심을 갖는 이유는 음식은 가장 감성적이며 파급효과가 큰 대표적인 민간외교 아이템으로 고부가가치 산업으로 떠 오름에 따라, 전통문화의 세계화를 통하여 고용효과와 부가가치를 창출하고 국가 이미지를 고양시키기 위해서였다. 우리나라 음식은 다양한 국적의 음식들을 즐기려는 사람들의 증가와 외국 음식의 국내 토착화에 비해 외국에서의 위상과 인지도는 아직도 미미하다고 할 수 있다.

필자는 이러한 현상은 한국 음식을 해외로 전파하고 외국인들에게 알리려는 노력이 미흡했다고 할 수 있다. 중국과 일본 음식은 이미 오래 전부터 널리 알려진 민족음식이지만, 한식은 세계화가 되는데 많은 시간이 걸릴 것으로 판단이 된다.

2. 한식 선호도

최근 전국 거주 만 19세~69세 남녀를 대상으로 한식의 전반적인 인식에 대한 조사를 하였다. 조사 결과 '한식'하면 떠오르는 단어가 무엇인지 질문한 결과 '김치'라는 응답이 15.5%로 가장 높게 나타났으며, 다음으로 쌀밥(14.1%), 찌개류(12.4%), 건강하다(13.1%) 등의 순으로 나타났다. 그리고 친근하다, 한국 고유의 음식, 가정식 등 일상적인 문화와 관련된 단어들도 눈에 띄며, 김치, 김치찌개, 된장찌개, 불고기, 비빔밥, 나물 등의 메뉴를 언급한 것으로 보아, 이를 대표적 한식 메뉴로 인식하고 있다.

[표 10-1] 한식 선호도

자료 : 한식 소비자 조사 결과보고서. 2021. 한식진흥원.

미국 레스토랑협회(National Restaurant Association)에서는 세계 식문화의 총집합지라 할 수 있는 미국인의 식생활에 가장 많이 활용되고 있는 민족음식(Ethnic Food)으로 중식, 이탈리아식, 멕시코식 순으로 이들이 대부분을 차지하고 그 외 일식, 라틴아메리카식, 프랑스식, 베트남식, 한식 순으로 조사한 결과를 보고한 바가 있다.

민족음식을 경험한다는 것은 해당 국가의 문화를 배울 수 있다는 측면과 그 나라에 대한 부정적인 이미지를 감소시킬 수 있는 역할을 하기도 한다. 외국인들이 다른 나라의 전통음식을 접해 볼 수 있는 수단은 그 나라 음식을 제공하는 레스토랑을 통해서이다. 이처럼 음식에는 저마다 다양한 내력이 있으며, 그 나라, 그 민족의 음식을 보면 세계를 보는 시야도 넓어지고, 세계문화를 이해하는데 도움이 된다.

각 나라 음식의 세계화 역사는 세대별로 구분할 수가 있다. 제1세대는 중국 음식, 이탈리아 음식, 프랑스 음식을 말하고, 제2세대는 멕시코 음식, 일본 음식, 제3세대는 태국 음식, 인도 음식, 베트남 음식, 제4세대는 한국 음식이라고 한다.

지금까지 한식의 선호도를 조사한 연구는 내국인과 한국을 방문한 외국인을 대상으로 국내와 해외에서 간헐적으로 이루어졌는데, 해외 현지 지역의 조사는 다소 미비한 실정이다.

정부 관련 부서에서는 한식 세계화 정책의 효율적인 수행을 지원하고, 해외 현지에서 한식당을 운영하는 운영자에게 필요한 정보를 제공하여 한식에 대한 운영의 방향성을 제공하고자 미국, 일본, 중국, 베트남 등 해외 현지인을 대상으로 한식에 대한 선호도를 조사한 바가 있다.

나라별 한식에 대한 선호도의 경우 일본과 중국은 김치와 불고기를 가장 선호하며, 미국, 호주, 유럽에서는 바비큐, 갈비, 불고기, 김치, 비빔밥 등 육류요리를 가장 많이 선호하고 있는 것으로 나타났다.

음식이라는 것은 그 나라의 문화를 나타내는 매개체로서 그 나라의 음식을 많이 경험하게 되면 그 나라의 문화를 알 수 있는 것이다.

[표 10-2] 나라별 한식 선호도

	일 본	중 국	미 국	호 주	유 럽
1	김치	김치	바비큐, 갈비	불고기	불고기
2	불고기	불고기	김치	비빔밥	갈비
3	전	돌솥비빔밥	비빔밥	김치찌게	비빔밥
4	비빔밥	냉면	쌀밥	김밥	삼겹살
5	찌게	바비큐, 갈비	찌게	잡채	냉면
6	떡볶이	삼겹살	불고기	삼계탕	김밥
7	삼계탕	떡볶이	냉면, 국수	냉면	순두부
8	나물	된장찌게	해물탕/찜	갈비탕	삼계탕
9	냉면	김밥	만두	전	갈비탕
10	김	잡채	삼계탕	떡볶이	잡채

자료 : 민계홍. 외식산업론 재인용. 2016.

3. 한식의 세계화 방안

한식의 세계화란 우리 음식의 우수성을 바탕으로 세계인이 즐길 수 있도록 발전시키고, 한식문화의 국내외 확산을 통해 농림수산식품산업, 외식산업, 문화관광산업 관련 산업을 발전시키고 대한민국 이미지를 향상시키는 것이라고 할 수가 있다. 한식의 세계화를 통해서 궁극적으로 외국인들이 한식을 가정, 식당, 직장 등 모든 곳에서 접할 수 있도록 한식을 대중화시키고 일상화하는 것이다.

외국의 경우에는 자신들의 우수한 음식문화를 수출할 수 있는 시대가 되었지만 우리나라의 음식문화는 높은 수준에 비해 아직까지는 세계에 널리 알려지지 않은 상태이다. 실상 외국을 여행하다 보면 한국 음식점은 한인들을 대상으로 하는 경우가 대부분이고 외국에서 성공한 사례는 극히 드물다.

일반적으로 한국 음식의 세계화를 말할 때 문제점으로 지적하는 요인들을 보면 한국 음식이 우수한 음식이라는 인식 부족, 한국 음식의 종합적인 연구 부족, 한국인의 입맛만을 고집, 한식의 현지화와 퓨전화 결여, 한국 식당의 위생과 서비스의 낙후, 조리법이 복잡, 표준 레시피의 미흡, 운영의 영세성, 한국 음식의 낮은 인지도와 홍보 부족, 국가 차원의 지원 미흡, 전문 한식조리사 부족 등이 있다.

한식의 세계화를 위한 방안은 여러 가지가 있겠지만 현실적으로 각 나라마다 사람들의 문화 환경이 다르기 때문에 한식의 세계화에 긍정적인 측면과 부정적인 측면이 있기 마련이다.

필자는 한식 세계화를 위한 방안으로 기존에 제시하지 못한 새로운 방안을 제시해 보고자 한다.

첫째, 현지인의 입맛에 맞는 메뉴 개발이 필요하다.

한식의 세계화는 레스토랑의 구성 요소에서 가장 중요한 메뉴부터 이루어져야 한다. 음식의 세계화에 성공한 중국, 일본, 태국, 인도 등은 전체적으로 음식에 대한 맛이 맵거나 짜지 않으며, 세계인이 누구나 좋아할 수 있도록 음식에 사용하는 양념인 향신료가 비결이 아닌가 생각한다.

우리나라의 경우 고추장과 된장, 간장은 우리나라 사람들한테는 익숙한 양념이지만 외국인들한테는 맛과 향이 매우 강해 현지인의 입맛에 맞지 않기 때문에 거부감을 느낄 수 있다.

현지 한식당의 주요 메뉴 중에서 비빔밥과 덥밥류, 전골류, 볶음류 등의 음식은 현지 음식과 비교하여 매운맛이 강하다. 이러한 음식에 여러 가지 식재료와 양념을 이용하여 매운맛이 덜 한 음식으로 만들면 현지인들이 좋아할 수 있을 것이다.

현지에서 한식의 인지도가 낮기 때문에 현지 한식당 몇 곳은 한식 메뉴의 현지화를 위하여 다음과 같은 노력을 하고 있다. 예를 들어 샐러드를 만들 때 서양 식초인 발사미코 식초를 첨가하거나, 매운 소스인 고추장에 과실 원액, 꿀, 설탕 등의 양념 재료에 현지인들이 가장 선호하는 토마토 케첩과 바베큐 소스, 레몬 등을 첨가하여 음식을 만든다. 고추장과 고추 가루를 첨가하여 음식을 만들 때 마늘과 설탕, 라임 등을 섞고 양념 재료를 넣어 음식을 만들고 된장에 미소를 혼합하여 사용하고, 매운 김치를 대체하여 백김치를 제공하는 경우가 있다. 매운 맛을 싫어하는 현지인들의 입맛에 맞는 음식을 개발하여 현지화하는 것이 필요하다.

둘째, 정부 주도의 한식 식자재와 음식을 홍보해야 한다.

해외에서 현지인들이 자주 이용하는 대형 마트나 식료품점에는 한국 식자재가 전무한 실정이다. 그러나 일본, 태국, 인도, 베트남 식자재는 종류가 다양하여 현지 소비자들이 어느 음식에 어떤 재료를 사용하는지 알고 있어서 자연스럽게 아시아 각 나라의 음식을 안다.

예를 들어 중국의 두반장과 굴 소스, 미국의 A1 소스, 타바스코 소스, 핫 소스 등은 세계 어느 나라를 가든지 쉽게 구입할 수가 있고 먹어 보았을 것이다. 과연 한국 하면 떠오르는 한국산 식자재는 어떤 종류가 있는가? 그러므로 한국산 식자재를 현지인 누구나 쉽게 접할 수 있도록 정부 주도로 현지 및 해외에 식자재와 물류를 공급해서 한국 음식의 생각과 인식을 친숙하게 접근할 수 있도록 해야 한다.

외국에서 한국 음식을 알릴 경우 한국어가 아닌 자국 언어로 된 식자재와 홍보용 요리책, 요리 가이드북을 제공하면 좋을 것이다. 이를 위해서는 현지에 있는 한식당에서 우리나라를 대표할 수 있는 각종 소스류나 양념류, 업소에서 개발한 인기 메뉴 등을 테이크 아웃용으로 판매하는 것도 좋을 것이다. 이러한 방법은 한식을 알릴 수 있는 계기가 되고 매출 증진에도 기여하게 될 것이다. 또한 해외 각국의 도시에서 개최하는 축제나 행사 기간에 현지 한식당과 연계하여 한국 식자재와 음식을 소개하고 홍보하는 방안도 좋을 것이다.

셋째, 언어소통 능력을 갖춘 서비스 인력을 양성하여 해외로 파견해야 한다.

서비스 업종에서 근무하고 있는 종사원들은 고객들에게 최상의 서비스를 제공하려고 노력하고 있다. 점점 다양해지는 고객의 욕구와 기호, 메뉴 선택의 다양성에 따라서 서비스 정신을 발휘하여 고객만족을 유도해야 하기 위해서이다.

현지 한식당은 홀 서비스의 매니저와 서빙 종사원, 주방의 조리책임자인 주방장과 조리사 등으로 인적 구성이 되어 있다. 서비스와 조리 업무를 담당하고 있는 종사원들은 대부분 한국인 교포나 한국인 유학생으로 구성되어 있다. 각 한식당 업소마다 주방장과 홀 매니저를 제외한 대부분의 종사원은 파트타임 또는 아르바이트로 운영을 하고 있다. 주방장과 홀 매니저는 영주권을 취득한 한국 교민이 많으며, 파트타임이나 아르바이트 종사원은 한국인 유학생들이 대다수를 차지하고 있다. 이로 인하여 서비스 종사원들의 전문성이 부족하고 이직률이 심한 편이다.

필자가 직접 해외에서 관찰을 한 경험에 의하면, 메뉴의 주문에서 서비스까지 한국인 고객은 신속한 서비스를 요구하지만, 외국인의 경우에는 신속한 서비스보다 조금 시간이 걸리더라도 친절한 서비스를 원한다. 종사원의 한식 메뉴에 대한 지식과 언어소통 능력은 부족한 편으로 외국인 고객들에게 메뉴의 설명을 정확하게 전달한 후에 주문을 받는 경우는 보기 드물다. 외국인 고객과의 한식 메뉴에 대한 의사소통이 원활하지 못하기 때문에 한국 음식을 충분하게 설명할 수가 없는 상태에서 메뉴 주문만을 받는다. 그리고 고객들한테 고객 불편에 대한 대처능력과 처리가 늦게 이루어져 고객들의 불만이 생길 수 있다.

이러한 문제를 해결하기 위해서는 언어 능력이 가능한 종사원을 채용해야 하는데, 교포나 한국인 유학생은 언어 능력이 원활하지 못하며, 현지인의 경우에는 인건비가 비싸기 때문에 이러한 문제를 해결하기 어려운 실정이다.

넷째, 해외 파견 전문 한식 조리사를 양성해야 한다.

해외에 진출해 있거나 진출하려는 한식당들의 성공적인 영업을 위해서는 현상에서 필요로 하는 전문 조리인력 공급이 이루어져야 한다. 그리고 전문 한식 조리사 양성을 위한 최고 수준의 전문 교육기관도 필요하다. 현재 우리나라의 실정은 해외에서 전문적으로 업무를 수행할 수 있는 자질과 자격을 갖춘 전문 한식 조리사는 부재한 실정이다. 또한, 전문 한식 조리사를 필요로 하는 해외 공관이나 기업체, 일반 한식당의 수요자도 그리 많지 않다는 문제가 있다.

해외 파견 전문 한식 조리사를 양성하려면 교육기관이 필요한데, 대부분의 교육기관은 영리를 목적으로 하는 교육기관이다. 이러한 교육기관에서 한식 조리사는 많이 배출되고 있으나, 해외 한식당이나 해외 진출 한식당에 진출하는 사례는 많지 않다.

정부는 현대식 시설을 완비한 국내 최고의 교육 장소를 마련하여 전문 한식 조리사 인력을 양성시킬 수 있는 교육 기관을 운영해야 한다. 그리고 한국 음식에 대한 지식과 국제적인 감각을 가진 정예 인원을 선발하여 한국을 대표할 수 있는 상징적인 장소가 되어야 한다. 이러한 교육기관은 우리나라를 방문한 관광객들에게 한식을 홍보하여 전략적으로 관광객들에게 한식에 대한 관심과 한국에 대한 이미지가 오래 남도록 해야 할 것이다.

4. 이탈리아 음식

이탈리아 요리는 공업이 발달한 밀라노(Milano)를 중심으로 한 북부요리와 해산물이 풍부한 남부요리로 나눌 수 있다. 이탈리아는 길쭉한 장화 모양의 국토로 되어 있는데, 우리나라처럼 반도이며 삼면이 바다로 되어있다. 이런 점에서 이탈리아 요리는 지형적인 환경으로 인한 식재료, 조리법 등 우리나라의 전통음식과 매우 유사한 점이 많다.

북부지방은 지형적으로 산이 많아 대부분 목축지로 이용되어 축육을 하고 있으며, 농지에는 쌀, 밀, 옥수수 등의 곡물이 주로 생산되고 있다. 북부지방의 대표적인 요리로는 옥수수를 이용한 폴렌타(Polenta), 쌀을 이용한 리조또(Risotto)등이 유명하다. 북부요리는 식재료가 풍부하여 특히 아드리아해에서 잡히는 게, 정어리, 뱀장어, 알프스에서 흘러나오는 맑은 물에서 잡히는 송어 등을 이용한 생선 요리가 있고, 육류 요리로는 밀라노풍의 뼈가 붙은 송아지 정강이를 토마토 소스와 백포도주로 조리한 오소부코(Osso Buco), 밀라노식 쇠고기 커틀렛(Manzo alla Milanese), 사프론 리조또(Saffron Risotto) 요리가 유명하다.

남부지방은 캄파니아(Campania)에서 시실리아(Sicilia), 사르디니아(Sardegna)에 이르는 지역을 말하는데, 그 중심지는 역시 Napoli(나폴리)이다. 나폴리하면 피자(Pizza)가 유명하고 시실리아 등 남부 지방은 파스타(Pasta) 요리가 유명하다. 남부지방에서 생산되고 있는 경질의 밀은 질 좋은 파스타의 주재료가 되고 있는데, 이처럼 파스타 요리가 발달한 이유는 사람들의 생활이 빈곤했기 때문이라 한다. 이처럼 이탈리아 요리는 기후와 풍토, 지리적 조건 등에 의해 지방마다 독특한 요리가 만들어졌으며, 로마, 아라비아, 노르만인, 등에 의해 지배를 받아 이 민족의 문화 영향도 컸다.

이탈리아 요리의 맛과 멋을 이해하기 위해서는 각 지방의 특징적인 요리를 알아야한다. 왜냐하면 각 지역은 역사적, 지리적 차이에 따라 그 나름대로 독특한 요리의 맛이 있기 때문이다.

예를 들면 북부지방의 파스타는 일반적으로 변형하지 않고, 신선한 계란과 밀을 이용하여 평평한 형태로 만들어졌으며, 요리에 사용되는 기름도 주로 버터(Butter)이다. 반면 남부지방은 비교적 많은 향신료를 사용하며, 요리에 사용되는 기름은 주로 올리브 오일(Olive Oil)이다.

이탈리아 요리는 불포화지방인 올리브오일을 사용하므로 현대인의 건강식으로 건강에 좋을 뿐만 아니라, 토마토와 해산물 등을 많이 사용하기 때문에 선호도가 높은 음식으로 각광을 받고 있다.

이탈리아를 대표할 수 있는 음식은 파스타와 피자라고 해도 과언이 아닐 정도로 파스타와 피자는 이탈리아의 대중적인 요리라고 할 수 있다. 파스타와 피자는 채소, 육류, 생선 등 모든 음식과 조화를 이루기 때문에 이탈리아 사람들이 자부심을 갖는 요리라고 할 수 있다. 더불어 육류와 생선, 각종 채소 등 식재료가 풍부하고, 이탈리아에서 생산되는 치즈는 세계적으로 유명하여 그 명성은 미식가와 도락가들에게 널리 알려져 있다.

1) 지역별 음식

(1) 피에몬테(Piemonte)

버터와 치즈, 우유, 옥수수, 쌀을 많이 생산하는데, 지방이 많은 폰티나 치즈(Fontina Cheese), 옥수수로 만든 폴렌타(Polenta), 쌀로 만든 리소또(Rissoto), 우유와 계란 노른자를 혼합하여 만든 걸죽한 폴렌타, 다진 쇠고기 안심에 올리브 오일과 다진 마늘을 넣고 묻힌 후 레몬즙을 곁들인 육회 샐러드(Insalata di Carne Cruda), 참치 소스의 송아지 요리인 비뗄로 토나토(Vitello Tonnato), 호두 아이스크림인 몬테 비앙코(Monte Bianco), 구운 생크림 과자(Panna Cotta) 등이 유명하다.

(2) 리구리아(Liguria)

제노바 지방에서 유명한 바질(Basil)은 모든 음식에 가장 많이 사용하는 향신료로 전통적인 제노베제(Genovese)식 페스토(Pesto) 소스를 만들어 파스타, 라비올리, 뇨끼요리에 사용한다. 페스토 소스는 우리나라의 고추장과 된장과 같이 일반 가정에서 흔히 있는데 이탈리아 음식의 맛과 멋을 나타낼 수 있는 음식이다.

(3) 롬바르디아(Lombardia)

이 지역의 주재료는 소고기, 쌀, 치즈, 버터, 생크림, 돼지고기, 가금류, 우유 등으로 음식의 맛을 낸다. 밀라노식 쌀요리인 샤프론 리조또, 송아지 정강이 살 부분을 토마토소스에 넣어 끓인 오소부코(Ossobuco), 시금치 파이(Timballo di Spinaci), 뜨거운 자바요네(Zabaglione), 우리나라의 돈가스와 유사한 밀라노식 커틀렛(Costoletta Milanese)으로 소고기의 등심을 썰어서 빵가루를 입혀서 버터로 팬에 굽는다. 또한 고르곤졸라 치즈(Gorgonzola Cheese)와 리코타 치즈(Ricotta Cheese)가 유명하다.

(4) 베네또(Veneto)

주도인 베니스(Venice)는 설탕을 최초로 유럽에 전파한 곳으로 주로 쌀과 콩을 이용한 요리가 많다. 쌀을 이용한 스프가 다양하며, 쇠고기 카파치오(Carpaccio)요리, 마늘과 토마토로 만든 왕새우 요리, 작은 먹물 오징어 요리가 유명하다.

(5) **에밀리아 로마냐**(Emilia Romagna)

주도는 볼로냐(Bologna)이며 파스타의 본고장이다. 티라미슈, 파스타 딸리아텔레(Tagliatelle), 볼로냐 소스의 라자냐(Lasagne)가 아주 유명하다. 그리고 이곳 파르마지방에서 만들어지는 파르마산 치즈(Parmessan cheese)와 파마햄인 프로쉬토(Prosciutto)가 세계적으로 유명하다.

(6) **토스카나**(Toscana)

주도는 피렌체(Firenze)인데 피렌체식 미네스트로네 스프, 시금치를 넣은 뇨끼, 파스타, 리소또, 햄을 곁들인 메론 등 음식의 맛을 자랑한다.

(7) **라찌오**(Lazio)

주도는 로마인데 이태리의 중심도시이며, 천년의 전통음식을 자랑하며 그들의 좋은 성격과 노력하는 의식주로 전통적인 음식문화 속에서 요리를 개발하고 발전시켜왔다. Pasta 요리인 카넬로니(Cnelloni)에 여러 가지 내용물을 채워서 먹기도 한다. "입안으로 뛰어든다"라는 뜻을 지닌 요리로 송아지 안심에 세이지(Sage) 잎을 얹고 얇게 썬 프로슈토(Prosciutto)햄을 덮어 팬에 구운 것으로 햄과 세이지를 넣어 요리한 살팀보카(Saltimbocca)가 아주 유명하다.

(8) **캄파니아**(Campania)

주도는 나폴리((Napoli)인데 세계적인 항구도시이며, 외국에까지 수출되고 있는 피자의 본고장이다. 해물요리가 다양하고 조개로 만든 봉골레 파스타와 모짜렐라 치즈(Mozzarella Cheese)가 유명하다.

2) 현지의 맛과 멋

리소또는 쌀알이 익기는 익었는데 약간 씹히는 느낌의 죽 같다고 해야 할까요? 쌀알이 푹 퍼지지 않고 씹히는 듯한 맛이 리소또 맛의 비결이다. 리소또는 쌀을 볶을 때 올리브 오일로 볶아야 고소한 맛이 있으며 버터를 약간 넣고 볶으면 냄비 바닥에 쌀이 달라붙지 않고 미끈하게 잘 볶아진다.

리소또에는 파마산 치즈와 생크림을 넣기도 하는데, 북부지방과 남부지방에 따라서 조리법이 다르다. 일반적으로 북부지방은 지형적인 특성으로 인하여 생크림을 넣으며, 남부지방은 생크림을 안 넣는다. 그러므로 리소또의 맛을 보면 리소또를 만든 사람이 북부지방 출신인지 남부지방 출신인지 알 수 있으며, 조리시간도 길어 이탈리아에서는 엄마의 정성으로 만드는 음식으로 알려져 있다.

스파게티를 먹을 때 스푼이 필요한가? 유럽에 포크가 널리 보급된 것은 19세기 초로 그전까지 스파게티는 손으로 집어먹었 다고 하는데, 포크가 보급된 이후에도 20세기 초까지 나폴리 사람들은 스파게티를 주로 손으로 집어먹었고 한다.

18세기, 19세기의 나폴리를 묘사한 그림 중에는 손으로 스파게티를 집어먹는 나폴리 사람들의 모습이 자주 등장한다. 포크 사용이 일반화되면서 이탈리아에서는 손으로 집어먹던 스파게티를 포크로 먹게 되었는데, 스파게티를 포크로 먹다 보면 어느 정도 고개를 숙이지 않을 수 없다. 이탈리아가 아닌 다른 나라에서는 이런 모습이 보기 싫을뿐더러 포크만으로 스파게티를 먹기도 쉽지 않았기 때문에 스푼을 함께 사용해서 상체를 구부리지 않고 스파게티를 먹는 것이 올바른 식사예절로 생각되기도 했다.

우리나라도 예외는 아니어서 파스타 전문점에 가면 포크와 함께 스푼이 놓여 있는데, 스푼은 왼손, 포크는 오른손에 쥐고 포크로 파스타를 한입거리 만큼 집어 스푼에 대고 돌돌 말아서 먹는다. 그러나 이탈리아에서는 이렇게 먹는 것이 오히려 식사예절에 어긋나는 것으로 생각된다. 포크 사용이 서툰 아이들이나 남부의 일부 지방에서만 이런 방법을 사용할 뿐이다. 따라서 파스타를 주문해도 스푼이 함께 나오는 경우는 거의 없다.

이탈리아에서는 스푼 없이 포크만으로 돌돌 말아 먹는 것이 일반적이다. 포크만으로 스파게티를 먹는 데 익숙해지면 스푼을 함께 사용하는 것이 오히려 더 번거롭게 생각될 것이다.

스파게티는 포크만으로 먹는 것도 맛깔스럽게 보이며 스푼을 이용하서 먹어도 음식의 맛과 멋이 잘 어울리는 것이다. 이것 또한 음식의 문화이기도 하다.

5. 프랑스 음식

음식은 그 지방의 자연환경과 역사, 문화의 영향을 받기 때문에 지형적 여건은 그 나라의 음식문화에 반영된다.

프랑스는 시중해와 대서양에 접하고 있어서 기후가 온화하고 풍부한 강수량과 일조량 등 신으로부터 축복 받은 땅이다. 국토는 우리나라의 6배 정도이며, 80% 가량이 평야지대이다. 지형이 6각형으로 일 드 프랑스(Ile de France), 리옹, 부르고뉴(Lyon, Bourgone), 노르망디(Normandie), 알자스(Alsace), 프로방스(Provence), 브르타뉴(Bretagne), 랑그도크(Languedoc)으로 나뉜다.

낙천적인 삶을 영위하며 예술을 사랑한다. 생활비의 23%가 먹는 음식, 음료에 소비하며 1주일에 1번 이상은 외식을 한다.

프랑스를 구르메(건강식과 기호식을 즐기는 식도락가)의 나라라고 할 정도로 쉽게 찾을 수 있는 곳이 레스토랑이고 서비스 또한 좋다. 레스토랑보다 마음 편히 들어갈 수 있는 비스트로(Bistrot)가 많이 있어 부담없이 프랑스 요리를 맛 볼 수 있다.

대표적인 요리는 '에스까르고(Escargots)'라는 달팽이 요리인데, 부르고뉴 특산의 달팽이를 마늘, 버섯, 브라운소스, 생크림을 넣고 조리하여 오븐에 구운 음식으로서 약간 비싸지만 우리 입맛에도 잘 맞는다. 그리고, 거위간(Foie Gras)요리, 양파 수프, 부야베스(Bouillabaisse) 수프, 송로버섯인 트러플(Truffl)을 넣은 콘소메 수프, 적포도주로 만든 닭 요리인 꼬꾸오뱅(Coq Au Vin)요리, 등이 있다.

6. 태국 음식

태국의 음식문화는 동남아시아의 중앙에 위치한 관계로 위쪽으로부터는 중국의 영향을 받아 볶음요리가 많으며, 야채를 깎아서 꽃이나 동물 모양을 만들어 화려하게 음식의 멋을 추구한다.

태국인들의 주식은 우리나라와 베트남처럼 안남미라고 하는 쌀로 밥을 짓고 난 후에도 입으로 불면 쌀알들이 날아갈 정도로 밥만 지어서 먹기보다는 새우나 게, 돼지, 쇠고기를 넣고 볶음밥(카오 팟)으로 만들어 먹거나, 태국 카레를 얹어 먹는 경우가 많다.

쌀로 국수(꿰떼우)도 만드는데, 이것에 육수를 부어 말아먹거나, 여러 가지 채소와 함께 볶아먹는데, 국물이 있는 쌀국수는 베트남 쌀국수와 비슷한데, 남플라나 고춧가루, 잘게 썬 고추를 남플라에 잰 것 등 여러 가지 소스와 양념을 추가해서 입맛에 맞추어 먹는다.

대표적인 태국음식의 맛과 멋은 다음과 같다. 대표 요리로는 남부지방의 '깽르앙(Gaeng Reung)'으로 칠리와 강황이 들어간 카레 수프를 말한다. 태국어로 '깽'은 국 또는 찌개, '르앙'은 노랗다는 뜻으로, 우리나라의 묵은 김치찌개의 맛이 나는 매운탕 같은 비주얼 음식이다. 깽르앙은 강한 매운맛과 강황의 향이 강해서 일부 레스토랑에서는 설탕이나 파인애플로 단맛이 나게 맛을 순화시키기도 한다.

서양인들에게는 그린 파파야 샐러드, 우리나라 사람들에게는 태국식 김치, 무생채라고 할 수 있는 쏨땀(Somtam)은 태국어로 '쏨'은 새콤하다, '땀'은 찧는다는 뜻으로 방콕 등 도시에 비해선 낙후된 곳인 동북부 지역의 사람들만 먹던 음식이였으나 이 지역사람들이 도시로 진출하면서 태국 전역으로 알려지기 시작하였다. 그 중에서도 땅콩을 넣은 '쏨땀 타이'가 가장 대중적이고 길거리 음식으로 잘 알려져 있다.

전통 쌀국수 요리 중의 하나인 팟타이(Pad Thai)는 달콤한 맛과 쫄깃한 식감으로 우리나라 사람들이 좋아하는 태국음식 중의 하나이다. 팟타이는 지역과 재료에 따라서 다양한 종류가 있는데, 방콕의 팟타이는 '팟타이 끄룽텝', 아유타야는 '팟타이 아유타야', 코라 시 지역의 매운 팟타이는 '팟미 코랏'이며 방콕 팟타이 중 고기가 없는 고전적인 팟타이는 '팟타이 망사위랏'이라고 한다.

우리나라 사람들이 가장 좋아하는 태국 해산물 요리 중의 하나인 '뿌팟퐁커리(PuPad Phong Garee)'가 또 하나의 대표음식이다. 태국어로 '뿌'는 게, '팟'은 볶다, '퐁커리'는 커리를 말한다. 즉, 게를 커리에 볶아낸 요리라는 뜻인데, 부드러운 코코넛 크림과 커리의 향, 상큼한 야채와 달걀을 섞어 고소하면서도 부드러운 맛이 어우러진다. 뿌팟퐁커리에 이용되는 커리는 매운맛보다는 달콤한 맛이 강조된다. 간장과 오이스터 소스도 들어가 커리의 향을 싫어하는 사람도 부담이 없다.

프랑스의 부이야베스, 중국의 샥스핀과 함께 세계 3대 수프라고 할 수 있는 톰얌꿍(Tom Yam Kung)이 유명하다. 태국어로 '톰'은 끓이다, '얌'은 새콤하다, '쿵'은 새우를 뜻하는데, 새우를 넣어 끓인 새콤한 태국식 수프이다. 톰얌꿍을 만드는데 사용되는 대표적인 재료는 라임, 레몬그라스, 새우, 코코넛 밀크, 열대성 식물의 잎과 뿌리, 새우가 있다. 칠리 페퍼를 쓰는 고추 양념이 너무 강해 마지막 단계에 코코넛밀크를 넣어 매운맛을 조절한다. 레몬그라스와 카피르 라임 잎의 향이 어울려 맵고, 시고, 달고 짠 4가지 맛이 동시에 난다고 할 수 있다.

7. 베트남 음식

베트남 음식은 중국의 영향으로 인해 조리법이나 재료가 중국 요리와 비슷하지만 기름지지 않고, 태국 요리와는 달리 맵지 않다. 베트남 음식은 쌀을 주식으로 먹기 때문에 쌀을 이용한 요리가 많다.

베트남 속담에 '밥은 어머니이다'라는 말이 있는데, 그만큼 밥은 베트남 사람들에게 생명의 상징과 같아사 껌(밥)을 이용한 다양한 종류의 덮밥이나 볶음밥 형태의 음식이 발달하였다.

베트남 대표 음식의 맛과 멋은 다음과 같다. 전통 음식 중의 하나인 쌀국수를 '포(Pho)'라고 부르는데, 쌀국수에 들어가는 재료에 따라서 음식의 명칭이 다르다. 닭고기 육수에 닭고기를 얹어 먹으면 포가(pho ga)이며, 쇠고기 국물에 소고기 고명이 들어가면 포보(pho bo), 새우를 얹어 먹으면 포땀(Pho Tom)이라고 한다.

껌가(Com Ga)는 닭고기 덮밥으로 베트남어로 '껌'은 밥을 의미하는데, 쌀을 주식으로 하는 베트남에서는 중요한 음식 중의 하나이다. 쌀국수인 '퍼'와 덮밥류인 '껌'은 가장 대중적인 저렴한 가격의 서민음식으로 알려져 있다.

베트남식 튀김 만두인 '짜조(Cha Gio)'는 과거에는 설날 음식 중의 하나였는데, 라이스페이퍼에 고기, 새우, 양파, 버섯, 국수를 섞은 소면 등을 넣고 말아서 튀긴 춘권 같은 음식을 말한다.

월남쌈 '고이꾸온(Goi Cuon)'은 우리나라에서 즐겨 먹는 월남쌈으로 라이스 페이퍼에 각종 채소와 고기를 넣어서 땅콩 소스, 생선소스에 찍어먹는 음식을 말한다.

베트남식 바게트 샌드위치 '반미(Banh Mi)'는 반미는 베트남어로는 '바게트빵, 식빵'을 의미하는데, 베트남에서 가장 쉽게 접할 수 있는 음식으로 바게트 안에 베트남 고유의 속재료를 채워 넣어 만든 샌드위치를 말한다. 또한 반미는 프랑스의 식민 통치로 인해 전해진 아침 대용으로 인기 있는 음식이며, 세계인들이 쉽게 접할 수 있는 길거리 대표 음식으로 유명하다.

자율학습

1. 한식의 세계화 방안에 대하여 논하시오.
2. 각 나라별로 대표음식 중에서 경험을 한 음식의 맛과 멋에 대하여 설명하시오.

참고문헌

김기영(2018). 호텔 · 외식산업 주방관리 실무론, 백산출판사

김성일(2020). 외식마케팅관리, 백산출판사

나정기(2013). 외식산업의 이해, 백산출판사

민계홍(2006). 외식기업의 서비스지향성이 조직가치와 조직유효성에 미치는 영향 연구, 경기대학교 박사학위 논문

민계홍(2007). 외식업체 서비스품질이 고객 만족도 및 재방문에 미치는 영향, 한국조리학회지

민계홍(2009). 한식 세계화를 위한 한식조리사 양성방안 연구, 한국식품조리과학회지, 25(4)

민계홍(2012). 서양조리실무, 기문사

민계홍(2016). 외식산업론, 기문사

송주완 · 김근종(2019), 한국, 미국, 일본 외식산업의 경영 발전사에 대한 고찰, 한국외식산업학회지, 15(2)

안대희 · 안광호 · 박형권(2007). 외식사업론, 기문사

이선회 · 진양호(2021). 외식창업 경영 벤치마킹, 대왕사

이옥(2019). O2O 서비스 품질이 지각된 가치와 만족 및 지속이용의도에 미치는 영향에 관한 연구. 동의대학교 박사학위논문.

어윤선 · 박승영 · 김종택(2009). 외식산업경영론, 대왕사

원융희 · 윤기열 · 전영직(2009). 최신 외식산업개론. 도서출판 두남

장이보(2022). O2O 외식배달 서비스품질과 업체품질이 재사용 의도에 미치는 영향에 관한 연구 부경대학교 박사학위논문

정유경 · 김영국(2006). 한국외식산업 분류에 대한 고찰 및 제언, 외식경영연구

주리칭(2009). 서울지역 한식당 서비스품질이 고객만족에 미치는 영향에 관한 연구, 세종대학교 석사학위 논문

황현영(2022). 커뮤니티형 공유주방 공간디자인, 건국대학교 석사학위논문

헤럴드경제(2016). 12월 30일

한식진흥원(2021). 한식 소비자 조사 결과보고서

황혜성 등 3인(2010). 3대가 쓴 한국의 전통음식, 교문사

FIS 식품산업통계정보(2022). 식품외식산업전망대회 자료집

www.hansik.or.kr(2022). 한식포털

Miller E(1992). Profitability analysis for table service restaurant, The Cornell Hotel and Restaurant Administration Quality

Parasurman, A., Zeithmal, V. A., & Berry, L. L(1985). A conceptual model of service quality and its implications for future research. Journal of Marketing

Parasuraman, A., Zeithaml, V. A., & Berry, L. L(1988). SERVQUAL: A multiple item scale for measuring consumer perceptions of service quality. Journal of Retailing

저자 | **민 계 홍**

- 경기대학교 외식산업경영전공 석사
- 경기대학교 외식산업경영전공 박사

현) 전주대학교 외식산업학과 교수
한국식공간학회 편집위원장

외식산업의 이해

2022년 8월 20일 초 판 인쇄
2022년 8월 31일 초 판 발행

저 자 민 계 홍
발행인 한 인 환
발행처 도서출판 **기 문 사**
등 록 1978. 8. 9. NO. 6-0637
주 소 서울시 동대문구 안암로 50-1(용두동) 홍신빌딩 3층
전 화 02) 2265-7214/922-8662~8663
팩 스 02) 922-8772

homepage : www.kimoonsa.co.kr
e-mail : book@kimoonsa.co.kr

ISBN : 978-89-7723-921-0 93590

정가 : 20,000원

저자와의 협의하에 인지생략